KB139354

World_Christianity_Era_Weakness_and_Mission

세 | 계 | 기 | 독 | 교 | 시 | 대 | 의

약함과 선교

양홍엽

Th.M., M.P.A., D.Min.-G.M., Ph.D.

도서출판 러빙터치

세계 기독교 시대의

약함과 선교

World_Christianity_Era_Weakness_and_Mission

Jesus Loving Touch Press
Printed in Korea

Korean version published 01. 25. 2024
Publisher-Pae, Soo-Young (D.G..Miss. D.D.Theol)
Editorial and publication-Jesus Loving Touch Press

Publication registration
25100-2016-000073(2014.2.25)
#1709-203, Deongneung-ro 66-gil 17,
Dobong-gu, Seoul, Korea
010-3088-0191/ E-mail: pjesson02@naver.com

Requests for information should be addressed to:
Rev. PAUL Hong Yeop Yang (Th.M., M.P.A., D.Min.-G.M., Ph.D)
E-mail: yang0807@gmail.com

World_Christianity_Era_Weakness_and_Mission / PAUL Yang.

세계기독교시대의약함과선교

책 앞에 다는 글

목회와 신학, 선교학 연구를 통하여…!

40여 년의 신앙생활과 20여년 선교사의 삶 속에 많은 실수와 시행착오에도 불구하고 여전히 영혼을 섬길 수 있는 특권을 주신 하나님께 감사를 드린다. 지금까지 신앙생활, 목회와 선교 사역 그리고 신학과 선교학 연구를 통하여 체득한 내용을 정리하여 [세계 기독교 시대의 약함과 선교]라는 제목으로 책을 출판하게 되었다. 이 책의 특성은 다음과 같다.

첫째, 지루하지 않도록 칼럼과 논문의 조합 형식으로 작성하였다. 그리고 영화의 내용이나 예화 등을 삽입하여 너무 무겁지 않으면서 쉽게 평신도들이 읽을 수 있도록 했다. 더불어 선교학과 선교에 관한 내용을 포괄적으로 다루었다.

둘째, 모든 글은 전반부에 성경적, 신학적, 선교학적인 원리를 기술하였다. 이어 선교 역사 속의 사례와 선교적 삶을 담은 이야기를 첨가하였다. 그리고 끝으로 필자 자신의 사역 경험을 통하여 고민과 성찰 가운데 얻은 내용을 담았다.

셋째, 이 책은 서론(들어가면서), 본론, 그리고 결론(나가면서)으로 구성되어 있다. 서론은 세계 기독교 시대의 7가지 특성과 이 시대에 필요한 [세계 기독교 시대의 약함과 선교]는 어떠해야 한지를 개괄적으로 기술하였다.

본론은 세계 기독교 시대에 필요한 구체적인 내용인 [약함과 선교]의 내용을 4부로 나누었으며 총 24개의 글로 구성되어 있다.

책 앞에 다는 글

1부는 약함의 자세와 정신, 2부는 약자를 사용하신 선교, 3부는 희생과 사명의 선교, 4부는 약자를 향한 선교로 구성되었다.

결론(나가면서)은 지금까지 해온 우리의 선교를 성찰하며 앞으로 지향해야 할 선교의 방향을 15가지로 제시하였다.

넷째, 내용을 일목요연하게 정리한 표, 그림, 지도 등을 삽입하였다. 그리고 모든 글의 마지막 부분에 토론과 성찰을 위한 질문이 수록되어 있다. 글을 읽고 나서 서로 토론하며, 자신의 삶과 사역에 적용할 수 있도록 하였다. 선교에 관한 교제로 사용할 수 있다.

이 책을 통하여 독자(그리스도인)들이 첫째, 지금까지의 자신들의 삶과 사역을 성찰하며, 둘째, 자신이 처한 곳에서 모두 선교적인 삶을 살아가고, 셋째, 다양한 방법으로 모든 곳에서 모든 곳으로 선교하는 세계 기독교 시대의 선교 동역자들이 되기를 바란다. 더불어 비신자(Non Christian) 보다 안티 그리스도인(Anti Christian)이 많은 시대에 목회와 선교 사역을 하고 있는 동역자들을 격려하며 늘 승리하기를 기원한다. 상황이 어떠하든지 우리는 하나님의 나라를 이 땅에 실현해 나가는 하나님의 동역자들이다. 그분의 영광에 참여시켜 주심에 감사할 따름이다.

2024년 새해를 맞이하는 즈음에
캐나다 워털루에서 양홍엽

이 책을 위한 추천 글-1

비서구 교회와 더불어…!

크리스텐덤 시대에 서구 교회의 헌신과 서구 선교사들의 희생으로 전 세계가 복음을 받았다. 크리스텐덤 선교 방식은 하나님이 지금까지 사용하신 전략이었다. 그러나 다원주의와 동성애로 인해 쇠퇴하는 서구 교회는 더 이상 선교 운동의 선두주자가 될 수 없으며, 과거의 선교지였던 비서구가 어느새 선교사를 파송하는 선교국가가 되었다. 세계 기독교 시대가 된 것이다. 세계 기독교 시대(World Christianity era)는 각 민족의 교유한 문화를 담은 기독교가 전 세계에 존재한다는 의미를 내포한다. 세계 기독교 시대는 북반구(서구: 유럽과 북미) 교회의 쇠퇴와 함께 남반구 교회(비서구, 제 3세계) 의 성장이 가시적으로 눈에 띤다. 이러한 시대적인 상황 속에 남반구에서 파송한 선교사들에 의해 세계 선교 운동은 계속되고 있다.

이러한 시대적인 상황은 한국교회와 한인 선교사들의 선교적 위치를 더욱 중요하게 만든다. 한국교회는 지금까지 서구 교회로부터 선교를 배웠고 동역해 왔으나, 앞으로는 더 역동적으로 세계 선교에 동참하기 위해 그간에 해왔던 사역을 성찰하며 비서구 교회와 더불어 세계 기독교 시대에 적합한 신학과 선교 모델을 개발해야 한다.

이러한 고민 속에 작년에 개최되었던 제 8차 엔코위(NCOWE)대회는 '다시 그 곳에서'라는 주제로 비서구 중심의 선교 전략을 나누고 토론하면서 한국교회의 선교 방향을 다루었다. 그 중에 중요한 이슈 중에 하나가 세계 기독교 시대의 선교는 물질과 힘 그리고 프로젝트 선교를 너머 약한 자의 위치에서의 선교, 겸손과 성육신의 선교, 약한 자를 향한 선교를 해야 한다는 것이다.

1-이 책을 위한 추천 글

마침 중국에서 선교사역을 하다가 미국으로 가서 선교학를 연구하면서 십수년을 북미 화인목회를 하고 있는 양홍엽 선교사님이 저술한 [세계 기독교 시대의 약함과 선교]라는 책을 접하게 되었다. 양 선교사님은 한국인으로 북미에서 화인목회를 하는 독특한 이력을 가지고 있다. 그는 2018년 캐나다 워털루에서 화인교회를 개척하여 5년이 채 지나기 전에 이미 자립한 교회로 성장시켰다. 그가 섬기는 교회는 현재 5명의 화인 선교사와 8곳의 화인 선교단체를 돕고 있는 건강한 선교적 교회로 성장하고 있다. 그는 화인 선교단체와 협력하여 남미 화인 선교 사역의 돌파를 위해 심혈을 기울이고 있다.

그가 쓴 이 책에서 먼저 세계 기독교 시대의 7가지 특성을 말하고 있다. 이어 이 시대에 적합한 약함 선교에 관한 24개의 주제를 담은 글을 본론으로 다루고 있다. 모든 글의 전반부에 성경적, 신학적, 선교학적 원리를 담았다. 그리고 교회 역사와 상황 속에서의 사례와 함께 자신의 사역 이야기를 기술하였다. 모든 주제를 담은 글의 마지막 부분에 토론과 성찰에 관한 질문이 있어 선교 관련 교재로도 사용가능하다. 마지막 결론 부분은 한국교회의 선교를 성찰하며 지향해야 할 선교 15가지 방향을 제시하였다.

화인 목회자들의 무덤이라 불리우는 '북미 화인목회사역'을 해 온 양 선교사님을 격려하며 지지한다. 더불어 그가 섬기는 교회와 선교사역을 통해 한국교회와 화인교회가 함께하는 협력 선교의 길이 활짝 열리기를 소망하며 기쁨으로 이 책을 추천하며 점점 세찬 세속성이 몰아치는 이 시대에 선교사, 목회 동역자와 선교를 소망 하는 성도에게 필독을 권한다.

2024년 신년 벽두에 강대흥선교사
(한국세계선교협의회, KWMA 사무총장)

이 책을 위한 추천 글-2

"아이라 하지 말고… 가라!"

저자인 양홍업 목사는 선교의 현장성과 학문성을 겸비한 선교사요 목회자이다. 그는 캐나다에서 중국인 교회를 개척한 지 5년도 안 되어 많은 사역자를 양성하고 여러 선교사와 단체를 후원하는 교회로 부흥시켰다. 또한, 캐나다의 여러 중국인 교회에서 선교와 교회 성장을 위한 세미나를 인도하며, 현지 교단과 선교단체 지도자들과 함께 목회자가 크게 부족한 중남미 지역의 중국인 디아스포라 선교를 위해 헌신하고 있다.

역시 캐나다 이민지역에서 한국인이 이방인 신분으로 중국인 교회를 개척하여 성장하기까지 많은 수고와 인내로 헌신했는가를 잘 알고 있다. 미국에서 추천인은 선교사 신분으로 중국인 교회 사역 경험이 있었는데, 동부에서 중국인 교회를 개척할 때, 중국인 대만 출신 목사님이 제가 곤경에 처했을 때, 저에게 "강 목사님 중국인 교회를 개척하지 마세요. 대만 목사(담임) 사역도 어려운 교회를 개척하여 왜 고생합니까?"라고 크게 외치던 소리가 지금도 귀에 선하게 남아 있다. 내게 조언해줬던 그 목사님은 북미지역에서 저명한 성경교육자였다 하지만, 샌프란시스코에서 2개 교회를 개척했다가 실패하고, 다시 세 번째 교회도 어려움이 많다고 토로했다. 선교와 목회가 척박한 북미에서 중국인 교회의 담임목사로서 사역기간은 평균 2년에 불과하다고 말했다.

저자 양홍엽 박사는 일찍이 자연과학, 사회과학, 신학, 선교학을 모두 섭렵한 풍부한 지성을 갖춘 훌륭한 목회자이다. 그 열매는 실천적 영성과 학문적 성찰이 녹아 있는 본서를 저술하여 내놓게 했다. 또 저자는 사도 바울처럼 스스로 약한 자가 되어 캐나다에서 중국 유학생, 중국인 디아스포라 지식인에게 눈물로 복음 선교의 씨를 뿌려 왔다.

2-이 책을 위한 추천 글

세계 선교는 비서구 교회 선교로 바뀌어 가면서 선교적 역량과 책임도 함께 증가하는 상황에서, 요구되는 선교 정신은 무엇이며, 선교에 필요한 조건은 무엇인가? 또 어떻게 선교를 감당해야 하는가? 예수 그리스도의 선교는 약함의 선교였다. 배고픔, 목마름, 피곤함 등 약함, 희생, 고난의 순교는 십자가를 통해서 사역하셨던 그리스도는 사도들과 후대 선교사에게 연약함 중에 선교하는 모범을 보이셨다.

추천인이 태평양의 어느 섬에 중국인 선교를 위해 부르심을 받았지만 중국어를 못하기에 망설이던 어느 날 새벽에 '너는 아이라 하지 말고… 가라. 내가 네 입에 함께 할 것이다'라는 예레미야서의 말씀을 읽을 때, 큰 감동으로 선교지로 가서 그 말씀대로 선교는 성취되었다. 우리는 선교를 위하여 기본적인 조건을 갖춰야 가능하다고 말하지만, 차고 넘치는 조건을 갖추신 주님이 약함의 선교와 여주 동행하므로 선교가 성취되는 것임을 고백하게 된다.

비서구 교회의 선교는 약함의 선교이다. 한국교회가 비서구 교회와 함께 선교를 감당하고 비서구 교회의 선교에 선한 영향을 미치려면 약함의 선교적 의미를 새롭게 인식하고 실천할 수 있어야 한다.

저자는 본서에서 이 같은 주제를 통시적으로 뿐 아니라 세계기독교적 관점에서 심도 깊게 다루었다.

본서는 물질주의와 세속주의가 팽배하여 복음의 순수성이 변질되고 가치관의 혼돈 속에 빠지기 쉬운 오늘의 기독교에 참된 선교의 기본 정신을 제시한다. 모든 선교사와 선교를 배우려는 성도들이 이 책을 통해서 학문적으로 뿐만 아니라 신앙적으로도 큰 유익을 얻을 수 있을 것이라 확신한다.

강창섭 박사(GMU 박사원 Chinese Track Director,
인천중화교회 담임목사)

목 차(Contents)

제3부_희생과 사명의 선교

제4부_약자를 향한 선교

표 목록(List of Tables)

그림 목록(List of Figures)

지도 목록(List of Maps)

들어가면서

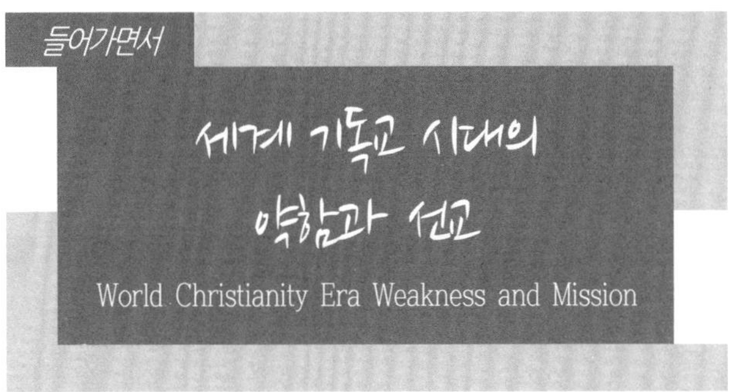

선교를 한마디로 정의하면 변화무쌍(變化無雙)한 시대에 불변(不變)의 복음(福音)을 전하는 행위(行爲)이다. 복음은 변하지 않은 진리이지만 선교(혹은 복음을 전하는) 전략과 방법은 시대에 맞게 개발되어야 한다. 효과적인 선교를 위해 먼저 이 시대의 특성을 잘 알아야 한다. 기독교 선교학적인 관점으로 볼 때 현 시대의 특징은 크리스텐덤[1]의 쇠퇴와 더불어 선교적 교회[2]의 등장, 그리고 세계 기독교

---

1) 크리스텐덤은 서구에서 주후 4세기 이후 적어도 1,500년 이상 존재하였다. 서구에 존재하였던 크리스텐덤 방식의 기독교는 식민지 시대를 거치면서 아프리카, 아시아, 그리고 중남미에 이르는 방대한 지역에도 존재하게 되었다. 크리스텐덤 이전에 철저히 사회에서 주변인이었고 비주류였으며 세상 권력과 거리가 멀었던 기독교는 크리스텐덤 시대에는 서구사회와 유럽국가의 주류 세력으로 존립하게 되었다.

2) 선교적 교회에 대한 출발은, '포스트 모더니즘'이라는 시대적 상황과 맞물려 있다. 서구 기독교인들의 수적 감소를 심각하게 인식하여 인도 선교사 출신이었던 레슬리 뉴비긴(Lesslie Newbigin, 1909-1998)이 주축이 되어서 선교적 교회에 대한 연구를 시작하게 되었다. 항상 서구 사회의 중심이었던 기독교가 어느 순간부터인가 사회의 변방으로 밀려나게 되었다. 교회의 위치가 이전과는 상황이 달라진데 비하여 교회는 여전히 사회의 중심부에 있는 것처럼 아무 감각이 없이 이전의 모습을 유지하려는데 문제의 심각성이 있다고 판단하여 이러한 문제를 해결하고자 이제는 이전과 다른 모습의 교회의 모습에 대한 연구를 하게 된 것이다. 이에 대한 연구는 개념적으로는 이미 50여 년 전에 '하나님의 선교(Missio Dei)'라는 방법론으로 윤곽을 잡았다. 그렇지만 이를 교회론으로 정립하는 과정에는 많은 시간

(World Christianity)의 시대가 시작되었다고 말할 수 있다. 임창순은 세계 기독교의 개념을 다음과 같이 말한다.[3)]

"세계 기독교는 전 세계 모든 문화권의 다양한 기독교 정체성이 모여져서 만들어진 새로운 기독교에 대한 개념이다. 그간 기독교 정체성에 대한 모든 기준이 서구 교회로부터 나와야 한다고 믿던 시대가 지나가고 있다. 오늘날 세계화된 기독교는 각 문화권에서 형성된 토착 교회들의 목소리들이 모여 하나의 세계 기독교를 이루고 있다."

그래서 세계 기독교 상황에 맞는 새로운 선교 패러다임에 부합한 21세기 선교운동은 기독교의 새로운 무게중심으로 성장한 비서구 다수세계 교회들의 선교운동을 담아내야 한다고 말하고 있다. 이는 우월한 문명, 막강한 재정적 파워, 잘 정립된 신학 등을 앞세워 진행하던 서구의 크리스텐덤(기독교 세계) 선교 방식이 재고되어야 함을 의미한다. 근대선교운동을 이끌어 오던 서구의 선교방식을 비서구 교회들이 따라하기에는 무리가 있기 때문이다. 세계 기독교 상황은 다수를 차지하는 비서구 교회들의 상황에 맞는 새로운 선교 패러다임을 요구한다. 즉 "세계 기독교" 상황에서의 선교 패러다임은 전 세계 모든 교회들이 함께 공유할 수 있는 형태가 되어야 한다.

근대 선교운동을 주도했던 서구 중심의 기독교로 인해 세계의 많은 지역과 국가에 복음이 전파되었고 현재도 여전히 전파되고 있는 것은

이 걸렸다. 하나님의 선교 개념으로 1980년대에 GOCN(Gospel and Our Culture Network)을 중심으로 모여서 이에 대한 연구를 본격적으로 시작하면서 내놓은 결과로 탄생된 교회가 바로 선교적 교회이다(출처: 정승헌의 논문 초록, 크리스텐덤의 이해와 선교적 교회론, 주안대학원대학교).

3) 임태순 선교사가 2023년 6월24일 KMAC(중어권 한인 선교사 협회)정기모임에서 발제한 내용 중 일부를 정리한 내용이다.

부인할 수 없는 사실이다. 이러한 새로운 세계 기독교 시대가 등장하게 된 배경은 남반구(비서구) 기독교 인구의 증가, 서구 기독교 내부의 자성의 목소리, 새롭게 전환될 기독교의 정체성이다. 이를 좀 더 세부적으로 살펴보면 다음의 표로 정리할 수 있다.

세계 기독교의 개념이 필요한 배경

	배경	구체적인 내용
1	남반구 기독교 인구의 증가	2021년 IBMR가 발표한 통계에 따르면 현재 전 세계 기독교 인구 중 북반구(서구) 기독교는 32.7%, 남반구(비서구) 기독교는 67.3%이며, 2050년에는 북반구23%, 남반구 77%로 그 격차가 더 벌어질 것으로 예상된다. 기독교의 무게 중심이 서구에서 비서구로 전환되고 있다는 의미이다.
2	서구 기독교의 내부 목소리	서구 기독교가 이전의 주도적 위치에서 내려와야 한다는 내부 목소리로 서구 특히 유럽의 기독교가 급격히 쇠퇴하는 상황에 대한 깊은 좌절감이 이런 목소리에 힘을 더해주고 있다.
3	새롭게 전환될 기독교의 정체성	이러한 기독교 시대에 서구 밖의 비서구 다수세계 교회들이 서구 기독교와는 다른 새로운 기독교의 정체성을 만들어 낼 것이다.

출처: 세계기독교와 한국교회 선교, 임태순, 2023 년 6월24일 KMAC발제

〈표1〉 : 세계 기독교의 개념이 필요한 배경

세계 기독교는 21세기 세계화된 기독교를 보는 새로운 관점이다. 겔더(Craig Van Gelder)는 다음과 같이 말한다.4) "라투렛(Latourette, 1937)에 의해 훌륭하게 틀이 짜이고 네일(Neill, 1964)에 의해 요약된 "기독교 선교 역사"는 서구 기독교의 확산 이야기라는 서구 중심적 프레임에 기초했다. 그러나 이 관점은 "전 세계 모든 기독교가 함께 이룬 운동"의 역사로 새롭게 재구성되고 있다. 새롭게 부상하고 있는 남반구 교회들의 관점이 포함되는 보다 총제적 관점에서 기존의 역사적 사료들을 해석하려고 한다."

---

4) 미국선교학회 회장이었던(ASM). 2013 밴 겔더는 학회의 연설에서 세계 기독교 역사를 보는 관점이 바뀌어야 한다는 점을 강조하였다((Van Gelder 2013, 45).

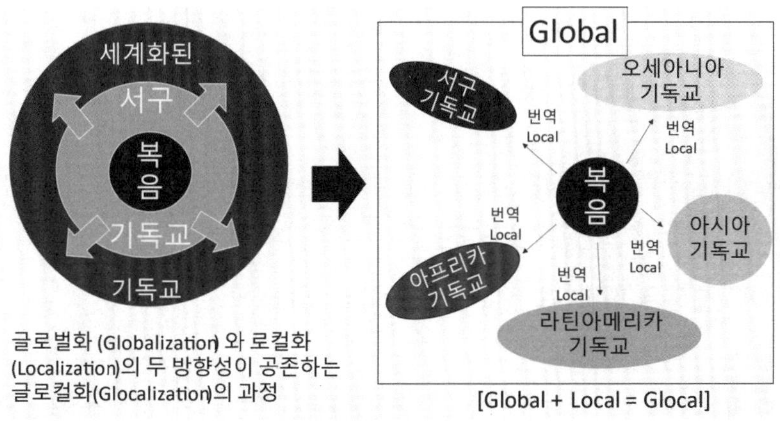

〈그림 1〉 : 새로운 관점으로서의 세계 기독교와 선교운동

세계 기독교는 "전 세계 모든 지역 교회들이 독특한 문화 위에 세워진 새로운 정체성을 갖고 있음을 인정하면서 동시에 전 세계로 연결된 하나의 기독교가 되어야 한다. 복음의 특수성을 가진 각 지역(Local) 문화로 번역된 기독교와 복음의 보편성을 가진 전 세계(Global)로 연결된 기독교가 되어야 한다. 세계 기독교는 글로컬(Global+Local = Glocal)한 기독교이다.

이러한 세계 기독교 시대의 특성을 고려한 기독교의 트렌드(trend)를 국제선교학술지 IBMR[5]은 다음과 같이 7가지로 분석하였다.

"세상은 점점 더 종교적으로 되고 있다. 세계 교회는 더욱 복음적이고 은사주의적으로 되어가고 있다. 글로벌 사우스(Global South, 비

5) IBMR(International Bulletin of Mission Research) 2022년 1월호

서구 교회)가 선두에 있다. 도시는 성장하는 선교지이다. 선교는 점점 더 토착화되고 분화되고 있다. 기독교 자원이 증가하고 있다. 언행일치의 문제가 증가하고 있다."

이상의 트렌드 일곱 항목을 좀 더 구체적으로 살펴보면 다음과 같다.

첫째, 세상은 점점 더 종교적으로 되고 있다.

우리가 생각할 때 과학기술과 인공지능이 발달하는 현 시대에 종교를 떠난 무신론주의자들이 훨씬 많이 증가할 것으로 생각하기 쉽다. 그런데 실제로 사람들은 종교를 더 찾고 있다는 분석결과가 나왔다. 무신론의 성장은 매년 0.22%에 불과하다. 그리고 이슬람은 1.92%, 힌두교는1.28%, 시크교는 1.71%의 성장율을 보이고 있다. 이슬람의 성장이 눈에 띈다. 이에 비해 기독교는 매년 1.18%씩 성장하고 있다.

고든콘웰신학대학교 글로벌기독교연구센터가 2022년 조사(Status of Global Christianity, 2022)한 결과에 의하면, 전 세계 인구는 79억 5천만명이다. 그중에 무슬림 인구는 19억6천만명, 힌두교인 인구는 10억7천만명, 불교도는 5억 4천명이다. 기독교 인구는 25억 5천만명으로 전 세계 인구의 32%에 해당된다. 기독교 인구는 2025년에 26억 3천명, 2050년에는 33억 3천명이 될 것으로 추산하고 있다. 이 통계에 의하면 여전히 기독교 인구는 증가 추세이며, 시대에 맞는 선교전략이 필요하다.

둘째, 세계 교회는 더욱 복음적이고 은사주의적으로 되고 있다.

기독교 전통 중에서 로마 카톨릭, 정교회 및 무소속 기독교인은 전 세계적으로 뒤처져 있는 반면, 개신교, 독립교단, 복음주의 및 은사주의의 비율은 증가하고 있다. 필자가 사역하고 있는 캐나다의 상황[6]을 보아도 다음과 같은 흡사한 현상을 나타내고 있다. 캐나다에 있는 천주교와 동방정교는 정체 현상을 보이고 있고, 영국 성공회, 루터교, 자유주의 신학을 기반을 둔 캐나다 장로회, 루터교 그리고 연합교회 등은 현격한 감소현상을 보인다. 반면에 침례교를 비롯한 얼라이언스 교단 등 선교를 지향하는 복음주의 계통의 교회와 오순절 은사주의 계통의 교회들은 여전히 부흥하고 있다.

캐나다 기독교의 세 가지 스트림

Three Streams of Christianity in Canada Generalizations		
Roman Catholic and Orthodox Churches	Mainline/Protestant Churches Anglican, Lutheran Presbyterian United Some others	Evangelical, Mission-Oriented Churches Baptist, Pentecostal Alliance, Vision Min. Canada, Many others Evangelical Fellowship of Canada
Holding on because of immigration	World Council of Churches Serious decline	Holding steady, some growth

From Pastor Gord Martin, 230624 Immigration Pastors Meeting in Waterloo @ VMC office

〈표2〉 : 캐나다 기독교의 세 가지 스트림

6) 2023년 6월24일 캐나다 워털루 이민목회자 모임(Immigration Pastors Meeting)에서의 Gord Martin 목사의 발제 자료

현 시대는 무엇보다도 영성을 중요시하는 시대이다. 이 의미는 현대인들이 지성과 함께 성령의 역사(영성)에 목말라 하고 있다. 이러한 시대에 복음을 전하는데 다양한 성령의 은사를 적극 활용해야 한다. 성령의 은사를 활용하는데 간과해서는 안 되는 것은 말씀을 기초로 하는 건강한 신학을 구비해야 한다. 이는 주관적이고 개인적인 체험보다는 객관적 계시로의 하나님의 말씀에 기초를 두어야 함을 의미한다. 그리고 감정적인 체험과 초자연적 은사보다는 복음을 접하고 말씀을 통한 영혼의 변화에 핵심 가치를 두어야 한다. 현대 교회의 다양한 은사를 활용하여 복음적으로 변함없는 영성을 가지고 선교를 해나가야 한다.

셋째, 글로벌 사우스(Global South, 비서구 교회)가 선두에 있다.

현 시대의 기독교는 남반구에서 번창하고 있다. 남반구는 비서구로 제3세계를 의미한다. 남반구의 아프리카, 남미, 아시아 교회들의 성장이 두드러진다. 아프리카의 연간 성장률 2.81%로 선두를 달리고 있다. 아시아는 연간 성장률 1.50%, 라틴 아메리카는 연간 성장률 1.14%로 그 뒤를 따르고 있다.

남반구와는 반대로 북반구에 위치한 서구교회 즉 글로벌 노스(Global North) 교회에서는 성장이 둔화되거나 거의 없다. 유럽이 기독교 성장 후진국으로 연간 성장률이 0.01%이고, 이어 북미는 년간 성장률이 0.27%로 그 뒤를 잇고 있다. 호주와 뉴질랜드가 있는 오세아니아도 년간 성장률이 0.63%이다. 2015년까지 기독교인의 68%와 복음주의자의 84%는 유색인종이었고, 이 비율은 계속해서 증가하고 있다. 이 중심에 한국교회와 한인 디아스포라 교회가 있다.

남반구 기독교회는 북반구 서구 교회와 달리 대부분 가난하다. 이러한 시대에 남반구 주도로 진행되어야 할 선교는 힘과 물질에 의한 프로젝트 중심의 선교를 할 수 없다. 왜냐하면 현재 부흥하고 있는 남반구 교회들은 이러한 선교의 자원(물질과 힘)을 보유하고 있지 않기 때문이다. 이제는 전 세계 대부분의 국가와 지역에 기독교가 존재하는 세계 기독교 시대가 되었다. 이제는 세계 기독교 시대에 걸맞는 선교 전략과 방법이 개발되어야 한다.

넷째, 도시는 성장하는 선교지이다.

2000년에서 2021년 사이에 도시 인구는 10%에서 56.6%로 증가했다. 2000년에는 인구 100만 이상의 도시가 371개에서 2021년에는 593개로 증가했다. 같은 기간에 도시 빈민과 빈민가 거주자는 두 배나 증가했다. 이는 도시화에 따른 인구가 도시로 집중되었으며, 도시에 위치한 교회들이 도시에 거주하는 빈민과 약자에 대한 선교가 고려되어야 함을 의미한다.

뉴욕에서 리디머 교회를 설립하고, 세계 많은 도시의 선교를 하였던 팀 켈러는 그의 책 [센터 처치]에서 복음, 도시, 운동이라는 세 가지 신학적 비전(Theological Vision)으로 구성하였다. 한마디로 요약하자면, 복음을 통해 도시를 변화시키는 연합운동으로 복음 생태계를 만들어 도시를 하나님의 나라로 만드는 것이다. 그러므로 복음은 반드시 도시화(urbanization)로 그리고 운동(Exercise)으로 확장되어야 한다는 것이다. 도시를 선교한다는 것은 총체적인 변화를 가장 효과적으로 이룰 수 있는 도구를 활용한다는 이 시대의 가장 효과적인 선교전략이라는 의미이다.

다섯째, 선교는 점점 더 토착화되고 분화되고 있다.

기독교 선교 인력은 내국인 선교사가 0.92%, 외국인 선교사가 0.11%로 매년 증가하고 있다. 이 둘의 비율은 현재 30:1이다. 즉, 내부인에 의한 선교가 증가하는 추세이고, 외국인 선교사에 대한 의존도는 갈수록 낮아지고 있다. 그럼에도 해외 선교단체는 2000년에 4,000여 개에서 2021년 5,600여 개로 늘어난 결과를 나타내고 있다. 세계에서 복음화되지 않은 사람의 비율은 매년 0.29% 비율로 천천히 감소하고 있다는 사실을 깨달아야 한다.

앞으로 진행되어야 할 선교는 외부자 중심이 아닌 내부자 중심으로 진행되어야 함을 의미한다. 이는 지금까지 진행되었던 크리스텐덤 방식으로 파송받은 선교사가 중심이 되기보다는 선교 현지의 현장 지도자와 현장 교회 중심의 사역이 되어야 한다는 것이다. 선교는 갈수록 더 토착화되고 분화되고 있다. 이는 선교할 때 현지인과 현지 교회에 대한 보다 많은 시간과 인내가 필요하며 겸손과 성육신의 자세가 필요함을 의미한다.

여섯째, 기독교 자원이 증가하고 있다.

물질문명의 발달과 함께 기독교 관련 매체와 출판물들 또한 발전하고 있다. 기독교 정기 간행물은 연간 4.32%, 성경 배포는 2.52%씩 성장하고 있다. 기독교인의 개인 소득 또한 매년 5.08%의 성장 추세를 보이고 있으며, 기독교적 동기로 인한 헌금도 4.75% 증가하고 있다. 이러한 현상은 기독교 선교에 있어 적극적으로 기독교 자원을 활용해야 함을 의미한다. 더불어 코로나 펜더믹으로 인해 온라인 사역의 중요성이 더 크게 인식되었으며, 소셜 네크웍, 유튜브, 웹싸이트, 전자 출판물(eBooks) 등을 선교하는데 보다 더 적극적으로 활용해야 한다.

일곱째, 언행일치의 문제가 증가하고 있다.

현대 기독교에 있어 더 우려되는 추세는 교회 범죄와 관련 사건이 연간 5.22% 증가하고, 550억 달러의 비용이 사용되고 있다는 점이다. 그만큼 그리스도인들의 '생활신앙'이 중요함을 의미한다. 선교에 있어서도 성숙하고 건강한 생명이 생명에게 양향을 미치기 때문이다. 가장 영향력 있는 선교는 하나님의 부르심을 받은 그리스도인들이 전인적인 삶(wholistic life)을 통하여 선교적인 인생(missional life)을 사는 것이다. 전인적인 삶이란 말씀은 생명이 되고, 생명은 삶이 되어, 사명인생을 이루는 것이다. 하나님이 주신 온전한 생명은 전인적인 삶의 변화를 가져와 전체 인생을 선교적인 삶이 되게 한다.[7] 건강하고 성숙한 교회에서 배양된 건강하고 성숙된 사역자와 선교사가 파송된 지

7) 양홍엽, 홀리스틱 라이프, 러빙터치, 2023, p.3.

역의 선교지와 사역 장소에서 건강한 생명을 낳고, 건강한 생명을 훈련시킬 수 있다.

이러한 시대적인 특성에 적합한 선교는 어떠한 선교가 되어야 할까? 물질과 힘 그리고 프로젝트 중심의 북반구(서구) 선교의 시기가 지나가고 있다. 그리고 남반구 교회(비서구, 제3세계)주도의 선교가 이미 시작되었다. 지난 세월 동안 서구 교회와 함께 세계선교를 해왔고 이제 제3세계 교회 중심의 선교를 이끌어 가야 할 한국(한인)교회를 향해 '약함'과 '선교'라는 두 단어가 떠 오른다.

'약함'과 '선교'라는 단어는 전혀 어울리지 않는 조합처럼 보인다. 선교라는 단어는 '약함'이라는 단어보다는 '강함'이라는 단어와 더 어울릴 것으로 생각된다. 왜냐하면 무엇(돈, 힘, 위치)이 있어야 섬길 수 있고 베풀 수 있다고 생각할 수 있기 때문이다. 약한 사람은 도움을 받는 사람이지 도움을 주는 사람이 아니다. 선교는 마치 강한 사람이 약한 사람을 도와주는 것처럼 생각하기 쉽다. 내가 있어야 도울 수 있기 때문이다. 이러한 생각은 전혀 틀린 말은 아니지만 그렇다고 맞는 말도 아니다. 진정한 선교는 발상의 전환에서부터 시작된다.

우리는 그간 진행되었던 선교를 성찰하며, 선교의 패러디임 전환을 요구하는 시대에 살고 있다. 지난 세월 동안 한국교회가 수행하였던 선교는 선교강국(?)으로 세계선교에 많은 공헌을 하였다. 이와 동시에 선교을 수행하면서 발생하였던 불협화음에 따른 개선을 요구하는 목소리가 존재하는 것 또한 엄연한 사실이다. 마치 창(矛)과 방패(盾)처럼 모순(矛盾)으로 전혀 어울릴 것 같지 않은 '약함'과 '선교'가 조합될 때 비로소 하나님의 선교가 시작되고 아름다운 선교의 열매가 맺어질 것이라고 생각된다.

지난 세기 동안 진행되었던 선교를 한 마디로 요약하면 "강함의 선교"이다. 강함의 선교는 서구(북반구) 중심의 기독교 왕국(크리스텐덤)의 공격적인 선교, 지배하는 선교(제국주의 선교) , 돈과 힘이 결합된 선교, 프로젝트 중심의 선교였다. 이러한 "강함의 선교"를 자성하며 세계 기독교 상황에 남반구(비서구) 교회들이 부흥되면서 함께 제시되고 있는 선교의 방향은 지금까지 진행되었던 "강함의 선교"와는 반대의 "약함의 선교"이다. "약함의 선교"(약함과 선교의 조합)는 전반적인 시대의 변화와 흐름을 반영하며 다음의 네 가지로 정리된다.

약함과 선교 그리고 그 의미

	약함과 선교	의미
1	약함의 자세와 정신	하나님의 선교와 천상회의; 하나님이 쓰시기에 편한 그릇; 온유와 겸손의 선교; 연약함과 성육신의 선교; 신앙이 영글어지는 선교; 기본을 다지는 선교
2	약자를 사용하신 선교	연약한 자를 통한 선교; 약한 여인을 통한 선교; 소외된 자들을 통한 선교; 영적인 장자의 선교; 약함이 강함되는 선교; 남은 자의 선교
3	희생과 사명의 선교	예수 그리스도의 선교; 희생이 따르는 선교; 회복과 함께 적응이 필요; 공사 중의 선교; 사명과 순종의 선교; 구령의 열정
4	약자를 향한 선교	비서구 선교의 선봉 ; 풀뿌리 선교 운동; 남반구를 향하여; 도시 이주민 선교; 화인 디아스포라 선교; 남미 화인 선교 돌파

〈표3〉 : 약함과 선교 그리고 그 의미

첫째, “약함의 자세와 정신”이다.

예수님이 성육신하시고 겸손으로 섬김의 사역을 하시고 십자가에 죽으셨다. 이러한 예수님의 자세와 정신이 선교의 근본이다. 예수님은 세상을 구원하시기 위해 하나님의 힘과 권능을 사용하지 않으시고 한없이 낮아지셨고 약해지셨다. 예수님처럼 낮아지고 겸손과 섬김으로 선교하는 것이 우리가 견지해야 할 선교의 자세와 정신이다. 약함의 선교의 정신은 십자가에서 나온다. 십자가는 약해지는 것이고, 낮아지는 것이며, 겸손해지는 것이고 섬기는 것이며, 종이 되는 것이다. 십자가의 정신은 실패로 끝나는 것 같지만 결국은 승리한다.

약함의 자세와 정신은 섬김과 겸손이다. 말로 만의 섬김이 아닌 손과 발로 섬기는 것이다. 예수님이 도리를 가르치셨을 뿐 아니라 몸소 제자들의 발을 씻겨 주심으로 섬김을 도를 보여주셨다. 예수님은 이 땅에서 자신의 뜻이 아닌 아버지의 뜻을 이루고자 하셨다. 우리들의 삶과 선교현장에서 예수님처럼 진정한 겸손과 섬김의 자세로 나아갈 때 진정한 선교의 결실을 맺을 수 있다.

> “인자가 온 것은 섬김을 받으려 함이 아니라 도리어 섬기려 하고 자기 목숨을 많은 사람의 대속물로 주려 함이니라”(막10:45).

둘째, “약자를 사용하신 선교”이다.

하나님은 약한 자를 사용하셔서 선교를 수행하신다. 하나님은 세상 사람들이 눈여겨보지 않는 작은 아들, 죄인, 여인, 어린아이, 장애인, 상처받은 사람을 사용하셔서 하나님 나라를 실현시켜 나가셨다. 약한 자들의 공통점은 하나님을 의지할 수밖에 없다. 왜냐하면 자신들은 힘이 없기 때문이다. 이 시대에 필요한 선교는 강함을 추구하고 강하기 위해 노력하는 것이 아니라 약해지기 위해 절제하고 인내하는 선교이다. 하나님께 합당한 이 시대의 선교는 강한 자의 자세가 아닌 약한 자의 자세이다. 하나님은 약한 자를 들어 강한 자를 부끄럽게 하는 선교의 방식을 취하신다.

> "형제들아! 너희를 부르심을 보라 육체를 따라 지혜로운 자가 많지 아니하며 능한 자가 많지 아니하며 문벌 좋은 자가 많지 아니하도다. 그러나 하나님께서 세상의 미련한 것들을 택하사 지혜 있는 자들을 부끄럽게 하려 하시고, 세상의 약한 것들을 택하사 강한 것들을 부끄럽게 하려 하시며, 하나님께서 세상의 천한 것들과 멸시받는 것들과 없는 것들을 택하사 있는 것들을 폐하려 하시나니, 이는 아무 육체도 하나님 앞에서 자랑하지 못하게 하려 하심이라"(고전1:26-29).

셋째, "희생과 사명의 선교"이다.

예수님은 인류를 구원하시기 위해 기꺼이 희생하며 고통을 당하셨다. 사람들에게 외면을 받으시고 수치를 당하셨다. 예수님의 선교는 철저한 약함 속의 선교이다. 약함 속의 선교를 수행할 때 반드시 피할 수 없는 고통과 희생이 따른다. 배고픔과 좌절, 멸시와 천대 그리고 억울함과 수치 등의 아픔도 따른다. 광야에서의 삶처럼 외로움과 고독과도 싸워야 한다. 무엇보다도 사람들로부터 인정받지 못하는 고통을 감수해야 한다. 희생이 따르는 선교는 수치와 고통과 실패를 동반하는 선교이다[8].

고난 없는 영광은 없다(No Cross No Crown). 이 말은 고통이 없으면 얻는 것도 없다(No Pain No Gain)는 의미이다. 선교에도 이러한 원칙이 적용된다. 고통과 대가지불 즉 희생이 따르지 않으면 진정한 선교의 열매를 맺을 수 없다. 선교는 하늘보좌를 버리고 이 땅에 오셔서 십자가에 죽기까지 인류를 사랑하심으로 구원을 성취하고 부활의 영광을 맛보신 예수님의 발자취를 따라가는 것이다.

> "그는 실로 우리의 질고를 지고 우리의 슬픔을 당하였거늘 우리는 생각하기를 그는 징벌을 받아서 하나님에게 맞으며 고난을 당한다 하였노라. 그가 찔림은 우리의 허물을 인함이요, 그가 상함은 우리의 죄악을 인함이라. 그가 징계를 받음으로 우리가 평화를 누리고, 그가 채찍에 맞음으로 우리가 나음을 입었도다. 우리는 다 양 같아서 그릇 행하여 각기 제 길로 갔거늘 여호와께서는 우리 무리의 죄악을 그에게 담당시키셨도다"(사53:4-6).

바울은 골로새교회의 성도를 위하여 받은 괴로움을 기뻐하고, 그리스도의 남은 고난을 그의 몸된 교회를 위하여 자신의 육체에 채우노라(골1:14) 고백하였다. 그리고 믿음의 아들 디모데를 향해 오직 하나님의 능력을 따라 복음과 함께 고난을 받으라(딤후1:8)고 권면한다. 베드로는 의를 위하여 고난을 받으면 복이 있다(벧전3:14)고 하며, 선을 행함으로 고난 받는 것은 하나님의 뜻이라(벧전3:17)고 말하고 있다. 선교는 그리스도 예수 안에서 경건하게 사는 최고의 방법이며 선

---

8) https://juanlee.tistory.com/1037후앙리 약함의 선교

교할 때 자연스럽게 고난과 박해가 찾아 온다(딤후3:12).

넷째, "약자를 향한 선교"이다.

약함의 선교는 우선적으로 가난한 자, 병든 자, 힘없는 자, 멸시당하는 자, 소외된 자, 상처 받은 자를 먼저 찾아가는 선교다. 이 세상에서 힘 있고 권력이 있는 자들은 그 힘과 권력으로 산다. 당연히 힘과 권력을 가진 자들에게도 복음이 필요하다. 그러나 그들은 약한 자들만큼 복음에 간절하지 않다. 약한 자들은 힘이 없고 복음에 간절하다. 그러기에 선교는 우선 약한 자들을 향하여 먼저 다가가야 한다.

예수님도 공생애의 삶 속에 약한 자들을 향해 다가가셨다. 공생애의 삶을 시작하면서 나사렛 회당에서 하나님의 나라의 도래의 시작을 알리시며 이사야서 61장 1절 이하의 말씀을 읽으셨다. "주의 성령이 내게 임하셨으니 이는 가난한 자에게 복음을 전하게 하시려고 내게 기름을 부으시고 나를 보내사 포로 된 자에게 자유를, 눈먼 자에게 다시 보게 함을 전파하며 눌린 자를 자유롭게 하고 주의 은혜의 해를 전파하게 하려 하심이라 하였더라"(눅4:18-19).

선교는 내가 현재 할 수 있는 일부터 실행하는 것이다. 힘으로 찾아가는 것이 아니라 약함으로 찾아가야 한다. 진정한 선교는 결과를 빨리 찾지 않는다. 그것은 바로 힘으로 변화시키는 것이 아닌 마음으로 함께 약한 자들과 함께하기 때문이다. 선교는 약한 자의 환경을 변화시키는 것이 아니라 약함을 함께 나누는 것이기 때문에 당장의 열매가 나타나지 않을 수도 있다. 선교의 진정한 성과나 열매는 선교사가 선교지를 떠나고 나서야 맺을 수 있으며, 더 나아가서는 이 땅이 아니라 하늘나라에서 완성될 수도 있다.

이 시대에 하나님이 기뻐하시는 선교 전략은 "약함의 자세와 정신", "약자를 사용하신 선교", "희생이 따르는 선교", "약자를 향한 선교"이다. 위의 내용을 모두 포함할 책의 제목을 많이 고민하였다. [약함의 선교][9], [약한 위치로부터의 선교][10], [약함 속의 선교], [선교의 약함][11], [약한 자를 향한 선교] 등 많은 제목이 떠올랐다. 그러나 왠지 상기한 모든 내용을 담기에 무언가 부족한 느낌이 들었다.

최종적으로 모든 의미를 내포할 수 있는 책의 제목을 [약함과 선교]로 정했다. 그리고 책의 내용을 4부로 나누었다. 1부는 "약함의 자세와 정신", 2부는 "약자를 사용하신 선교", 3부는 "희생이 따르는 선교", 그리고 4부는 "약자를 향한 선교"이다.

부족하지만 이 책을 통하여 그리스도인들이 선교에 눈을 뜨고 각자 처한 장소와 삶의 현장 속에서 전인적인 선교의 삶(Wholistic and Missional Life)을 살아가기를 기도한다. 선교에 관심이 있는 평신도들

---

9) 남미 에콰도르에서 선교하는 이영선교사가 쓴 책(eBook)의 제목이 [약함의 선교 : 좋은 땅 출판사, 2018년]이다.

10) 정용갑(Paul Yonggap Jeong)의 학위 논문, "Mission from a Position of Weakness and Its Implications for the Korean Church" (Ph.D. dissertation, Fuller Theological Seminary, 2004)을 바탕으로 작성한 아티클의 제목이 [약한 위치로부터의 선교와 한국교회의 선교]이다.

11) David Bosch가 작성한 아티클의 제목이 [연약함의 선교(The Vulnerability of Mission)]이다. 1991년 11월에 영국 Birmingham에 있는 St. Andrew 대학의 25주년 강의에서 발표되었던 글로 그 뒤에 Journal of Theological Reflection 56 (November 1992), 577-96 쪽에 실렸다. 1992년 4월에 비극적인 죽음을 맞이하기 전까지 그는 University of South Africa 의 선교대학원장이자 교수였다.

도 쉽게 읽을 수 있도록 신학이나 선교 용어 외에 영화의 내용, 일상 예화 등 평범한 소재들을 의도적으로 사용하였다. 더불어 저자가 거룩한 부담감을 가지고 있는 남반구 선교, 특히 중남미(라틴 아메리카)화인 선교 사역에 돌파가 이루어지기를 소망한다. 종국적으로 라틴 아메리카에 하나님이 기뻐하시는 선교의 불길이 타올라, 그들(라틴 아메리카에 거주하는 자들)을 통해 땅끝까지 복음이 편만하게 전파되기를 간절히 간구한다.

이 시대에 하나님이 기뻐하시는 선교 전략은 “약함의 자세와 정신”, “약자를 사용하신 선교”, “희생이 따르는 선교”, “약자를 향한 선교” 등이다. 모든 의미를 내포할 수 있는 책의 주제는 [약함과 선교]이다.

〈30면, ‘세계 기독교 시대의 약함과 선교’ 중에서〉

1부 약함의 자세와 정신

천상회의의 아젠다는 '약자 보호'이다.
하나님은 신들의 모임 가운데 서시며 하나님은 그들 가운데에서 재판하신다(시82:1). 하나님은 가난한 자와 고아를 위하여 판단하며 곤란한 자와 빈궁한 자에게 공의를 베푸시고 그들을 악인의 손에서 구원하신다(시82:3-4).
〈41면, 1-1 하나님의 선교와 천상 회의 중에서〉

1-1 하나님의 선교와 천상 회의

아서 글라서는 신구약 성경 전체가 선교적인 책이라고 말한다.[12] 성경의 다양한 주제들이 하나님의 나라의 관점으로 관통한다. 모든 성경이 하나님을 선교하는 하나님으로, 교회를 선교하는 공동체로, 하나님의 백성을 선교하는 백성으로 설명하고 있다. 성경의 중심축이 하나님의 나라 즉 선교라는 의미이다. 그리고 인류의 역사 속에 자신의 백성을 통하여 선교하시는 하나님으로 자신을 드러내셨다. 현재에도 하나님은 여전히 선교하시는 하나님으로 자신을 드러내고 계신다.

사람의 눈으로 볼 때 선교는 교회 혹은 선교사가 수행하는 것 같지만 선교의 주체는 사람이 아닌 삼위일체 하나님이시다. 삼위일체 하나님이 하나님의 백성을 선택하여 그들로 하여금 선교사역을 수행하신다. 라틴어로 하나님의 선교를 미쇼 데이(Missio Dei), 그리스도의

12) 아서 글라서저, 임윤택역, 성경에 나타난 하나님의 선교, 생명의 말씀사, 2006. P22

선교를 미쇼 크리스티(Missio Christi), 성령님의 선교를 미쇼 스프리투스(Missio Spiritus)라고 부른다. 삼위일체 하나님과 그의 백성에 수행되는 선교의 전문 용어는 다음과 같다.[13)]

라틴어로 된 선교학 전문 용어

	용 어	의 미
1	**미쇼 데이** (Missio Dei)	하나님의 선교(The Mission of God)
2	**미쇼 호미눔** (Missio Hominum)	하나님의 선교에 인간이 도구로 쓰임 (Human Instrummentallty)
3	**미쇼네스 에클레시아룸** (Missiones Ecclesiarum)	하나님의 백성 공동체를 통한 하나님의 선교활동
4	**미쇼 폴리티카 오쿠메니카**	전 세계 문명 중에 행하시는 하나님의 선교적 행위
5	**미쇼 크리스티** (Missio Christi)	예수 그리스도를 통한 하나님의 메시아 선교
6	**미쇼 스피리투스** (Missio Spiritus)	성령님을 통한 하나님의 선교

〈표4〉 : 라틴어로 된 선교학 전문 용어

삼위일체 하나님은 영원 전부터 존재하신 스스로 계신 하나님이다. 하나님의 때가 되었을 때 성부 하나님이 성자(예수 그리스도)를 이 땅에 선교사로 보내셔서 인류를 위한 구원을 성취하셨다. 그리고 객관적으로 성취된 구원을 성령 하나님을 통하여 개인들에게 적용하도록 하셨다. 이미 하나님의 나라는 이 땅에 이루어졌으며, 예수 그리스도가 다시 오실 때에 비로소 완성된다. 현재 우리는 이미(Already) 성취된 하나님의 나라와 아직(Not Yet) 완성되지 않는 하나님의 나라 사이에

13) 출처는 레슬리 뉴비긴의 [Open Secret]이다.

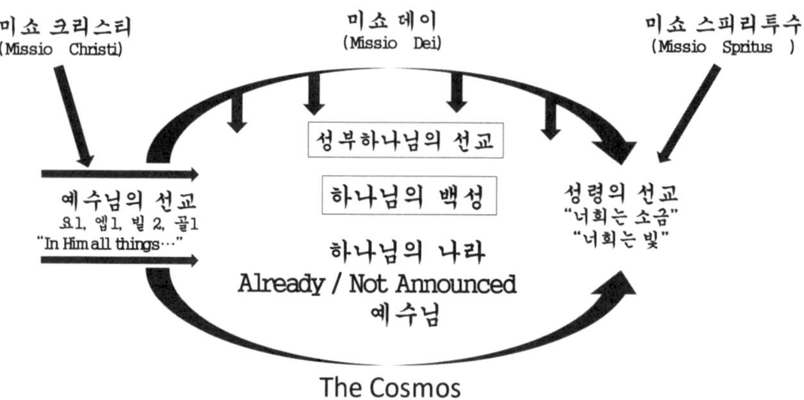

〈그림 2〉 : 삼위일체 하나님의 선교

있다. 예수님이 다시 오시면 하나님의 나라가 완성되기에 우리가 선교(하나님의 나라 확장)에 참여할 기회는 없다. 하나님은 우리 크리스천들에게 예수님이 다시 오시기 전인 현재 있는 곳(Here and Now)에서 하나님의 나라를 실현하는데 그의 영광에 참여할 수있는 기회를 주셨다.

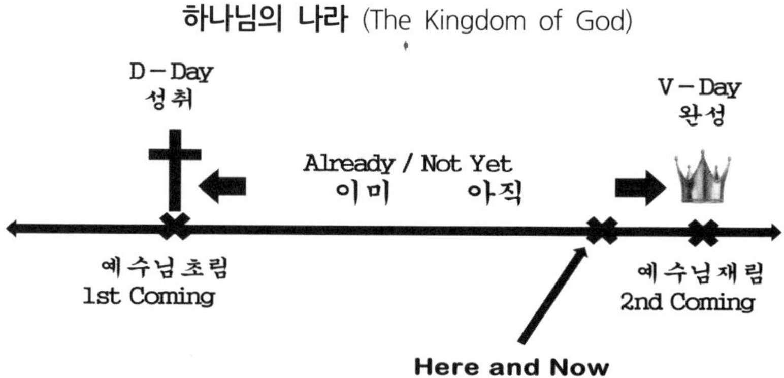

〈그림 3〉 : 하나님의 나라 (The Kingdom of God)

사람은 그저 눈에 보이는 것을 믿고 보이는 것만을 의지하기 쉽다. 그러나 성경을 자세히 보면 보이지 않는 세계가 보이는 세계를 주관하고 있음을 알 수 있다. 눈에 보이지 않지만 삼위일체 하나님은 계시고, 사단과 천사들(Spiritual Beings) 또한 존재한다. 지상에서도 중요한 일들을 토의하고 결정할 때 회의를 하는 것처럼 성령의 감동으로 영안이 열려 성경을 기록한 사람들의 증언을 통하여 하늘에도 '천상회의(The Heavenly Council or Divine Council)'가 있음을 알수 있다. 삼위일체 하나님의 천상 회의에서는 인류의 구속과 선교 등 우주와 인류 역사에서 가장 중요하고 심각한 사안이 논의되고, 그 논의 결과로 이 땅의 역사가 진행됨을 알 수 있다. 성경에 최소 여덟 번에 걸쳐 열렸던 천상 회의의 내용이 공개되었다.

첫 번째 천상회의의 아젠다는 '인간 창조'(창1:26-28)이다.

인간은 삼위일체(복수인 '우리'로 표현 됨)하나님이 자신의 형상과 모양대로 지으셨다. 하나님의 형상과 모양을 가졌다는 의미는 우리 인간이 창조주 하나님과 교류할 수 있도록 영적으로 창조되었다(요4:24)는 것이다. 더불어 정신적(이성적이고 의지적인 존재), 도덕적(의롭고 완전한 결백 상태로 지어졌는데, 이는 하나님의 거룩함을 반영), 사회적(하나님의 삼위일체적인 속성과 그 분의 사랑을 반영)인 존재로 지어졌다. 에덴동산에서 인간은 아무 장애 없이 직접 하나님과 교제하였다(창 3:8). 사람은 영혼과 육체로 구성된다(창2:7). 또한 하나님은 인간을 남자와 여자 두 가지 성(性)으로 창조하였다(창1:27). 하나님은 "사람이 혼자 사는 것이 좋지 아니하기에"(창2:18) 동등한 인격을 가진 돕는 자로서의 여자를 만드셨다. 요즈음 성소수자들(Lesbian, Gay, Bisexual, Transgender, Queer, Intersex, Asexuality)의 목소리가 커지는 것은 그만큼 시대가 타락했다는 것을 의미한다. 하나님의 창조 질서를 파괴하는 심각한 현상이다. 우리 인간은 어느 날 갑자기 우연으로부터 존재한 진화물이 아니라 하나님에 의해 친히 창조된 만물의 영장이다(창1:28).

두 번째 천상회의의 아젠다는 '욥의 신앙에 대한 테스트'
(욥1:6-12;2:1-6)이다.

하나님은 사단의 참소에 의해 욥에게 고난을 허락하신다. 욥은 감당하기 어려운 고난 속에서 인내한다. 인간이 당하는 고난의 많은 종류의 원인들이 있다. 많은 사람들은 인과응보의 원칙을 적용하여 죄의 결과로 고난이 온다고 생각한다. 그런데 욥기를 통하여 죄로 인한 고난이 아닌 또 다른 고난에 관한 이야기를 말해주고 있다. 야고보는 인내하는 자를 복되다 하시며 욥의 인내에 대한 예를 들었고 주께서 주신 결말을 보았다고 하며 주님은 자비하시고 긍휼을 가지신 하나님이라고 한다(약5:11). 욥기서에서 욥은 자신이 당한 고난에 대해 이해할 수 없지만 "그러나 내가 가는 길을 하나님이 아시나니 하나님이 나를 연단하신 후에 내가 순금같이 나오리라"(욥23:10)고 고백한다. 그리고 고난 후 하나님을 더 깊이 알게 된다. 욥은 고난 후 친히 하나님을 목도한 후 고백한다. "내가 주께 대하여 귀로 듣기만 하였사오나 이제는 눈으로 주를 뵈옵나이다"(욥42:5). 욥기는 죄의 결과로 인한 고난도 있지만 의인도 고난을 당할 수 있음을 알려준다. 욥기서를 통해 예수님과 예수님을 따르는 기독교인이 당하는 고난을 충분히 이해할 수 있다.

세 번째 천상회의의 아젠다는 "패역한 이스라엘 백성에게 누구를 보낼까"(사6:1-8)에 대한 논의이다.

웃시야 왕이 죽던 해에 나라의 앞날에 대한 예측불허의 상황 속에 이사야는 성전으로 들어갔다. 이때 천상에서 회의를 주재하시는 하나님을 친히 목도한 이사야는 자신이 가겠다고 하나님께 응답한다. 이사야의 소명은 성전에서 영안이 열려 친히 보고 들은 이상 속에서 이루어졌다. 소명의 출처는 하나님이시며 이사야는 하나님의 부르심에 분명하고 확실하게 응답하였다. 소명이 확실할 때 담대하게 선포할 수 있다. 힘들고 어려움을 당하여도 부여받은 사명을 끝까지 완수할 수 있다. 우리를 부르시는 하나님 앞에 확실한 소명을 가지고 순종하며 기쁨으로 응답하는 진정한 사명자들이 되기를 원한다. 주님은 오늘도 우리에게 말씀하신다. "패역한 영혼들을 향해 누가 가겠느냐?" 이 부르심에 "내가 여기 있나이다 나를 보내소서!"라고 담대하게 응답하기를 원한다.

네 번째 천상회의의 아젠다는 "아합을 누가 꾀어내어 죽게 할까?"(왕상22:19-23)이다.

이 땅의 통치자들의 생사화복까지 하나님이 주관하심을 볼 수 있다. 눈으로 보기에는 백성들이 투표를 통해 통치자를 선출하는 것 같지만 모든 백성과 통치자의 마음을 주관하시는 분은 하나님이시다. 이 땅의 권력을 허용하신 분이 하나님이다. 하나님은 권력을 세우기도 하시지만 폐하기도 하신다. 이 땅의 모든 권력자의 운명은 하나님의 손에 달려있다. “왕의 마음이 여호와 손에 있음이여! 마치 봇물과 같아서 그가 임의로 인도하시느라”(잠21:1). 사람은 자기의 마음대로 하는 것 같지만 하나님은 모든 사람의 마음을 감찰하고 계신다. “사람의 행위가 자기 보기에는 모두 정직하여도 여호와는 마음을 감찰하시느니라”(잠21:2). 권력을 쥐고 영원히 통치할 것 같은 많은 독재자가 하나님의 때가 되었을 때 한 줌의 재가 되어 역사에서 사라져 갔다. 지금도 철권통치를 하며 천년만년 살 것 같은 통치자들도 천상회의의 아젠다에 포함되어 하나님의 때를 기다리고 있다.

다섯 번째 천상회의의 아젠다는 ‘약자 보호’이다.

하나님은 신들의 모임 가운데 서시며 하나님은 그들 가운데에서 재판하신다(시82:1). 하나님은 가난한 자와 고아를 위하여 판단하며 곤란한 자와 빈궁한 자에게 공의를 베푸시고 그들을 악인의 손에서 구원하신다(시82:3-4). 하나님은 고아의 아버지가 되시며 과부의 재판장이 되신다(시68:5). 세상에서 멸시당하고 무시당하는 고아, 과부, 궁핍한 자들을 섬세하게 보호하고 보살피시는 하나님이심을 알 수 있다. 하나님은 왕이나 고관대작들을 감찰할 뿐만 아니라 이 세상에 멸시받고 천대받는 약자들도 보호하신다. 이 세상의 관점으로 볼 때 공의와 정의가 무너졌고, 소망이 없어 보이지만, 하나님은 이에 대한 대안을 이미 마련해 놓으셨다. 하나님이 하나님의 방법으로 하나님의 때에 하나님의 나라를 일으키시고 공의와 정의를 실현시키실 것이다.

여섯 번째 천상회의의 아젠다는 '우주의 심판'이다.

다니엘이 환상 중에 우주적인 심판을 주재하시는 하나님을 본다(단7:9-14). 다니엘은 왕좌가 놓이고 그 위에 좌정하신 하나님을 보았다(단7:9). 하나님을 섬기는 자들이 천천이고, 그 앞에 모셔 선 자들이 만만이며 심판을 베푸는 책들이 펴 놓인 이상을 보았다(단7:10). 이 땅에서 진행되는 모든 일이 이 땅으로 끝나지 않고 모두가 하나님의 때가 이르면 선악간에 심판을 받는다는 것을 늘 명심해야 한다. 역사는 종말을 향하여 일직선으로 진행된다. 하나님은 때가 되면 우주적인 심판을 진행하신다. 이 땅의 모든 제국과 열왕은 소멸되나 하나님 나라와 그의 권세는 영원하다. 종말의 우주의 심판은 믿지 않은 자에게는 공포의 시간이지만 하나님의 자녀가 된 우리에게는 소망과 기쁨의 시간이다.

일곱 번째 천상회의는 참소하는 사단 앞에서 대제사장 여호수아를 정결케 하시고 관을 씌우시는 장면이다(슥3:1-10).

비록 죄악으로 인해 징벌을 당하지만 종국(終局)은 회복시키시고 구속해 주시는 하나님의 절대 은혜를 알게 하신다. 하나님은 악을 징벌하시고 자신의 백성들은 구원하신다. 우리에게는 이 소망이 있다. 이 땅을 살아가는 동안 때로는 힘들고 어려운 일을 만나도 견딜 수 있는 것은 우리에게 구원의 소망이 있기 때문이다. "우리가 환난 중에도 즐거워하나니 이는 환난이 인내를, 인내는 연단을, 연단은 소망을 이루는 줄 앎이로다"(롬5:3-4). 생각하건대 현재의 고난은 장차 우리에게 나타날 영광과 비교할 수 없다(롬8:18). 다시 오실 예수 그리스도가 우리 크리스천에게는 최상의 소망이다. 다시 오실 예수 그리스도께서 우리들의 눈에서 눈물을 씻기시며 영원한 평안과 기쁨을 안겨주실 것이다. "아멘 주 예수여 오시옵소서!"(계22:20) 마라나타!

마지막 천상회의는 하늘에 계신 하나님이 친히 지상에 내려오신
성자 하나님이 주재한 회의, 아젠다는 '인류의 구속사'이다.

세 제자와 함께 변화산(헐몬산?)에 가신 예수님이 구약을 대표하는 모세(율법의 대표)와 엘리야(선지자의 대표)와 함께 자신의 별세 즉 인류 구속에 관한 사역을 논의하는 장면이다(마17:1-8, 눅9:28-36). 여기에서 별세의 헬라어 원문은 'exodos'이다. 제2의 출애굽 사건에 대한 논의이다. 인류를 위한 예수님의 구속 사역은 구약의 메시아 예언에 대한 성취로서의 중대사(重大事)중의 중대사(重大事)이다. 변화산에서 구속사(救贖史)를 논의할 때 하늘에서 다음과 같은 음성이 들렸다.

> "이는 내 사랑하는 아들이요, 내 기뻐하는 자니 너희는 그의 말을 들으라"(마17:5).

그들의 구속사 논의를 하늘에서 성부 하나님께서 추인하신 것이다.

천상 회의 아젠다

1차 회의 - **인간 창조**
2차 회의 - **욥의 신앙에 대한 테스트**
3차 회의 - **패역한 이스라엘백성에게 누굴 보낼까?**
4차 회의 - **아합을 누가 꾀어 내어 죽게 할까?**
5차 회의 - **약자 보호**
6차 회의 - **우주의 심판**
7차 회의 - **대제사장 여호수아를 정결케 하시고 관을 씌우심**
8차 회의 - **인류의 구속사 논의**

<표5> : 천상 회의 아젠다

이 땅에 이루어지는 일들이 우리가 생각한 대로 진행되는 것 같지만 그렇지 않다. 삼위일체 하나님의 천상회의를 통해 결정되며, 이 땅에 그대로 실행된다. 인류 역사의 키를 쥐고 계시는 하나님이 세계 기독교 시대에 부름받은 하나님의 사람들을 통해 선교 사역은 계속될 것이다.

토론과 성찰을 위한 질문

1) 삼위일체 하나님의 선교에 대해 설명하라.

2) 삼위 하나님의 천상 회의와 지상에서 이루어지는 선교사역의 관계는 어떠하다고 생각하는가?

1-2

하나님 쓰시기에 편한 그릇

"약한 자의 선교" 모델은 '도성인신'하신 예수님이다. 예수님은 하나님이셨지만 이 땅에 죄로 인해 고통당하고 있는 우리를 위해 하늘 보좌를 버리시고 인간의 몸을 입고 이 땅에 오셨다. 죄가 없으신 분이 이 땅에 오셔서 편안한 거처를 마다하고 수난을 당하시며 결국은 십자가에 죽으셨다. 그리고 부활하시고 승천하셨다. 그의(His) 이야기(Story)를 빼고 인류 역사(History)을 논할 수 없다. 그는 약한 모습으로 죽은 것 같지만 그의 죽음으로 인해 인류를 구원할 길을 여셨다. 예수님이 말씀하신다. "내가 진실로 진실로 너희에게 이르노니 한 알의 밀이 땅에 떨어져 죽지 아니하면 한 알 그대로 있고 죽으면 많은 열매를 맺느니라"(요12:24). 이 말씀은 바로 자신의 삶에 관한 말씀이다. 이러한 결코 약하지 않지만 약한 자의 삶을 자처하신 예수님이 약한 자의 선교에 대한 가장 적합한 모델이다.

정용갑은 “하나님의 나라를 위한 예수 그리스도의 선교가 궁극적으로 십자가 위에서 약한 위치로부터의 선교를 통해 완수될 수 있었던 것처럼, 하나님의 백성들, 즉 그리스도의 교회의 선교 역시 그것이 하나님의 나라를 위한 것이라면 약한 위치로부터 이루어져야 한다”고

HISTORY = HIS STORY

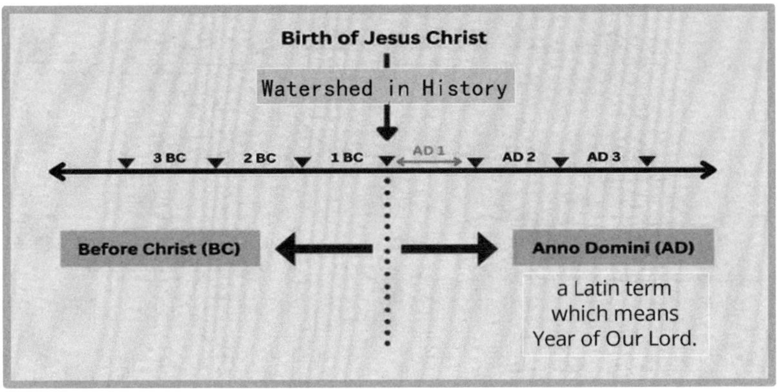

〈그림 4〉 : HISTORY = HIS STORY

말한다[14]. 약한 위치로부터의 선교는 약함 자체를 위하는 것이 아니다. 또한 약한 선교, 열매 없는 사역을 의미하는 것도 아니다. 하나님께서 하나님 나라가 도래한 이 새로운 시대에 십자가의 약함을 통해서 능력과 힘을 발휘하는 길을 택하셨으니, 그리스도의 교회 역시 주님께 충성스럽기 때문에 약해지는 것 혹은 겸손해지는 것이 강한 것임을 이해해야 한다.

이사야서에 보면 하나님이 택하신 백성들은 실로 풀 같이 연약해 보이지만(사40:7), 독수리처럼 힘차게 날개 치며 올라갈 것이다(사

14) 정용갑, “약한 위치로부터의 선교와 한국교회의 선교” p.1.

40:31). 또한 깨진 질그릇 조각 같지만(사45:9), 하나님으로 말미암아 의롭다 함을 얻고 자랑하게 될 자이다(사45:25). 토기장이이신 하나님은 진흙 한 덩어리와 같은 우리를 귀히 쓸 그릇으로 만들기도 하고 천히 쓸 그릇을 만들 권한이 있으시다(롬9:21). 모든 것이 토기장이의 손에 달려있다. 하나님은 자신의 고집과 자아가 강한 우리를 깨뜨려 자신이 원하시는 그릇으로 만드신다. 하나님은 강한 자를 약하게 만들어 자신이 쓰시기에 적당한 그릇으로 만들어 쓰신다.

신약성경에 예수님 다음으로 기독교에 영향력을 끼친 사람이 누구일까? 나는 바울이라고 생각한다. 그는 난지 팔 일 만에 할례를 받은 베냐민 지파로 히브리인 중에 히브리인이었으며(빌3;5), 가말리엘 문하생으로 율법에 정통한 엘리트 중의 엘리트이다(행22:3). 또한 유대인으로서 헬라어에 능통하고 나면서부터 로마의 시민권을 가진 자이다(행22:27-28). 하나님은 이러한 육신적인 배경을 가진 바울을 다메섹 도상에서 부르셔서 하나님의 사역을 할 수 있는 그릇인 목회자, 선교사 그리고 신학자로 만드셨다. 사도 바울의 생애는 다음과 같다.

사도 바울의 생애

	년대(AD)	장소	내용	성경적 근거
1	1년	길리기아 다소	출생, 할례	행22:3
2	1-12년	길리기아 다소	어린시절, 회당 유대인교육	행22:3
3	13-19년	유대 예루살렘	가말리아(힐렐학파) 문하 율법교육 받음	빌3:5;행5:34
4	20-30년	길리기아 다소	청소년 시기	행22:3
5	30년	유대 예루살렘	스데반 순교 현장 목도	행7:58-8:1
6	32/33년	다메섹 도상	예수님을 만남	행9장
7	32-35년	아라비아	신학 형성	갈1:17
8	35년	유대 예루살렘	1차 예루살렘 방문	갈1:18
9	36-45년	길리기아 다소	선교와 사역 준비 기간	행11:25
10	45년	수리아 안디옥	안디옥 교회 목회	행11:26
11	46년	유대 예루살렘	2차 예루살렘 방문	갈2:1 (14년 후)

	년대(AD)	장소	내용	성경적 근거
12	47년	수리아 안디옥	선교사로 파송 받음	행13:1-3
13	47-48년	갈라디아	제1차 선교여행	행13-14장
14	49년	유대 예루살렘	예루살렘 공회 참석	행15장
15	49-52년	마게도니아	제2차 선교여행	행16-18장
16	53-57년	아시아	제3차 선교여행	행18-21장
17	57년	유대 예루살렘	예루살렘에서 붙잡힘	행21-23장
18	57-59년	가이사랴	가이사랴에 구금	행23-26장
19	59년	로마를 향해	제4차 선교여행	행27-28장
20	60—62년	로마	가택 연금	행28장
21	63-67년		제 5차 선교여행	
22	67년	로마	붙잡힌 후 순교	

출처: F. F Bruce, "Paul : Apostle of the Spirit"

〈표 6〉 : 바울의 생애

그는 안디옥교회에서 바나바와 함께 1년 동안 동사(同事) 목회를 한 후에 선교사로 파송받아 1차, 2차, 3차, 4차 선교여행을 하면서 교회를 개척하였다. 그리고 신학자로서 13권의 서신서를 써서 교회 내에 발생한 문제들을 해결하면서 후배 목회자들을 멘토링하였다. 바울에 관한 이야기는 언급하고 언급해도 또 언급할 내용이 충분한 위대한 인물이다. 이러한 바울은 예수님 다음으로 저에게 영향을 많이 준 인물이다.

주님은 유대교 신앙의 신봉자로 자신의 의가 하늘을 찌르듯 당당하며, 기독교를 핍박하는 사울을 불러 자신이 쓰시기에 편한 그릇인 핍박당하는 바울이 되게 하셨다. 주님은 육체의 가시를 제거해 달라는 바울의 기도를 외면하셨다. 그리고 주님은 바울에게 "내 은혜가 네게 족하도다. 이는 내 능력이 약한 데서 온전하여짐이라"(고후12:9)고 말씀하셨다. 바울은 자신의 여러 약한 것들로 인하여 그리스도의 능력이 머물 수 있으며, 약한 그 때가 곧 강함이라(고후12:10)고 고백한다. 선교는 나의 방식으로 주님을 증거하는 것이 아니라 주님의 방식으로 복음을 증거하기에 합당한 그릇이 되는 것이다.

우연찮게 김태훈 선교사의 삶을 담은 동영상을 보았다[15]. 채 5분 된 안되는 짧은 동영상이지만 많은 감동과 울림이 있었다. 김 선교사는 '진심'(眞心)을 넘어 '일심'(一心)과 '전심'(傳心)으로 주님을 따르길 원하는 자비량 의료선교사이다. 그는 서울대를 졸업한 후에 장래가 확실하게 보장될 뿐 아니라 많은 사람의 선망의 대상인 서울대학병원 외과의사였다. 아내와 함께 주님을 신실하게 섬긴 그는 어느 날 하나님의 음성을 듣는다. "내가 원하는 곳에 갈 수 있겠느냐?" 이에 그는 "주님이 함께 하신다면 갈 수 있습니다"라고 순종하며 그 길로 동아프리카 국가 중의 하나인 에티오피아 선교사로 나간다. 그의 아내 김희연 선교사 또한 부창부수(夫唱婦隨)이다. 그 길이 어떠한지 모르지만 예수님만 따라가겠다는 마음으로 어린 세 자녀와 함께 선교지로 떠났다.

아프리카 현지에서 영혼들을 섬긴 지 조금 지나 몸이 좀 불편하고 다리가 뻐근한 것이 계속되었다. 그래서 한국에 돌아와 진단을 받아보니 청천벽력과 같은 '파킨슨'이라는 결과가 나왔다. 필자는 이 대목을 보면서 울컥하였다. 그리고 하나님께 따지듯 이런 하소연이 나왔다. "하나님 모든 것을 내려 놓고 이렇게 신실하게 당신을 위해 살아

15) 2017 에티오피아 김태훈 선교사님 이야기 You Tube (https://www.youtube.com/

가는 그에게 이런 잔혹한 일이 꼭 일어나야 하나요?” 주위의 사역자들이나 선교사들에게 일어나는 일들이 때로는 이해할 수 없을 때가 많다. 그의 아픔이 동변상련으로 공감이 된다.

이러한 상황 속에 하나님은 이 부부에게 새 길을 보여주셨다. 이 부부는 하나님의 음성을 들었다. 김선교사는 어느 날 빗길을 걷다가 곧바로 집으로 갈 수 없음으로 인해 비를 피해 나무 밑에 잠시 피하였다. 그리고 “비가 쏟아진다고 집으로 가지 않아도 돼…!”라는 감동을 받았다. 아프다고 고국으로 돌아갈 필요가 없다는 말이다. 그의 아내가 눈을 감고 기도를 하는 중에 환상을 보았다. “예수님의 품에 편안하게 안겨 있는데, 우리를 안고 가시는 예수님의 발에는 피가 묻어 있었다.” 비록 몸이 굳어 가고 예전보다 더 힘이 들더라고 그 곳을 떠나지 않고 계속 주님이 당한 고난에 동참하며 선교 현지의 영혼을 섬기겠다는 것이다.

선교는 선교사가 하는 것이 아니라 하나님 즉 예수님이 하시는 것이며 선교사 되는 우리는 그저 예수님 품에 안겨 있는 것이다. 선교사가 병들고, 외면당하고, 추방당해도 하나님의 선교는 계속된다. 선교사는 단지 하나님의 선교에 동참하는 것이다. 김태훈 선교사의 마지막 멘트가 머리에 생생하게 남는다. “이제 주님의 영광을 드러내기에, 주님이 쓰시기에 편한 그릇이 되었다고…”, “주님과 함께 거하는 것이 축복(Blessing)이고 안식(Resting)이라고…”, “네 깨어짐 때문에 내가 너를 택했단다!” 김 선교사가 자신의 선교 체험을 담은 책의 제목이 [깨어진 그릇][16)]이다.

우리는 능력 있고 똑똑하고 잘 나갈 때 영향력이 있다고 생각을 하기 쉽다. 그러나 주님의 계획은 전혀 다를 때가 더 많다. 우리가 힘들고 지치고 병들 때에 더 주님을 의지하며 주님께 순종할 수 있는 그릇이 될 수 있다는 말이다. 하나님은 약한 자를 들어 강한 자를 부끄럽게 하신다. 하나님은 약한 자를 통하여 선교하신다. 병든 선교사가 치유되기를 간절히 바라나 모든 것이 하나님의 절대 주권에 달려 있다. 약함에도 불구하고 하나님을 더 신뢰하며 순종할 때 나타나는 주님의 영광은 한없이 크다. 우리의 약함이 하나님께는 오히려 강함이 된다.

> "하나님의 어리석음이 사람보다 지혜롭고 하나님의 약하심이 사람보다 강하니라"(고전1:25)

토론과 성찰을 위한 질문

1) 약한 자의 위치에서 선교하는 모델로서의 예수님과 바울의 삶은 나의 선교 사역에 어떠한 영향을 미치는가?

2) 하나님이 쓰시기에 적합한 그릇으로 쓰임 받기 위해 나의 성품 중에 개선해야 할 부분은?

16) 김태훈, 깨어진 그릇, "네 깨어짐 때문에 내가 너를 택했단다!" 규장출판사, 2021년

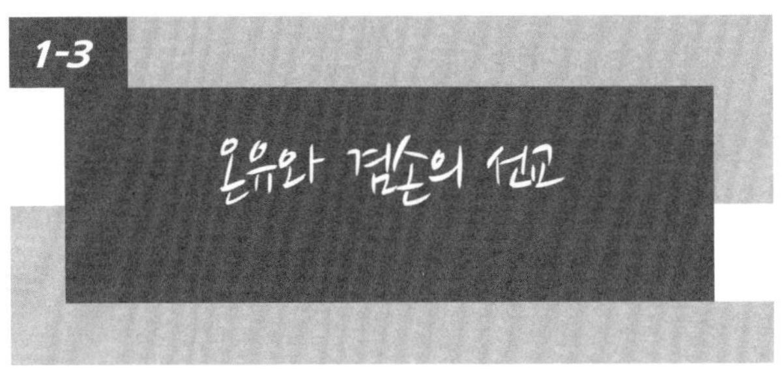

1-3 온유와 겸손의 선교

모든 곳에서 모든 곳으로 선교하는 세계 기독교 시대에 모든 그리스도인은 다양한 방법으로 하나님의 나라를 확장하는 선교사이다. 선교는 선교사만의 전유물이 아니다. 모든 그리스도인이 선교사인 이유를 성경은 분명하게 말씀하고 있다.

첫째, 모든 그리스도인은 서로 사랑해야 한다(요13:34-35;요한1서;요한2서).

> "새 계명을 너희에게 주노니 서로 사랑하라. 내가 너희를 사랑한 것 같이 너희도 서로 사랑하라. 너희가 서로 사랑하면 이로써 모든 사람이 너희가 내 제자인 줄 알리라"(요13:34-35).

둘째, 모든 그리스도인은 증인이 되어야 한다(행1:8).

오직 성령이 너희에게 임하시면 너희가 권능을 받고 예루살렘과 온 유대와 사마리아와 땅끝까지 이르러 내 증인이 되리라 하시니라”(행 1:8).

셋째, 모든 그리스도인은 대사이다(고후5:20).

“그러므로 우리가 그리스도를 대신하여 사신이 되어 하나님이 우리를 통하여 너희를 권면하시는 것 같이 그리스도를 대신하여 간청하노니 너희는 하나님과 화목하라”(고후5:20).

넷째, 모든 그리스도인은 목자이다(요21:15-17).

“그들이 조반 먹은 후에 예수께서 시몬 베드로에게 이르시되 요한의 아들 시몬아! 네가 이 사람들보다 나를 더 사랑하느냐 하시니, 이르되 주님 그러하나이다. 내가 주님을 사랑하는 줄 주님께서 아시나이다. 이르시되 내 어린 양을 먹이라 하시고, 또 두 번째 이르시되 요한의 아들 시몬아! 네가 나를 사랑하느냐 하시니, 이르되 주님 그러하나이다. 내가 주님을 사랑하는 줄 주님께서 아시나이다. 이르시되 내 양을 치라 하시고, 세 번째 이르시되 요한의 아들 시몬아! 네가 나를 사랑하느냐 하시니, 주께서 세 번째 네가 나를 사랑하느냐 하시므로 베드로가 근심하여 이르되 주님 모든 것을 아시오매 내가 주님을 사랑하는 줄을 주님께서 아시나이다. 예수께서 이르시되 내 양을 먹이라”(요 21:15-17).

다섯째, 모든 그리스도인은 산 돌이며, 세상을 위한 제사장이다(벧전2:5,9).

“너희도 산 돌같이 신령한 집으로 세워지고, 예수 그리스도로 말미암아 하나님이 기쁘게 받으실 신령한 제사를 드릴 거룩한 제사장이 될지니라”(벧전2:5).
“그러나 너희는 택하신 족속이요, 왕 같은 제사장들이요, 거룩한 나라요, 그의 소유가 된 백성이니, 이는 너희를 어두운 데서 불러내어 그의 기이한 빛에 들어가게 하신 이의 아름다운 덕을 선포하게 하려 하심이라”(벧전2:9).

여섯째, 모든 그리스도인은 세상의 소금과 빛이다(마 5:13-16).

“너희는 세상의 소금이니, 소금이 만일 그 맛을 잃으면 무엇으로 짜게 하리요. 후에는 아무 쓸 데 없어 다만 밖에 버려져 사람에게 밟힐 뿐이니라. 너희는 세상의 빛이라. 산 위에 있는 동네가 숨겨지지 못할 것이요, 사람이 등불을 켜서 말 아래에 두지 아니하고 등경 위에 두나니, 이러므로 집 안 모든 사람에게 비치느니라. 이같이 너희 빛이 사람 앞에 비치게 하여 그들로 너희 착한 행실을 보고 하늘에 계신 너희 아버지께 영광을 돌리게 하라”(마5:13-16).

일곱째, 모든 그리스도인은 교회의 온전한 성장을 위한 사역에 은사를 받았다(엡4:11-12).

“이는 성도를 온전케 하며, 봉사의 일을 하게 하며, 그리스도의 몸을 세우려 하심이라. 우리가 다 하나님의 아들을 믿는 것과 아는 일에 하나가 되어 온전한 사람을 이루어 그리스도의 장성한 분량이 충만한데까지 이르리니”(엡4:11-12).

모든 그리스인은 서로 사랑하는 주님의 제자이며, 증인이고, 대사이고, 제사장이다. 모든 그리스도인은 있는 곳에서 소금처럼 희생하며 빛을 발하는 선교사이다. 그래서 모든 그리스도인은 하나님의 교회를 세우고 하나님의 나라를 확장하는데 주신 은사를 잘 활용해야 한다. 더불어 선교사로서 정체성을 가지고 주님의 성품인 온유와 겸손으로 선교를 해야 한다.

예전 미국에 있을 때 집 근처에 위치한 태평양 해변을 산책하면서 그곳에 있는 많은 조약돌을 보았다. 끝없이 밀려오는 파도가 모난 돌맹이를 둥굴둥굴하고 맹글맹글한 조약돌로 만들었다. 인생을 살아가면서 끝없이 밀려오는 세파가 우리가 주 안에 있기만 하면 부드럽고 온유한 사람으로 다듬어 가지 않나 생각해본다. 신앙생활을 하면 할수록 ‘온유와 겸손’의 위대함을 실감한다. 태풍이 불 때 강해 보이는 가지가 쉽게 부러지는 것을 볼 수 있다. 반대로 연약해 보이는 가지는 부러질 것 같은데 바람에 그저 흔들거릴 뿐 오히려 강인하게 나무에 붙어 있는 것을 보게 된다.

민수기를 묵상하다 보면 마음에 와닿는 구절이 있다. “이 사람 모세는 온유함이 지면의 모든 사람보다 더하더라”(민12:3). 모세는 애굽

궁중에서 온갖 학문을 연마하며 혈기 왕성한 가운데 유모이자 생모로부터 민족의식까지 교육을 받았다. 동포를 위하는 마음으로 자신의 방식으로 애굽 사람을 쳐죽인 강한 모세였다. 그러나 하나님은 이러한 자기 방식의 모세를 쓰지 않으셨다. 도리어 그러한 자신의 힘과 기운이 다 빠진 다음 모든 것이 끝났다고 생각할 때 하나님은 그를 부르셨다. 강한 그를 바꾸어 놓은 것은 미디안 광야 도피 40년의 세월이다. 40년의 광야 생활이 그를 지면의 모든 사람보다 온유한 자로 바꾸어 놓았다.

'온유함'으로 번역된 '아나브'는 경건하게 하나님을 의존하는 태도를 말한다. 영어 NIV 성경의 번역 'humble'이 더 정확한 번역이다. '온유함'보다는 '겸손함'이 의미를 더 잘 전달한다. 하나님 앞에 절대적으로 약하고 가난한 자들은 겸손한 자들이다. 가난한 자들은 세상 강자들의 착취에 쉽게 노출된다(암2:7, 사11:4). 이러한 사람들은 스스로 이길 힘이 없기에 하나님의 도움만을 바란다(습2:3). 또한 겸손은 하나님과 사람에게 존귀함을 받는 마음의 자세를 지칭한다(잠15:33). 마음의 교만은 멸망의 선봉이요 겸손은 존귀의 길잡이이다(잠18:12). 성경은 하나님이 겸손한 자들을 구원하실 것을 지속적으로 말하고 있다(시147:6, 149:4).

산상수훈의 팔복에서 "온유한 자는 복이 있나니 그들이 땅을 기업으로 받을 것임이요"(마5:5)라고 말씀하고 있다. 또한 예수님의 수제자인 베드로는 "그러므로 하나님의 능하신 손 아래에서 겸손하라 때가 되면 너희를 높이시리라"(벧전5:6))고 말한다. 하나님은 온유한 자에게 자신의 일을 맡기신다. 하나님은 자신만을 의지하는 강한 자를 오직 하나님 만을 의지할 수밖에 없는 자로 만드셔서 사명을 감당케 하신다. 하나님은 모세를 온유하게 만드셔서 이스라엘 백성을 인도하는 지도자로 사용하셨다.

연약한 자들은 온유하고 겸손하다. 자신을 의지할 것이 없기 때문이다. 연약한 자들은 예수님만을 의지할 수밖에 없다. 반대로 예수님을 의지하는 자는 겸손하게 된다. 온유와 겸손은 예수님의 성품이다(마11:28). 하나님은 예수님의 성품을 가진 자들을 통하여 하나님의 나라를 확장시켜 나가신다. 온유한 자가 땅을 기업으로 받을 것이다. 그 땅이 바로 하나님의 나라이다.

> "수고하고 무거운 짐 진자들아! 다 내게로 오라 내가 너희를 쉬게 하리라 나는 마음이 온유하고 겸손하니 나의 멍에를 메고 내게 배우라 그리하면 너희 마음이 쉼을 얻으리니 니는 내 멍에는 쉽고 내 짐은 가벼움이라 하시니라"(마 11:28-30).

하나님의 일을 하는데 어느 것 하나 부족함이 없는 바울에게 육체의 가시(스콜롸스)가 있었다(고후12:7). 다시 말하면 육체적인 질고이다. 성경에 구체적으로 어떤 질병인지는 나와 있지 않지만 지속적으로 육체에 고통을 주는 질병이었다고 보는 견해가 지배적이다. 간질이나 안질일 가능성이 높다. 안질일 가능성은 다메섹 도상에서의 강렬한 빛으로 인해 생겼다고 보는 것이고(갈 4:13-15), 간질일 가능성은 바울 자신이 '가시'를 가리켜 사단의 사자로 재설명하고 있기 때문이라고 보는 것이다.

그래서 바울은 이러한 질고가 복음 사역에 지장을 초래함으로 제거해 달라고 세 번 기도를 하였다(고후12:8). 이러한 바울의 기도에 하나님은 질고를 치유해주시는 대신 "내 은혜가 네게 족하도다"고 하시며 "이는 내 능력이 약한 데서 온전하여짐이라"(고후12:9)고 하신다. 이에 바울은 실망하지 않고 크게 기뻐함으로 "나의 약한 것들에 대하여 자랑하리니 이는 그리스도의 능력이 내게 머물게 하려 함이라"고 고백한다. 바울이 하나님께 받은 개인적인 은혜(계시)가 사람의 말로 표현할 수 없을 정도로 커서(고후12:4), 자만하지 않게 하시려고 육체의 가시를 주셨다고 한다. 바울은 받은 은혜를 유지하기 위해 자신을 위해서 약한 것들 외에 자랑하지 않겠다고 다짐한다(고후12:5).

요즈음 이 말씀이 예전보다 훨씬 더 다가오며, 가슴으로 느껴진다. 사람은 조금 잘 되면 말로는 하나님께 영광을 돌린다 하나 교만하기 쉽고, 또한 무언가 조금 풀리지 않으면 괜찮다고 하나 낙망하기 쉬운 연약한 존재이다. 자신의 나약함을 철저하게 인정하는 자가 하나님을 높일 수 있다. 하나님은 바울에게 겸손할 수밖에 없는 안전장치를 주셨다. 물론 하나님의 영광을 위해서지만 바울 자신을 위해서이다. 육체의 가시로 인해 자신의 약함을 인정하며 평생 하나님을 의지할 수밖에 없다. 그래서 온유하고 겸손하게 선교사역을 감당하게 되었다. 우리의 약함이 바로 하나님의 강함이 되기 때문이다.

우리는 온갖 아픔과 상처로 뒤범벅이 되어 남을 생각할 여유가 없는 시대를 살고 있다. 정말 힘들고 어려울 때 찾아가서 자초지종을 스스럼없이 말하고 기대고 싶은 사람이 한 명만 있어도 그 사람은 행복한 사람이다. 기댈 수 있는 안식의 공간을 가지고 있는 사람을 찾아보기가 쉽지 않다. 마음의 여유와 안식의 공간이 있는 사람은 어떤 사람일까? 온유와 겸손한 사람이 바로 그런 사람이다.

스바냐서 2장 3절을 보면 다음과 같은 말씀이 있다. “너희는 여호와를 찾으며 공의와 겸손을 구하라 너희가 혹시 여호와의 분노의 날에 숨김을 얻으리라.” 여기에서 ‘겸손’으로 번역된 히브리어 또한 ‘아나바’이다. 이 의미를 좀 더 자세히 설명하자면 단순히 남을 존중하고 자기를 낮추는 태도를 뜻하는 단어가 아니라 ‘자신의 나약함을 인정하고 하나님의 도움을 바라는 사람의 태도’를 말하고 있다. 다시 말하면 겸손한 사람은 전적으로 하나님을 의지하고 하나님의 보호와 인도를 구하는 사람이다.

시편 25편 9절에 하나님은 ‘온유한 자’를 공의(정의)로 지도하시고 ‘온유한 자’에게 그의 도를 가르신다고 말씀하고 있다. 여기에서 사용한 ‘온유한’은 히브리어 온유의 뜻인 ‘아나바’의 형용사형인 ‘아나윔’을 사용하였다. 여기에서 말하는 온유한 자는 ‘괴롭힘과 억압을 당하고 비참한 지경에 이르렀으나 여전히 부드러운 심령을 가지고 사는 겸손한 인생’을 의미한다. 정리하자면 온유한 자는 겸손하며, 겸손한 자는 온유하다.

장경철이 쓴 책[17]에서 보면 ‘나무의 온유한 성품’에 대해 다음과 같이 언급한다.

17) 장경철, 이름보다 오래 기억되는 성품 : 두란노서원, 2015년.

"온유함의 성품이란 우리에게 찾아오는 자극을 배척하지 않고 따뜻하고 부드럽게 수용하고 환대하는 성품이다. 나무는 자신에게 찾아오는 햇빛이나 빗방울을 피하지 못한다. 나무는 자신의 자리를 벗어날 수 없다. 자신에게 찾아오는 자극을 견딜 수 밖에 없다. 오히려 자신에게 찾아오는 자극을 수용한다. 나무는 다양한 계절에 자극에도 적극적으로 반응하며 적응한다. 때로 싹을 틔우면서, 꽃을 피우면서, 열매를 맺으면서 반응하고 때로 자신의 것들을 다 버리면서 반응한다. 나무는 자신이 버려야할 것이 무엇인지 깨닫고 내려놓게 된다. 모든 것을 내려놓기 직전에, 나무는 가장 아름답고 황홀하게 불타오른다. 나무는 지는 것을 통해 이기는 삶의 과정을 우리에게 보여 준다."

이 세상의 온갖 고통 속에 힘들게 살아가는 우리가 예수님을 믿고 따를 때에야 비로소 하나님의 공의를 이루며 겸손하고 온유한 자가 될 수 있다. 온유와 겸손의 원천이신 예수님이 우리를 오늘도 안식으로 초대하신다. 온유와 겸손! 바로 나에게 주신 말씀이 아닐까? 우리 마음의 상처와 분노 그리고 혈기를 제하고 주님의 온유와 겸손으로 충만하여 하나님의 나라에 귀하게 쓰임 받는 그릇이 되게 하소서!

토론과 성찰을 위한 질문

1) 나는 하나님의 선교를 위해 부름받아 전인적으로 선교적 삶을 어떻게 살고 있는가? 개인적인 구체적 삶을 나누라.

2) 나는 예수님의 성품인 온유와 겸손을 어떻게 닮아가고 있는가?

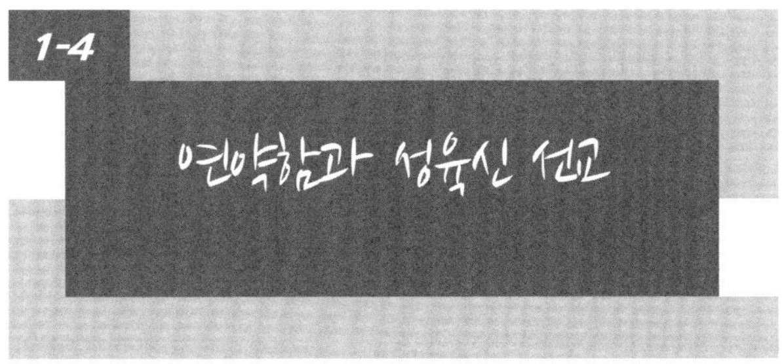

지난 크리스텐덤 시대에 복음이 왕성하게 전파되어 세계 전역에 교회가 존재하게 되었다. 서구 교회의 노력과 헌신으로 세계 기독교 시대가 도래하였으나 일부 힘에 의한 선교로 인해 부작용이 발생하였다. 대표적인 힘에 의한 선교는 십자군 운동과 식민지 확장이다. 불행히도 십자군 운동은 기독교 선교를 정복으로 왜곡시켜버렸다. 그리고 십자군 운동의 영향은 오늘날까지도 대부분 이슬람권에 남아 있다. 오늘날 기독교가 이슬람권에 복음을 전할 때 많은 저항을 받는 이유 중에 하나가 힘에 의한 기독교 선교의 부작용이다.

또한 포루투칼, 네덜란드, 스페인, 프랑스, 영국 제국주의의 팽창은 종종 선교와 연결되었으나 힘의 의한 방식은 많은 후유증을 만들어내었다. 특히 많은 중남미 국가를 식민지화한 스페인 포루투칼은 '기독교화'에 우선을 두기보다도 '문명화'에 더 우선권을 두었다. 이로 인해 피식민지인들이 인격적인 구주로 복음을 받아들이기 보다는 피치 못해 기독교를 받아들여 명목상의 교인(a nominal Christian)을 많이 생산하였다. 힘에 의한 선교가 활발하게 수행될수록 더 많은 문제를 야기시켰음을 보여주고 있었다.

'홀로코스트'(The Holocaust)는 제2차 세계 대전이 일어나던 1941년부터 1945년까지 아돌프 히틀러가 이끈 나치당에 의해 자행된 600만명[18]의 유대인 학살 사건이다. 나치와 히틀러 뿐만 아니라 중세로부터 내려 온 그리스도인들의 반유대인 감정이 당시 유럽의 많은 나라에 자리잡고 있었다. 이런 반유대인 감정의 유구한 전통에 대한 명언이 있다. 미국의 정치학자이자 역사학자이며 홀로코스트 연구의 최고 권위자로 인정 받고 있는 라울 힐베르크[19]에 의하면 다음과 같다.

> "처음에 중세의 기독교 지도자들은 이렇게 말했다. 너희들이 유대교 신자인 이상, 우리와 함께 살 권리가 없다. 그 다음에, 세상의 지도자들은 선언했다. 너희들은 우리와 함께 살 권리가 없다. 마지막으로 나치 독일은 다음과 같이 주장했다. 너희들은 살 권리가 없다."

눈에 나타난 결과만 가지고 판단하기 전에 왜 그러한 일이 일어났는지 알아 보는 것도 중요하다. 아직도 홀로코스트에 대해서는 학자마다 의견이 분부하다. 이 글은 홀로코스트에 대한 연구에 관한 내용이 아니다. 우리가 생각해봐야 할 것은 역사적으로 기독교에 힘이 주어졌을 때, 그 힘이 하나님과 사람을 위해서 선하게 사용되었냐는 것이다.

---

18) 그 당시 유럽에 거주하던 9백만 명의 유대인 중 약 2/3에 해당한다.

19) 라울 힐베르크(en: Raul Hilberg, 1926.6.2~2007.8.4)는 오스트리아 태생의 미국인 정치학자이자 역사가이다. 홀로코스트 연구에 관한 최고 권위자로 인정받고 있다.

그렇지 않은 경우도 있다. 아니 도리어 하나님의 영광을 가리운 경우가 더 많다.

초기 미국 개척 역사를 보면 유럽에서 건너온 백인들(다수의 기독교인을 포함?)의 인디안 원주민 학살 사건도 공공연한 비밀이다. 초기 스패인, 포르투칼, 영국, 프랑스 등 미주로 건너온 유럽인들의 긍정적인 신앙의 영향력은 말로 할 수 없을 정도로 크다. 그들의 공헌을 부인하려는 의도가 아님을 밝혀둔다. 이들이 신대륙에 처음 도착해서 추위에 떨고 있을 때 땔감을 주고 굶주릴 때 감자와 옥수수를 나누어주는 등 따뜻한 온정을 베푼 자들은 다름 아닌 원주민 인디언들이었다. 그러나 유럽에서 건너온 백인들과 그들의 후예들은 무력으로 상상할 수 없는 많은 인디언을 학살하였다. 1820-1830년대 미국은 토착민 전체를 미시시피강 서쪽으로 강제 소개함으로써, 미국 동부지방을 '청소'하여 백인 정착민들의 식민지역으로 만드는 정책을 착수했다. 백인 정착민들에게 땅을 빼앗긴 체로키족은 1500마일의 '눈물의 행로'(The Trail of Tears)[20]를 따라 강제 이송되면서 인구의 절반 이상이 죽었다.

여호수아가 가나안에 진입하여 원주민들을 진멸하듯이, 악의 세력을 진멸하는 하나님의 뜻을 수행한다는 태도(?)로 아무 죄책감 없이 인디언들을 죽이기도 하였다. 그 후에도 아프리카에서 흑인들을 잡아다가 노예로 삼아 노동력을 착취함은 물론 사람 취급을 하지 않았다.

---

20) 눈물의 길(Trail of Tears)은 1830년 미국에서 제정된 《인디언 이주법》에 의해 미국 내의 아메리카 원주민 부족들이 겪었던 일련의 강제 이주를 말한다.

유럽의 국가들이 식민지를 개척할 때 선교사들이 식민지에 들어가서 무력을 이용하여 제국주의 선교 즉 힘의 선교를 하기도 하였다. 특히 중남미에서 자행되었던 일이다. 식민지 국민을 강제로 세례받게 하고 무력으로 기독교인이 되게 하였다. 이로 인해 무늬만 그리스도인이지 실제 인격적으로 주님을 만나지 못한 경우가 대부분이었다. 하나님의 이름으로 자행된 일이나 하나님과 관계없는 일이 역사 속에 존재한다.

교회가 힘이 있으면 더 많이 선교하고 더 큰 일을 할 수 있다고 생각을 한다. 어떤 면으로 보면 틀린 이야기는 아니다. 그러나 중요한 것은 하나님이 부여하신 힘을 잘 사용해야 한다. 저자가 이 글을 쓰면서 대형교회나 큰 선교 단체를 비판하려는 의도는 아니다. 큰 교회는 큰 교회로서, 작은 교회는 작은 교회로서의 교회 마다의 사명이 있다. 그러나 우리가 생각해야 할 것은 힘을 가질수록, 규모가 클수록 더 겸손하며 더 낮아져서 섬겨야 한다는 것이다. 예수님은 자신이 하나님이심에도 불구하고 그의 힘을 사용하여 강제로 사람을 변화시키는 데 사용하지 않으셨다. 세상에서 유행하는 번영과 성공의 방법을 사용하지 않으셨다. 도리어 약한 자와 무력한 자의 모습으로 영혼들을 섬기며 죽기까지 사랑하셨다.

그래서 그 길은 좁은 길이고 많은 사람이 가지 않는 길이다. 쉽게 말하자면 '배고픈 길'이고 인기 없는 길이다. 예수님의 제자들은 예수님을 따르면서 예수님을 닮아갔다. 오직 돈만을 좇아갔던 마태는 돈을 놓았다. 무력으로 나라의 독립만을 위해 살았던 열심당원 시몬은 칼을 놓았다. 대신 그들은 예수님이 친히 보여주신 사랑으로 재무장하였다.

세상을 살아가면서 스스로 강하다고 하는 무기를 내려놓고 사랑을 실천하다가 박해를 받으며 죽었다. 그들은 죽었으나 많은 생명이 살아났다. 그리고 우리에게까지 전달되었다. "내가 진실로 진실로 너희에게 이르노니 한 알의 밀이 땅에 떨어져 죽지 아니하면 한 알 그대로 있고 죽으면 많은 열매를 맺느니라"(요12:24).

헨리 나우웬은 [영성에의 길]이라는 그의 책에서 "능력의 길은 실로 연약함의 신학"이라고 말한다. 하나님의 눈으로 우리의 깨어짐, 유한함, 상처, 연약함을 바라보고 싶다고 말한다.[21] 즉 강한 길은 연약한 자를 향한 자비의 자세와 십자가의 신학으로 무장하는 길이다. 연약함의 신학은 하나님이 권능을 부어 주시는 신학이다. 그것은 유약한 이들을 위한 신학이 아니라, 두려움에서 벗어나 자신의 빛을 밝히고 하나님 나라 사역을 하게 하는 능력을 주창하는 사람들을 위한 신학이다. 우리 그리스도인은 가난하고, 온유하고, 슬퍼하고, 의에 주리고 목마르며, 긍휼이 여기며, 마음이 깨끗하며, 평화를 이루며, 적대적인 세상에 의해 항상 핍박받는 자들이다. 그러나 유약하거나 학대받아도 가만히 있는 사람들은 아니다.[22] 그리스도인들은 하나님을 의지하며, 예수님이 우리에게 가르쳐 주신 길로 이 땅에서 살아가는 것이 가장 안전한 길이다.

그리스도인들에게 가장 잔인하고 교활하며 영혼에 제일 큰 상처를 주는 절대 권력은 종교 권력이다. 헨리 나우웬은 정치적, 경제적 권력보다 더 나쁜 것이 종교 권력이라고 말한다. 다른 권력에 의해 상처를

21) 헨리 나우웬, 김명희역, 영성에의 길, IVP:2008, p.23.
22) ibid p.37.

받으면 또 다른 곳에서 치유받을 수 있는 기회가 있으나 종교 권력에 의해 상처를 받으면 치유가 쉽지 않다. 특히 하나님을 빙자한 권력의 횡포나 남용은 많은 사람을 절망 가운데로 몰아간다. 지나간 역사 속에 하나님의 이름으로 자행된 십자군 전쟁, 유대인 학살, 인디언 학살, 인종차별정책 등등 드러나지 않는 수많은 종교 권력의 어두운 면이 있다.[23] 종교가 권력을 가질 때가 영적으로 가장 어두운 시대이다. 종교를 앞세운 물질적 풍요가 좋은 것 같지만 영적으로 보면 그렇지 않은 경우가 많다. 헨리 나우웬의 신학은 한마디로 말하면 '연약함과 성육신의 하향화의 신학이며 십자가 신학'이다.

인간이 무능함을 자인(自認)할 때 하나님의 능력이 나타난다. 자신을 의지하며 자신의 공로로 구원받을 수 있고 자신에게 영광을 돌리는 영광의 신학은 겉으로 볼 때 능력이 있고 화려해 보인다. 그러나 실제로는 능력이 없다. 그러나 하나님의 은혜로 십자가의 공로를 절대 의지하며 하나님께 영광을 돌리는 십자가 신학이 진정한 능력이 된다. 영광의 신학과 십자가 신학을 비교하면 다음과 같다.

능력(Powerful)의 하나님은 실로 연약(Weakness)하고 무기력한(Powerless) 방법을 선택하여 인류를 구원하신다. 하나님은 전지전능하시고 무소부재하신 분이시지만 그의 힘(Power)을 휘두르지 않고 가장 무기력하고 유약한 아기의 모습을 선택하셨다. 하나님이셨던 분이 인간의 몸을 입고 이 땅에 오셨다. 이것을 가리켜 성경과 신학에서는 성육신(Incarnation)이라고 부른다. 조그마한 소 도시 베들레헴의 초라

23) ibid pp.26-27.

영광의 신학과 십자가 신학의 비교

	영광의 신학	십자가 신학
1	인간의 공로로 구원을 받을 수 있다고 주장하는 중세 스콜라주의 신학으로 마르틴 루터는 힘과 정복을 추종하던 당시 로마 가톨릭 교회을 비판하며 종교개혁을 단행	종교개혁자 마틴 루터가 주장한 십자가 신학은 고난속에 숨어계신 하나님이 십자가를 통해 자신을 드러내시며, 구원에 하나님의 절대 은혜를 강조함
2	사람을 드러내며, 하나님을 인간적으로 대하는 신학으로 유대의 종교지도자들과 로마의 군사들 그리고 메시아로서의 예수를 거부했던 많은 유대인들이 추구했던 세상적 왕권을 가진 메시아 사상이 바로 영광의 신학의 핵심이다.	하나님께 영광을 돌리며, 인간의 범주와 사상을 뛰어넘는 신학으로 십자가에서 죽으심으로 하나님의 거룩한 뜻을 이루시고 하늘과 땅의 모든 권세를 부여받으신 예수 그리스도를 따르는 것이 십자가의 신학의 근본이다.
3	인본주의 신학: 십자가에서 내려오라! (마27:40-44)	신본주의 신학: 나를 기억하소서! (눅23:40-43)

〈표 7〉 : 영광의 신학과 십자가 신학의 비교

한 구유로 오셨다. 그리고 당시 팔레스틴을 다스리는 헤롯 왕을 피해 애굽으로 도피하기도 하셨다. 그의 생애는 기득권 종교 권력자들에 의한 수난과 박해의 세월이었다. 죄가 없으셨음에도 당시 가장 혹독하고 저주스런 십자가형으로 죽임을 당하셨다.

하나님이셨던 예수님, 초자연적인 능력을 가지신 예수님은 자신의 안위와 안일을 위해서는 단 한 번도 자신에게 있는 힘을 사용하지 않으셨다. 이 세상에 연약하여 고통을 받는 자들을 위해 그의 능력을 사용하셨고 하나님의 영광을 위해 절제된 힘을 사용하셨다. 그리고 예수님 자신이 몸소 실천한 약한 자의 위치로부터의 영혼 구원의 삶을 사심으로 우리의 롤모델이 되시며 우리 또한 그렇게 살라고 말씀하신다. 우리는 본성적으로 이러한 좁은 문으로 들어가는 것을 싫어할 뿐 아니라 그렇게 살 만한 힘도 없다. 그러나 친히 이 길을 가시며 인류 구속을 이루셨던 예수님이 연약한 우리에게 능력을 주시어 우리의 약함을 강함으로 바꾸어 주신다.

하나님은 '연약함과 십자가의 하향화 신학'으로 스스로 강하다고 생각하는 사람들을 희생과 섬김을 가진 사랑의 능력을 가진 인격자로 변화시켜 나가신다. 우리가 예수님을 묵상할 때 어떻게 살아야 할지를 알 수 있다.

> "너희 안에 이 마음을 품으라 곧 그리스도 예수의 마음이니 그는 근본 하나님의 본체시나 하나님과 동등됨을 취할 것으로 여기지 아니하시고 오히려 자기를 비워 종의 형체를 가지사 사람들과 같이 되셨고 사람의 모양으로 자기를 낮추시고 죽기까지 복종하셨으니 곧 십자가에 죽으심이라 이러므로 하나님이 그를 지극히 높여 모든 이름 위에 뛰어난 이름을 주사 하늘에 있는 자들과 땅에 있는 자들과 땅 아래에 있는 자들로 모든 무릎을 꿇게 하시고 모든 입으로 예수 그리스도를 주라 시인하여 하나님 아버지께 영광을 돌리게 하셨느니라" (빌2:5-11).

토론과 성찰을 위한 질문

1) 역사적으로 기독교가 힘에 의한 선교로 인해 발생했던 부작용의 사례는?

2) 영광의 신학과 십자가 신학을 비교하여 설명하라.

1-5

신앙이 영글어지는 선교

하나님은 인류의 구속과 하나님의 나라를 이 땅에 실현하기 위해 자신의 때가 되었을 때 성자 하나님 예수 그리스도를 이 땅에 선교사로 보내셨다. "때가 차매 하나님(성부)이 그 아들(성자)을 보내사 여자(동정녀 마리아)에게서 나게 하시고, 율법 아래에 나게 하신 것은 율법 아래에 있는 자들을 속량하시고, 우리로 아들(하나님의 자녀)의 명분을 얻게 하려 하심이라. 너희가 아들(그리스도인)이므로 하나님(성부)이 그 아들의 영(성령)을 우리 마음 가운데 보내사 아빠 아버지(성부 하나님)라 부르게 하셨느니라"(갈4:4-6).

선교사의 모델은 성육신하여 이 땅에 오신 예수 그리스도이다. 인간의 몸을 입고 이 땅에 오신 예수 그리스도는 완전한 하나님이심과 동시에 완전한 인간이다. 완전한(100%) 신성과 완전한(100%) 인성을 가지셨다. 성부 하나님과 성령 하나님은 완전한 신성을 가지신 분이다. 천사 가브리엘은 영적인 존재(spiritual being)이다. 동정녀 마리아는 완전한(100%) 인성(人性)을 가진 인간이다. 완전한 인성(Human Nature)과 신성(Divine Nature)을 가지신 예수 그리스도만이 하나님과 사람 사이의 유일한 교량이며 중보자가 될 수 있다. "예수께서 이르시되 내가 곧 길이요 진리요 생명이니, 나로 말미암지 않고는 아버지께로 올 자가 없느니라"(요14:6).

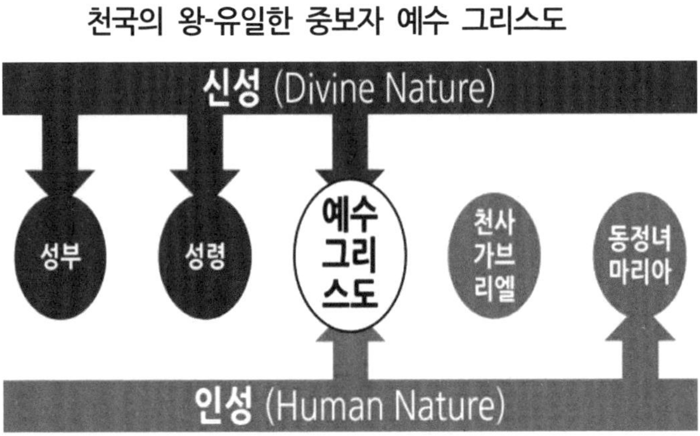

천국의 왕-유일한 중보자 예수 그리스도

〈그림 5〉 : 천국의 왕 : 유일한 중보자 예수 그리스도

선교는 하나님을 알지 못하는 자들에게 복음(예수 그리스도)을 전하여 하나님을 알게 하는 것이다. 예수 그리스도를 영접하여 하나님의 자녀가 된 후에도 예수 그리스도를 더 깊게, 더 넓게, 더 높게, 더 크게 알아갈수록 신앙이 영글어지며, 인격이 성숙해진다. 선교사는 현지인을 통하여 예수 그리스도를 더 넓게 알면서 성숙해진다. 목회자는 성도들을 목양하면서 예수 그리스도를 더 깊게 알면서 영글어진다. 부모들은 자녀를 통하여 더 크게 예수 그리스도를 알아가면서 성화된다. 성도들은 직장에서 일하는 가운데 만유 위에 계신 예수 그리스도를

더 높게 알아가면서 변화된다. 예수 그리스도는 인류 최대의 기쁜 소식 즉 복음이다. 우리는 복음을 통하여 온전한 생명을 얻고, 삶이 성숙하고 영글어지고 성화되고 변화된다.

복음(예수 그리스도)이 하나님의 능력이다. 복음은 유한하고 불완전한 우리에게 영원하고 풍성한 생명을 준다. 복음은 죄의 노예로 고통 속에 살아가는 복음은 우리를 죄의 속박으로부터 해방을 시켜 매일 승리하는 생활을 살게 한다. 복음은 목표 없이 무가치하게 살아가는 인생을 가치 있고 사명 있는 영광스러운 인생이 되게 한다.

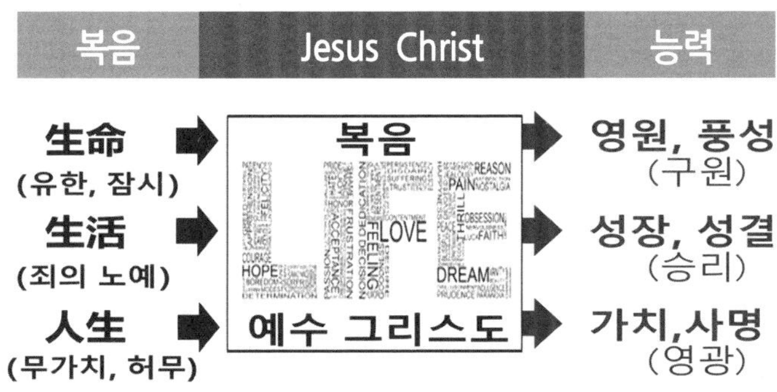

〈표 8〉 : 복음 (예수 그리스도)의 능력

예수 그리스도가 바로 복음이고 우리들의 삶의 능력의 원천이다. “하나님의 아들 예수 그리스도의 복음의 시작이라”(막1:1). 복음을 받아들이면 온전한 생명(holistic life)을 얻고, 전인적인 삶(holistic life)을 살며, 결과론적으로 전체 인생(holistic life)이 가치 있는 선교하는 일생(missional life)이 되게 한다.[24] 정리하자면 선교하는 인생의 출발점은 온전한 복음인 예수 그리스도이다.

---

24) 양홍엽, 홀리스틱 라이프, 러빙티치, 2023, p.29.

〈표 9〉 : 홀리스틱 라이프(Holistic Life)=선교적인 삶 (Missional Life)

지나온 자신의 삶과 사역을 성찰하는 것은 아름답다. 사역과 삶이 순조로울 때보다 무언가 예기치 않은 장애물이 등장하고 순조롭지 않을 때 지나온 삶과 사역을 성찰하는 경우가 많다. 타문화 지역과 국가 등 여러 곳을 다니면서 선교하는 삶도 아름답지만 한 교회를 개척하여 은퇴할 때까지 한 교회에서 시무하는 목회자의 삶 또한 아름답다. 주님 앞에 부름받아 주님을 위해 쓰임 받은 인생은 다 귀하고 값진 인생이다. 우리가 수행하는 선교와 목회사역도 중요하지만 더 중요한 것은 그 사역을 통하여 복음(예수 그리스도)의 능력을 더 알아가는 것이다.

은퇴하신 어느 목사님이 자신의 지나온 삶을 성찰하며 쓰신 글이다. 구구절절이 공감이 간다.

"설교만 잘하면 되는 줄로 알았다. 그러나 설교자의 삶이 없는 설교는 성도들의 귀만 키우는 줄을 예전에는 미처 몰랐다. 기도만 잘하면 되는 줄로 알았다. 그러나 회개가 없는 기도는 교만한 바리새인을 만들어내는 줄을 예전에는 미처 몰랐다. 심방만 잘하면 되는 줄로 알았다. 그러나 하나님 아버지의 마음이 없는 심방은 성도들의 가려운 곳만 긁어주는 줄을 예전에는 미처 몰랐다. 장소(교회 위치)만 좋으면 부흥되는 줄로 알았다. 그러나 한 영혼을 찾아가는 사랑이 없는 부흥은 "나는 너를 도무지 모른다!"라고 하시는 주님의 엄중한 심판이 있음을 예전에는 미처 몰랐음을 진중하게 깨닫는다."

"은사만 있으면 되는 줄로 알았다. 은사를 받으면 교회가 성장할 것 같아서 기도원과 은사 자를 찾아갔고, 철야를 했지만 은사보다 성품이 더 중요한 줄을 예전에는 미처 몰랐다. 열심만 있으면 되는 줄로 알았다. 사업과 공부처럼 열심히 하면 목회가 잘 될 줄로 알았지만 목회는 열심으로 되는 것이 아니라 오직 하나님의 방법으로 되는 줄을 예전에는 미처 몰랐다. 스펙만 좋으면 되는 줄로 알았다. 유학을 가서 박사 학위를 받고, 가방끈이 길어야 목회가 잘 되는 줄로 알았지만 목회는 학위와 스펙이 아니라 하나님의 은혜로 되는 줄을 예전에는 미처 몰랐다. 교회를 부흥시켜야 만 되는 줄 알았다. 그러나 교회 부흥은 내 성공만을 위한 것인 줄 이제야 깊이 깨닫는다."

무지하고, 어리석게도 시행착오를 수없이 거듭한 후에야 비로소 성령께서 깨닫게 하셨다. 기도 보다 중요한 것은 기도대로 사는 삶이었다. 심방보다 더 중요한 것은 내가 한 영혼을 품는 주님의 발걸음이었다. 은사보다 더 중요한 것은 내가 주님의 마음을 닮는 것이었다. 부흥보다 더 중요한 것은 내가 하나님을 앞세우는 것이었다. 은퇴 후 이제야 후회하나 기회는 바람처럼 지나가니 오늘 내게 맡겨진 사역을 최선을 다하시기를…!!

"주여, 죽기 전에 이제라도 알게 해주시니 감사드립니다. 아멘!"

아무리 상황이 어렵고 힘들어도 주님이 우리와 함께 하시면 주님께서 우리에게 주신 평안을 어느 누구도 빼앗아 갈 수 없다. 주님이 우리에게 주신 평안은 세상이 주는 것과 근본적으로 다르다(요14:27). 어렵고 힘들었던 기간일지라도 지나고 나서 보면 하나님과 관계가 더 친밀하고 영적으로 회복될 수있는 기회의 시간인 경우가 많다. 나이가 더 들어 지나간 삶을 돌이켜 보고 후회하기 전에 어떠한 상황이 주어졌든지 현재 상황에 최선을 다하며 자신의 삶을 점검하면서 여유를 가지고 주님을 더 알아가고 주님을 더 깊이 사랑하기를 원한다.

특별히 낭만과 무드가 부족하고 그저 이성적이고 딱딱한 나에게 '시'는 그리 어울리지 않는 단어였다 그런데 요즈음 '시'가 눈에 들어오고 마음이 움직여진다. 복잡하게 얽혀 있는 세상 속에 살아가는 현대인들의 삶 속에 여유를 가지는 것이 그리 쉽지 않다. 간단하게 정리된 시어(詩語) 한 문장이 마음을 단순하고 정결하게 하며 복잡한 문제를 의외로 쉽고 간단하게 해결하는 데 커다란 도움을 준다.

이채 시인의 〈마음이 아름다우니 세상이 아름다워라〉[25]라는 시의 일부 내용이다. "겸손은 사람을 머물게 하고, 칭찬은 사람을 가깝게 하고, 넓음은 사람을 따르게 하고, 깊음은 감동케 하니 마음이 아름다운 자여! 그대 그 향기에 세상이 아름다워라!" 짧은 농축된 한 문장이지만 주는 감동이 크다.

25) 이채, 마음이 아름다우니 세상이 아름다워라, 행복에너지, 2014년.

겸손은 사람을 머물게 한다. 겸손한 자의 옆에는 사람이 많다. 교만은 패망의 선봉이요 거만함은 넘어짐의 앞잡이다(잠16:18). 하나님은 교만한 자는 물리치시고 겸손한 자에게 은혜를 주신다(약4:6). 바로 예수님의 마음이 겸손이다(마11:29).

칭찬은 사람을 가깝게 한다. '칭찬은 고래도 춤추게 한다'는 말도 있다. 칭찬이라는 도구로 사람을 강하게 연단 한다(잠27:21). 특히 각박한 인생살이에 칭찬과 격려 한 마디가 사람을 살릴 수 있다. 물론 과도한 칭찬은 좋지 않은 결과를 초래하기도 한다. 그러나 사실을 근거로 칭찬하며 위로하면 건강한 인간관계를 맺어나가는 데 도움이 된다.

넓음은 사람을 따르게 한다. 크고 넓은 안목을 가지고 포용하면 많은 사람이 따른다. 밴댕이 속처럼 좁으면 사람을 품을 수 없다. 큰 나무의 넓은 그늘이 길 가는 나그네들을 쉬게 만든다. 많은 사람을 이끌어가는 자들은 그 만큼 사람들이 쉬게 하는 그늘이 넓다. 모든 인류를 품으신 분이 예수님이다.

깊음은 사람을 감동시킨다. 깊은 우물에서 퍼낸 냉수는 시원하다. 깊음은 신뢰감과 안정감을 준다. 깊음이 있는 사람은 사귈수록 더 사귀고 싶다. 명철이 있는 자는 깊은 물 같은 사람의 마음에 있는 모략을 길러낸다(잠20:5). 명철의 근원은 예수님이신 것이다.

예수님을 알아가면 알아갈수록 그의 사랑의 너비와 길이와 높이와 깊이가 얼마나 넓고, 길고, 높고, 깊은지 깨닫게 된다.

"그의 영광의 풍성함을 따라 그의 성령으로 말미암아 너희 속 사람을 능력으로 강건하게 하시오며 믿음으로 말미암아 그리스도께서 너희 마음에 계시게 하시옵고 너희가 사랑 가운데서 뿌리가 박히고 터가 굳어져서 능히 모든 성도와 함께 지식에 넘치는 그리스도의 사랑을 알고 그 너비와 길이와 높이와 깊이가 어떠함을 깨달아 하나님의 모든 충만하신 것으로 너희에게 충만하게 하시기를 원하노라"(엡3:16-19).

토론과 성찰을 위한 질문

1) 내가 알고 체험하는 복음(예수 그리스도)은 어떠한가?

2) 내게 주어진 삶의 현장(선교, 목양, 직장 등) 속에 복음 (예수 그리스도)의 능력이 나타나며 더 영글어지는(성숙하는) 삶을 살고 있나? 자신의 경험을 나누라.

조금은 과장되게 표현하자면 잠을 자고 일어나면 어제 없었던 새로운 것이 출현하는 시대이다. 하루에도 엄청난 양의 정보와 자료들이 쏟아져 나오고 있다. 새로운 것을 따라가기에는 역부족이다. 그래서 현대인들이 갈수록 바쁘다. 배워야 할 것도 많고 알아야 할 것도 많다. 조금만 게으르면 시대에 뒤 쳐진다는 것을 알기에 쉼 없이 바삐 살아가고 있다. 나중에는 무엇을 위해 그렇게 바삐 살아가는지도 모르고 바삐 살고 있다. 바쁘지 않으면 무언가 이상하다고 느낀다.

그런데 솔로몬은 해 아래 새것이 없다고 말한다. 이미 있던 것이 후에 다시 있겠고 이미 한 일을 후에 다시 할 것이라고 말한다(전 1:9-10). '온고지신'(溫故知新)이라는 말이 있다. 옛것을 익히고 새것을 안다는 뜻이다. 이 고사성어는 논어(論語)의 위정(爲政)편에 나오는 말이다. '온고이지신, 가이위사의'(溫故而知新,可以爲師矣)로 '옛것을 익히고 새것을 알면 남의 스승이 될 수 있다'는 말에서 나왔다.

많은 사람이 젊은 날 무엇이든 할 수 있을 것이라는 확신을 가지고 앞만 보고 달린다. 새로운 분야를 개척하고 마치 예전에 없었던 새로운 것을 창출해내려는 일념으로 말이다. 그러나 지나고 보니 이것 또한 누군가가 이미 고민했고 또한 대부분이 이루어졌고 또한 이루어지고 있는 일들이다. 시대의 아픔을 고민하고 영혼을 섬기기 위해서는 과거에서부터 출발하여 현 시대가 왜 이렇게 되었는지를 아는 것이 중요하다. 과거 없는 현재 없고 현재 없는 미래가 없기 때문이다.

목회와 선교 현장 그리고 북미의 이민 교회 상황도 예외는 아니다. 기본을 점검하는 것이 중요하다. 필자가 십수 년 목회와 선교사역을 하면서 이민 교회에 나오는 사람들을 관찰해보니 다음의 네 종류로 분류할 수 있다.

첫 번째는 '종교 생활인'이다.

교회를 다니기는 하지만 아직 예수를 믿지 않는 사람이다(non-Christian). 특히 이민 생활에 필요한 정보를 가장 쉽게 얻을 수 있고 인간관계를 맺을 수 있는 곳이 교회이기 때문에 예수를 믿지 않지만 교회에 나오는 자들이다. 그러나 그러한 목적을 가지고 교회에 나왔을지라도 교회를 통해 이들이 예수님을 만날 수있는 기회가 제공된 것이며, 이들이 예수 그리스도를 알 수 있도록 최선을 다하는 것이 교회의 사명이다. 당연히 교회의 목회자나 지도자는 영적인 분별력을 가지고 이들을 사랑하되 이들에 의해 교회가 끌려가서는 안 된다. 이들은 교회를 일반 사회의 동호회 혹은 사교클럽 같은 개념으로 생각할 수 있기 때문이다. 이러한 자들이 교회의 지도자나 헌신 된 성도들의 예수믿는 제자의 삶을 통해 예수를 만나도록 기도하고 기다려 줘야 한다.

두 번째는 '교회 생활인'(church-men)이다.

예수님을 영접하였고 교회를 다니나 삶의 우선순위는 여전히 하나님보다는 자신의 삶이 우선이며 교회생활을 취미처럼 생각한다. 때로는 억지로 수행하는 의무처럼 생각한다. 하나님을 믿는 것이 자신의 생활 일부, 즉 'one of them'(그중 하나)으로 여긴다. 주일이 되어 교회에 가서 예배드리지 않으면 하나님이 벌을 내리시지 않을까(?)하며 하나님에 대한 존경과 은혜를 사모하는 마음보다는 어쩔 수 없이 드리는 경우가 많은 자이다. 소위 말해서 'Sunday Christian'이 이에 속한다. 이들에게 '희생과 헌신'은 부담스럽다. 그래서 이런 부류의 많은 자가 대형교회를 선호하며 군중 속에 조용히 숨어지내기를 좋아한다. 그러나 이들도 때가 되면 얼마든지 하나님의 은혜로 예수님을 만나고 변화되어 성숙한 제자가 될 수 있다.

세 번째는 '신앙 생활인'이다.

교회생활에 열심을 내고 주일 성수하고 십일조하고 교회에서도 많은 봉사를 한다. 경우에 따라서는 교회를 움직이는 주요 리더가 되기도 한다. 한국교회에 이 부류의 희생과 헌신이 없었으면 오늘 날의 한국교회가 없었을 것이다. 그러나 일면 아쉬운 것은 교회에서의 희생과 헌신에 비하여 자신이 소속되어 있는 가정이나 직장 혹은 사회에서는 교회에서의 생활과는 달리 믿지 않는 사람과 별반 차이가 없는 삶을 살아간다는 것이다. 교회만이 성스럽고 나머지는 속(俗)되다 생각하며 이러한 이원론적인 사고방식에 의해 살아가는 자들이다. 믿지 않는 자들을 사단의 집단(?)이라 까지 생각하면서 될 수 있는 한 교제나 접촉을 하지 않고 믿는 사람끼리 어울리며 천국 된 삶(?)을 살아간다고 생각하는 부류이다. 세상의 영향도 받지 않고 또한 영향을 주지도 않는 삶을 사는 자들이다.

마지막으로 '생활 신앙인'이다.

자신의 재능(a talent), 시간(time), 물질(treasure) 등 모든 것을 드려 하나님 사랑, 이웃 사랑을 최우선의 삶으로 하는 진정한 그리스도인들이다. 이들은 '십일조 신앙'이 아니라 '십의 십의 신앙'을 가지며 교회는 물론 삶의 현장 속에서 전적으로 헌신하는 자들을 의미한다. 진정으로 이 땅에 하나님의 나라가 임할 것을 소망하는 자들이다. 교회에서 뿐만 아니라 가정, 직장 그리고 사회에서도 '빛과 소금'의 역할을 하며 '하나님의 의'를 이루고 '하나님의 나라'를 확장하며 '하나님의 뜻'을 실현시키는 '전천후 크리스천'을 의미한다.

하나님이 원하시며, 하나님의 꿈을 이루어 드리는 동역자는 바로 이러한 '생활 신앙인'이다. 생활 신앙인은 지상의 삶을 매 순간 하나님 앞에서의 신앙(코람데오)으로 살았던 구약의 요셉처럼, 신약의 바울처럼 살아가는 자들이다. 내일을 염려하지 않고 최선을 다해 삶의 전 영역에서 먼저 하나님의 나라와 의를 구하며 하나님의 뜻을 이루면서 자녀들(후손)에게 신앙을 전수하는 건강한 신앙인을 말한다.

우리들의 '신앙 생활'이 '종교 생활', 혹은 '교회 생활'로만 끝나지 않고 '생활 신앙'이 되기 위해서 가장 중요한 것은 '가정 생활'이다. 그리고 '가정 생활'의 가장 기본이 되고 우선순위가 되는 관계는 '부부관계'이다. 건강한 부부관계의 기초 위에 자녀들과 부모와의 관계 그리고 친척과 이웃과의 관계에 영향을 미치게 된다. 부부관계가 건강하지 않으면 부부간의 싸움이 잦게 되며, 그 결과로 자녀들이 정서가 불안정한 상태로 자란다. 그리고 고부(姑婦)간의 갈등을 비롯한 시댁 식구들, 처가 식구들과의 문제들이 갈수록 커지고 늘어나게 된다. 부부관계에 문제가 생기면 가족과 친척 간의 관계가 어그러지며, 나중에는 어디서부터 손을 써야 할지 난감하게 된다. 가정의 기초가 되는 부부관계가 건강할 때 비로소 자녀들에게 신앙전수가 가능하다. 건강한 부부가 건강한 미래를 만든다.

> "마땅히 행할 길을 아이에게 가르치라 그리하면 늙어도 그것을 떠나지 아니하리라"(잠22:6).

요즈음 세대 간의 발생하는 많은 문제를 생각해 본다. 특히 다음 세대에 전수해야 할 신앙을 생각할 때 고민이 많게 된다. 우리 자녀들이 살아가는 시대의 양식이나 문화 그리고 스타일이 달라도 꼭 전수

되어야 할 것은 영원불변한 복음을 담은 신앙이다. 과거의 좋은 것 중에 가장 좋은 것은 영원히 변하지 않는 하나님의 말씀이다. 좋은 것은 반드시 유지해야 하며 이 좋은 것을 다음 세대에게 전수해야 한다. 건강한 가정을 통해 자녀들에게 신앙이 전수될 수 있다.

카리사 포터(Carissa Potter)[26]와 케런 할딘(Karen Hardin)[27]은 로잔 운동의 웹사이트에 소개된 글에서 세계 선교에 있어서 가정의 중요성을 언급하고 있다. 하나님은 선교를 마음에 품으시고 첫 번째 가정을 창조하셨다(창1:27-28). 아담과 하와, 그리고 그들의 자손들, 그리고 나중에는 노아의 자손들을 통해, 하나님께서는 세상을 가정으로 채울 것을 계획하셨다. 각자의 시대에, 사람들 속에서 하나님의 영광을 나타낼 하나님의 형상으로서의 가정이다. 사람들이 뿔뿔이 흩어진 바벨탑 사건 이후 창세기 12장에는 하나님께서 아브라함과 계획을 세우시고, 이는 추후에 여러 세대를 걸쳐 성취되는 언약이 된다. 하나님께서는 아브라함과 그의 후손들을 통해 세상의 모든 족속을 축복하실 것을 약속하셨다.[28]

우리는 선교전략에서 가정을 중심에 두고 다음과 같이 실천해야 한다.

첫째, 우리들의 자녀들이 부모가 함께하는 자리에서, 하나님의 선교에 대해서 정기적으로 이야기하라.

---

26) 카리사 포터(Carissa Potter)는 선교 동원 센터 사역인 위브(Weave)의 창립자이자 책임자이다.
27) She has over 30 years of experience in the publishing industry in writing, publicity, marketing, and sales and has worked with many of the leading Christian publishers and ministries today helping launch and create products.
28) ttps://lausanne.org/ko/updates-ko/세계-선교에서-가정의-중요성.

둘째, 부모가 자녀들에게 성경적 제자도의 책임을 지고 살아갈 수 있도록 도와야 한다.

셋째, 지상대위임령을 완수해나가는 데 있어서 자녀들의 역할을 아낌 없이 지지하라.

넷째, 하나님의 선교에 있어 가정의 역할을 귀히 여기라.[29] 자녀들에게 올바르게 성경을 가르치며, 선교하시는 하나님을 비전을 자녀들과 함께 나누라는 의미이다.

바쁜 생활리듬 속에 살아가는 다음 세대의 우리들의 자녀들이 어떻게 하면 성경을 읽게 할 수 있을까? 그들이 성경을 읽을 수 있도록 내가 도와줄 수 있는 일은 무엇일까? 그러기 위해서 가장 쉽게 할 수 있는 것 중의 하나는 내가 먼저 성경을 읽는 것이다. 내가 먼저 모범을 보이는 것이다. 나부터 실천하는 것이다. 내가 먼저 성경을 읽고 자녀들을 위해 기도할 때 성령께서 우리 자녀들을 돕는 방법을 알려주실 것이라 믿는다.

지혜의 근원이 되시는 주님이 말씀을 통해 역사하신다. 시대가 변해도 여전히 베스트셀러의 자리를 지키고 있는 성경을 가까이할 때 현재 내가 무엇을 해야 하는지에 대한 답이 나온다. 그리고 미래가 보인다. 우리 자녀들이 역사의식을 가지고 하나님께 영광을 돌리며 남을 도와주고 이끌어주는 사람들이 되기를 소망한다. '溫故而知新,可以爲師矣'이다.

---

29) ibid

> "이미 있던 것이 후에 다시 있겠고 이미 한 일을 후에 다시 할지라 해 아래 새것이 없나니 무엇을 가리켜 이르기를 보라 이것이 새것이라 할 것이 있으랴"(전1:9-10).

이미 있는 것을 잘 유지하며 다음 세대에게 전수하는 것이 가장 중요하고 또한 새로운(?) 일이다.

하나님이 이 땅에 만드신 두 개의 공동체가 있다. 삼위일체(三位一体) 하나님이 에덴동산에 친히 만드신 가정 공동체와 예수님의 십자가 상의 죽음과 부활 그리고 승천 후에 오순절에 임한 성령강림으로 시작된 교회 공동체이다. 가정은 소교회 공동체이며, 교회는 대가족 공동체이다. 하나님은 이 땅에 가정같은 교회, 교회같은 가정를 이루는 이위일체(二位一体)의 공동체를 준비하셨다. 가정과 교회공동체의 기능은 다르지만 교회 없는 가정을 생각할 수 없고, 반대로 가정 없는 교회 또한 생각할 수 없다. 하나님이 친히 설립하신 두 공동체가 이위일체(二位一体)를 이룰 때 비로소 죄악으로 점철된 이 세상은 소망이 있다. 그만큼 가정과 교회가 중요하며 두 공동체는 분리해서 생각할 수 없다는 의미이다.

아담과 하와의 범죄 이후 인류의 타락으로 인해 많은 죄악이 관영함으로 인해 공의의 하나님으로부터 심판과 징벌을 받았다. 대표적인 심판이 노아의 홍수심판과 소돔과 고모라의 유황불 심판이다. 하나님의 심판과 동시에 사랑과 긍휼의 하나님이 죄로부터 인류를 구원하는 계획을 먼저 보이시며, 하나님의 시간이 되었을 때 이 구원을 성취하셨다. 하나님 사랑의 최고의 표현은 그의 사랑받는 독생 성자 예수님을 보내어 십자가에 죽게 하고 부활시킨 사건이다. 하나님의 공의와 사랑을 이룬 일이 십자가와 부활이다. 오순절이 이르렀을 때 만민의 영적 추수가 시작됨과 동시에 종말의 카운트다운이 시작되었다.

특히 지난 3년 간의 코로나 팬더믹과 함께 인공지능의 발달로 예수님의 재림이 곧 문 밖에 이른 느낌이다. 사단은 자신의 시간이 얼마 남지 않음을 간파했는지 하나님이 친히 설립한 가정과 교회를 수단과 방법을 가리지 않고 파괴하고 있다. LBGTQQIP2SAA[30] 등으로 속수무책으로 가정과 교회가 무너지고 약화되고 있다. 가정이 건강해야 교회가 건강할 수 있다. 반대로 가정이 무너지면 교회 또한 약화된다. 그리고 생명력 없는 교인들만 생성해 낼 수 있다.

그러나 모든 인간관계의 기초가 되는 일남일녀의 부부관계는 남편과 아내 각자가 예수 그리스도를 통하여 하나님과의 관계가 회복될 때 비로소 올바른 부부관계를 이루고 건강한 가정을 이룰 수 있게 된다. 결론적으로 말하면 우리의 신앙생활과 선교의 기본은 예수 그리스도를 올바르게 알고 예수 그리스도를 믿고, 예수 그리스도의 말씀에 순종하는 것이다. 우리 인생의 주인이 누구인가? 우리가 살아있는 이유가 무엇인가? 우리는 왜 여기에 있는가? 우리 인생의 목표는 무엇인가? 우리가 어떻게 미움을 사랑으로 바꿀 수 있는가? 행복한 가정이 되는 비결은 무엇인가? 좋은 부모가 되고 좋은 자녀가 되는 비결

30) lesbian, gay, bisexual, transgender, queer, questioning, intersex, pansexual, two-spirit (2S), androgynous, and asexual.

은 무엇인가? 역사의 주권자는 누구인가? 어디에 길과 진리 그리고 생명이 있는가? 우리 인생의 답은? 위의 질문에 대한 모든 답은 모두가 '그리스도'이다. 우리의 인생은 그리스도로 시작하여 예수 그리스도로 마칠 때 진정한 의미가 있다.

토론과 성찰을 위한 질문

1) 나는 네 종류의 교인 중에 어떤 부류에 속하는가?

2) 나의 가정 생활(부부관계, 자녀과의 관계)은 어떠한가?

2부 약자를 사용하신 선교

2.1 연약한 자를 통한 선교

2.2 약한 여인을 통한 선교

2.3 소외된 자들을 통한 선교

2.4 영적인 장자의 선교

2.5 약함이 강함되는 선교

2.6 남은 자(Remnant)의 선교

그간, 서구 교회 중심의 정치적, 재정적인 힘, 우월한 문명, 신학적 체계 위에서 진행된 선교 운동은 멈춰야 한다. 기독교 풀뿌리 선교 시대의 패러다임, 사도 바울의 선교 정신으로 돌아가야 한다.
<91-92면, 2-1 연약한 자를 통한 선교 중에서>

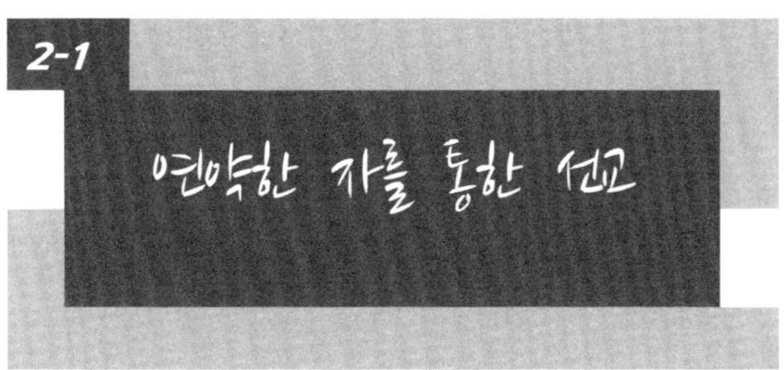

초대교회를 비롯한 교회의 역사를 자세히 보면 하나님은 소수의 전문화된 선교사들을 사용하시어 선교사역을 하셨다. 그런데 더 자세히 성경을 보면 훨씬 더 많은 경우가 그저 평범하고 연약해 보이는 무명의 그리스도인들을 통하여 하나님이 나라를 확장시켜 나가셨다. 세계 기독교학자인 앤드류 월스[31]는 기독교 선교역사에 있어 "세 번의 패러다임의 전환"을 가져왔다고 주장한다. 그가 주장하는 세 번의 패러다임의 전환은 다음과 같다.

첫 번째, 초기 기독교 시대(프리 크리스텐덤 시대, Pre-Christendom)이다.

31) 앤드류 월스 (Andrew Finlay Walls, 1928-2021)는 에딘버그 대학교의 교회사 교수였으며, 영국의 선교 역사가, 아프리카 교회 역사에 대한 선구적인 연구와 세계 선교역사학 분야의 개척자로 가장 잘 알려져 있다. 그는 1957년 감리교 선교사로 파송을 받아 아프리카 시에라리온의 포라베이대학 에서 교회사 교수로 사역했고, 나이지리아대학에서도 교수로 봉직했다. 1966년 영국 에버딘대 스코틀랜드 선교연구소 소장을 거쳐 에든버러대에서 비서구 세계기독교(World Christianity) 연구센터를 창설해 초대 소장을 지내면서 기독교 중심의 이동을 꾸준히 연구했다. 2021년 93세로 별세했다.

이 시대는 풀뿌리(Grass Roots) 선교시대로 사도행전에 나오는 무명의 유대 그리스도인들이 안디옥에서 이스라엘 민족의 메시아를 그리스도인들의 주(Kyrios)라고 헬라인들에게 전파했다(행11:19-20). 이 사건을 통하여 유대에만 머물던 복음이 헬레니즘 문화권의 전 세계에 전파되는 출발점이 되었다. 복음이 문화의 경계를 넘어 확산되는 길을 열었다.

두 번째, 기독교 세계(크리스텐덤, Christendom) 선교시대이다.

초대교회로부터 시작되었던 선교 운동이 4세기에 접어들면서 유럽과 서유럽이 복음화되면서 기독교 세계로 국가권력과 기독교가 동일시되었다. 정리하자면 힘을 가진 세력으로 크리스텐덤(기독교 세계) 시대가 시작되었다. 서구의 기독교 국가가 비서구의 국가를 향해 특별히 훈련된 소수의 선교사들이 특별한 선교 전문기관을 통해 회심자를 얻고 새로운 교회를 세우는 전략이다.

세 번째, 세계 기독교(포스트 크리스텐덤, Post-Christendom,
World Christianity or Global Christianity)선교시대이다.

이 전환에 대해서는 선교학자마다 약간의 의견 차이는 있다. 그러나 대체적으로 크리스텐덤 방식의 선교로 남반구 대륙 전역(아시아, 아프리카, 남미)으로 기독교가 확산되었을 뿐 아니라 그들과 함께 하는 세계 기독교 시대가 열렸다. 북반구 대륙의 서구 유럽과 북미를 중심으로 한 세계선교가 남반구에 많은 기독교의 확장을 가져왔다. 그리고 이제는 남반구를 향해 복음을 전했던 북반구 서구 기독교의 급격한 쇠락으로 인해 세계선교의 중심축이 남반구 대륙 중심으로 비서구 선교운동으로 전환된 것이다.

위의 세 시대는 다음과 같다.

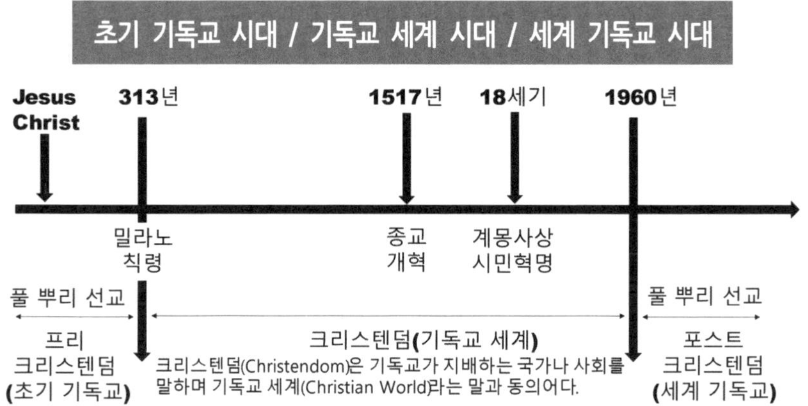

〈그림 6〉 : 초기 기독교 시대---기독교 세계 시대---세계 기독교 시대

세계 기독교 시대(포스트 크리스텐덤)가 열리면서 이제는 힘과 조직 그리고 재정을 투자하여 시행하였던 서구 크리스텐덤이 약해지면서 새로운 선교전략이 모색된다. 앤드류 월스는 이전의 크리스텐덤 선교 패러다임은 폐기되었다고 단언한다. 그는 "지난 세기 동안의 서구의 선교 운동은 크리스텐덤의 마지막 절정으로 볼 수 있지만, 다른 한편으로는 크리스텐덤으로부터 떠나는 과정이었다"라고 말한다.

그간의 서구 교회 중심으로 정치적 식민주의적 배경, 재정적인 힘 그리고 우월한 문명과 신학적 체계 위에서 진행된 선교 운동은 지양해야 한다. 앞으로 비서구 교회가 주도하게 될 세계 기독교 상황에서의 선교 운동은 서구 선교 운동을 받쳤던 모든 자원들이 없어진 상황에서 진행되어야 한다. 이에 대한 적절한 해답 중에 하나는 초기 기독교 풀뿌리 선교 시대의 패러다임으로 돌아가야 한다는 것이다. 크리스토퍼 라이트는 지난 세기의 서구 중심의 선교운동을 반추하며 무엇보다도 겸손과 회개 그리고 동역자 정신이 필요하다고 말하고 있다. 이러한 정신을 담은 선교방식을 한 마디로 약함의 선교(혹은 약한 자의 위치에서의 선교), 즉 약함을 통한 선교가 곧 강함(고후12:10)이라는 사도 바울의 정신을 회복하는 것이다. 초대 교회의 선교운동으로 돌아가야 한다.

사사기 마지막 장 마지막 절에 보면 "그 때에 이스라엘에 왕이 없으므로 사람이 각기 자기의 소견에 옳은 대로 행하였더라"는 말씀이 있다(삿21:25). 자기가 왕이 된 시대이다. 지금의 시대 또한 '후기 현대화 사회'(Post-Modernism)로 자기의 소견에 옳은 대로 살아가는, 절대 진리가 무너진 흑암의 사사시대이다. 또한 사실(Fact)보다는 느끼는 감이나 감정(Feeling)에 따라 결정하고 살아가는 '탈진리'(Post-Truth)시대이다. 진리가 중요하지 않다고 생각한다. 성경이나 고전이 고리타분하다고 생각한다. 시대가 변했다고 한다. 변화무쌍한 시대에 자신이 옳다고 생각하는 것이 진리이다. 자기가 생각하는 것이 진리이고 자신이 곧 하나님(神)이 된 시대이다. 사실보다는 자신이 느끼는 것이 진리라고 믿고 사는 시대이다.

구약성경 사사기에 보면 하나님은 약한 자들을 통하여 자신의 영광을 나타내셨다. 스스로 강하다고 생각하는 후기 현대화 사회에도 성경 속의 사사기와 별반 차이가 없다. 스스로 똑똑하다고 생각하는 시대에 하나님은 약한 자들과 무가치한 것들을 사용하셔서 적군을 물리치며 이스라엘을 구원하셨다. 이 시대에도 자신의 힘으로 아무 것도 할 수 없다고 고백하는 자들을 부르셔서 하나님의 강한 군사로 만드신다. 자기가 스스로 왕이라고 생각하는 시대에 자신의 능력이나 배경 등을 자랑할 수 없는 자들을 통하여 하나님의 선교사역을 계속 진행해 나가고 계신다.

하나님은 왼손잡이 에훗(3:15)을 사사로 세워 모압 왕 에글론으로부터 이스라엘을 구원했으며, 시골뜨기 삼갈을 부르셔서 소모는 막대기를 사용하여 블레셋 사람 육백 명을 죽이셨다(3:31). 또한 여인 드보라(4:14)가 사사가 되어 가나안 왕 야빈으로부터 이스라엘을 구원하였으며, 헤벨의 아내 야엘이 장막 말뚝과 손에 방망이를 들고 적군 시스라 장군의 관자놀이에 말뚝을 박아 죽였다(4:21).

가장 작은 므낫세 지파로 잘 알려지지 않은 집안의 기드온(6장)에게 여호와의 신이 임하였다(6:34). 보리떡 한 덩어리(7:13)의 꿈으로 미디안을 불안에 떨게 했으며, 항아리로 무장한 작은 나팔을 든 기드온의 용사들이 미디안을 물리쳤다(7:20-25). 한 여인의 맷돌 한 짝이 아비멜렉의 두개골을 깨뜨렸으며(9:53), 신분이 천한 기생의 아들 입다(11:1)에게 여호와의 신(11:29)이 임하여 암몬의 학대로부터 이스라엘을 구원하였다. 또한 나귀 턱 뼈를 사용한 삼손(15:16)에게 여호와의 신이 감동(13:25,14:6)되어 블레셋으로부터 이스라엘을 구원하였다.

하나님은 왼손잡이, 시골뜨기, 소모는 막대기, 여인, 장막 말뚝, 기생의 아들, 나귀 턱뼈 등 미미한 자들과 별로 가치 없어 보이는 도구를 사용하여 적을 물리치며 하나님의 영광을 나타내셨다. 사사시대를 방불한 현대 후기 사회인 이 시대에도 하나님은 약하고 무력해 보이는 자들을 통하여 하나님의 영광을 선포하며 하나님의 나라를 확장시켜 나가고 계신다. 시대가 변해도 약한 자를 사용하여 강한 자를 부끄럽게 하시는 하나님의 선교전략은 변하지 않으신다.

우리의 약함이 하나님을 절대 의지하게 만들며 결국 그 틈으로 주님의 능력(성령)이 임하여(슥4:6) 하나님의 역사를 일으키신다. "그가 내게 대답하여 이르되 여호와께서 스룹바벨에게 하신 말씀이 이러하니라 만군의 여호와께서 말씀하시되 이는 힘으로 되지 아니하며 능력으로 되지 아니하고 오직 나의 영으로 되느니라"(슥4:6).

어쩌면 앞으로의 선교는 전문적인 목사나 선교사에 의해 진행되기도 하지만, 더 많은 경우에서 평범하지만 결코 평범하지 않는 약한 자들이 주류(主流)를 이루어 진행하여야 한다. 어느 시대를 막론하고 무명한 그리스도인들에 의해 부지(不知) 중에 하나님의 나라를 확장해 나갔다. 다시 말하면, 선교의 주체는 하나님이시다. 무명의 그리스도인들에 의해 수행되었던 선교의 열매는 인간의 이름보다는 하나님의 이름만이 나타나는 것이 진정한 하나님의 선교라고 할 수 있다.

어느 시대나 약한 자들을 선택하여 강한 자들을 부끄럽게 하시는 하나님의 선교역사(고전1:26-29)는 계속되어 왔다. 어느 때 보다 "약한 자를 통한 선교"라는 단어가 현재 자발적/비자발적으로 중국 등에서 철수하여 방향을 찾고 있는 한인 선교사들의 상황과 코로나 이후 전반적으로 침체를 겪고 있는 한국교회의 상황을 잘 말해주고 있다. 약한 자를 통해 선교할 수밖에 없는 시대가 도래한 것이다.

마지막 시대의 끝점에 살고있는 우리들이 거룩한 신부로 단장하여 신랑되신 예수님을 맞이할 준비를 하는 것이 매우 중요하다. "만일 주님이 오늘 오신다면 지금 여기에서 내가 우선순위로 해야 할 일이 무엇일까?" 아무리 생각해도 현재 자신이 수행하고 있는 일을 묵묵히 계속해야 되지 않을까 생각한다. 지금까지 우리들이 해왔던 신앙생활과 선교사역의 동기를 성찰하는 것도 중요하다. 지난 세월 속의 개인의 삶과 사역을 성찰하며 더불어 이 시대가 어떻게 흘러가고 있고 현 시대에 어떻게 하는 것이 주님이 기뻐하시는 선교사역일까를 사려 깊게 생각해 본다.

저자는 한 때 온 세계를 돌아다니면서 영향력 있게 하나님의 나라를 확장하는데 쓰임받고 싶은 마음이 많이 들었다. 많은 사람에게 스포트라이트를 받으며 칭찬과 격려 속에 선교사로서 영향력있는 삶을 살기를 소망하였다. 그렇게 주님 앞에 쓰임 받고 싶을 때가 있었음을 솔직하게 고백한다. 그런데 나이가 들고 시간이 갈수록 눈에 보이는 성과나 사역의 결과보다는 하나님 앞에서 내 안에 있는 사역의 동기가 중요함을 발견한다. 그리고 주님과 동행하며 주님이 인정해주시는 삶이라면 그저 감사할 따름이다.

하나님이 앞에 진정으로 쓰임받은 자들은 사람들의 칭찬과 찬사를 받을 뿐 아니라 사람에게 인정받고 많은 사람을 동원하고 그들을 따르게 하는 등 화려한 일(무대?)에는 그렇게 많은 관심을 가지지 않는다. 자신에게 주어진 일에 최선을 다하다 보니 어쩌다가 결과론적으로 그런 자리에 설 수도 있다. 그러나 할 수만 있으면 무명으로 사는 것이 행복하고 주님 안에서 안전한 길임을 깨닫는다. 그저 주님이 맡기신 현재의 일에 충실하며 하루하루 살아가는 것이 감사할 따름이다.

오늘도 함께 하는 가족이 있어서 감사하다. 작지만 섬길 수 있는 교회가 있어 감사하다. 사랑할 수 있는 성도들이 있어서 감사하다. 같이 이 시대의 선교사역을 고민할 수 있는 동역자가 있어서 감사하다. 그리고 어떤 사역을 하든지 신뢰하고 믿어 주며 설령 선교 보고를 하지 않더라도(?) 기도하고 후원해 주는 동역자들이 있어서 감사하다. 무엇보다도 지금까지 생명을 연장시켜 주신 하나님께 감사하다. 시간이 지날수록 감사한 것이 더 많아진다.

주님을 묵상하면 묵상할수록 한없이 작아지는 자신의 모습을 발견한다. 돌이켜 생각해보면 지금까지 진행되었던 모든 사역은 주님이 다 하셨다. 주님이 앞서가셔서 모든 일을 예비해 놓으셨고 나는 그냥 따라가기만 했다. 마치 축구시합을 할 때 어쩌다가 상대방에 골대 앞에서 있었는데 주님이 머리에 축구공을 맞추어 골인시키고 나서 "네가 골을 넣었다"고 칭찬하는 것과 흡사하다. 어쩌면 앞으로도 주님은 계속해서 그렇게 하실 것 같다. 주님 앞에 서면 한없이 작아지지만 동시에 한없이 격려를 받으며 자존감이 높아만 간다. 나의 모습은 약하지만 있는 모습 그대로를 받으셔서 주님은 강하게 사용하신다.

> "형제들아! 너희를 부르심을 보라 육체를 따라 지혜로운 자가 많지 아니하며 능한 자가 많지 아니하며 문벌 좋은 자가 많지 아니하도다. 그러나 하나님께서 세상의 미련한 것들을 택하사 지혜 있는 자들을 부끄럽게 하려 하시고 세상의 약한 것들을 택하사 강한 것들을 부끄럽게 하려 하시며, 하나님께서 세상의 천한 것들과 멸시 받는 것들과 없는 것들을 택하사 있는 것들을 폐하려 하시나니, 이는 아무 육체도 하나님 앞에서 자랑하지 못하게 하려 하심이라"(고전 1:26-29).

토론과 성찰을 위한 질문

1) 초기 기독교 시대 — 기독교 세계 시대 - 세계 기독교 시대의 선교에 대해서 설명하라.

2) 현재 나의 삶과 사역을 성찰하며, 연약한 자를 사용하신 하나님의 선교가 나에게 미치는 영향은 무엇인가?

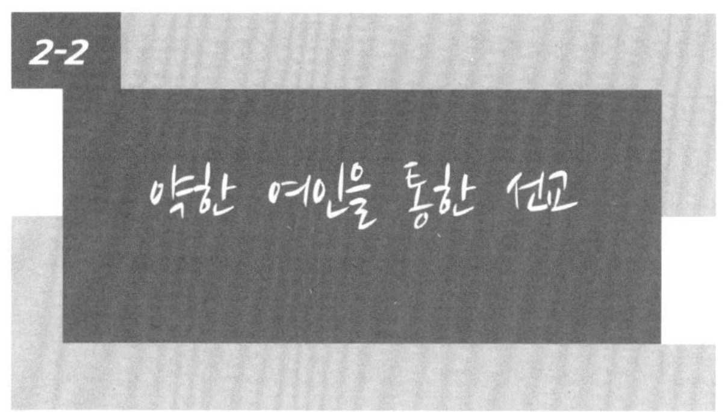

성경은 선교적인 책이다. 성경에 나타난 하나님은 선교하시는 하나님이다. 하나님이 이스라엘을 택하시고 교회를 설립한 중요한 목적 중의 하나는 선교(하나님의 나라 확장)를 위해서이다. 하나님이 성경을

구심적 선교와 원심적 선교

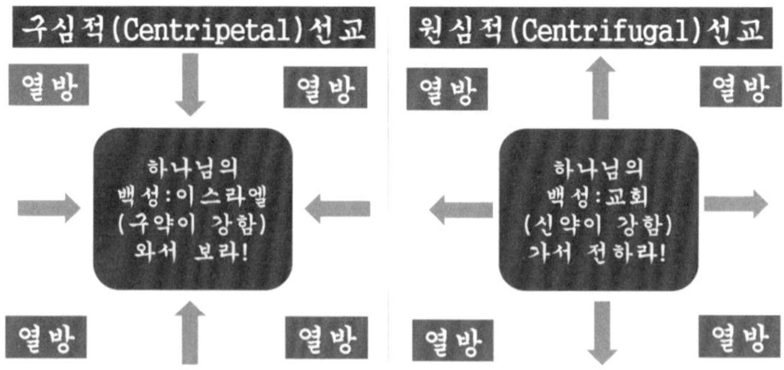

〈그림 7〉 : 성경에 나타난 선교방식---구심적 선교와 원심적 선교

통하여 사용하신 선교 방법은 크게 두 가지로, 구심적 선교(Centripetal Mission)와 원심적 선교(Centrifugal Mission)이다. 구심적 선교는 주로 구약에 많이 나타나며, 원심적 선교는 신약에 많이 나타난다.

구약 시대에 하나님의 구심적인 선교방식을 통하여 이방인들이 하나님의 백성 공동체(이스라엘)에 편입되기도 하였다. 특히 모압 여인인 룻, 이방 여인인 기생 라합도 인류의 구속과 하나님의 나라 확장을 위해 사용되었다. 하나님으로부터 지혜를 부여받은 솔로몬 왕의 소문을 듣고 남방 시바 여왕이 하나님 백성 공동체의 중심지인 이스라엘을 방문하였다.

이방인들이 하나님의 백성으로

〈그림 8〉 : 구심적 선교를 통해 이방인들이 하나님의 백성으로 편입된 일례

구약 시대에도 원심적 선교가 수행되었으며, 신약 시대에도 구심적 선교가 수행되었다. 특히 이스라엘에서 포로로 잡혀간 나아만 장군의 여종은 하나님의 선교를 위해 쓰임 받는 대표적인 원심적 선교의 일례이다. 성경에 수많은 여인이 하나님의 선교를 위해 쓰임 받았다.

이스라엘이 열방을 향해

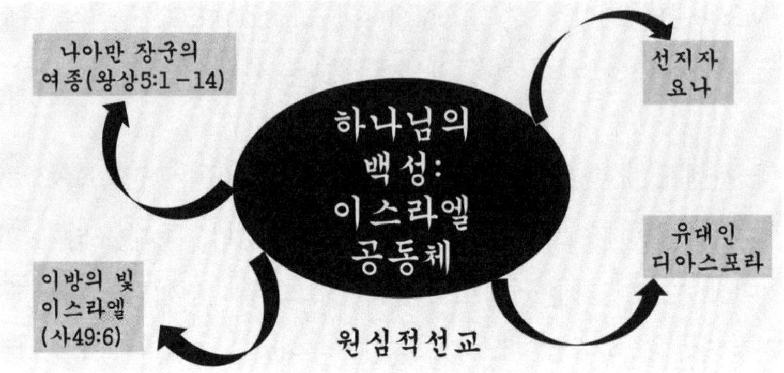

〈그림 9〉 : 구약 시대 원심적 선교의 일례

성경을 자세히 보면 이방 여인들, 소외된 자들, 작은 계집아이, 평범한 여인, 고아와 과부, 그리고 장애인들을 사용하여 하나님의 영광을 선포하며 이들을 통해 하나님의 나라를 확장시켜 나가신다. 그중에서도 성경이 쓰여질 당시 여인들은 약자를 대변한다. 유대 문화 속에서 여인들은 백성들의 수효를 계수할 때 포함되지도 않았으며 마치 남자의 소유물 중에 하나로 여겨졌다. 이방 여인은 더 말할 것도 없다. 당시 문화에 특히 이방 여인들은 멸시와 천대를 받았다. 그러나 하나님은 이러한 이방 여인들을 예수님의 족보에 오르게 하셨다. 하나님은 이스라엘뿐만 아니라 온 인류의 하나님이다. 유대인들은 이방 여인들을 차별하고 무시하였지만, 하나님은 무시당한 이들을 사용하셔서 하나님의 나라를 확장시키셨고, 인류의 구원사를 이루어 가셨다.

창세기의 저자는 후반부에 요셉의 이야기를 펼쳐 나가다가 갑자기 38장에 유다와 다말 이야기를 한다. 마치 연속되는 요셉의 이야기 사이에 끼워 넣듯 말이다. 생략할 수 없을 만큼 하나님 나라의 확장과 구속사적으로 중요한 이야기라는 의미이다. 유다는 아버지 야곱의 장막을 떠나 가나안 사람 수아의 딸과 결혼하여 세 명의 아들인 엘과 오난 그리고 셀라를 낳는다. 그리고 큰아들인 엘이 장성하자 이방 여인 다말과 결혼시킨다. 엘이 하나님 앞에 악을 행함으로 죽자, 다말은 계대(繼代) 결혼법에 의해 둘째 아들 오난과 결혼하는데, 대를 잇는 일에 불성실한 오난도 하나님 앞에 죽임을 당한다. 아직 장성하지 않는 세째 아들 셀라가 어리므로 장성할 때까지 다말은 친정에 가서 수절하며 기다린다. 그러나 셀라가 장성해도 시댁에서 소식이 없었다. 유다의 아내까지 죽었다. 아내마저 죽고 나자 유다는 외로움을 달래기 위해 딤나로 양털을 깎으러 길을 떠난다. 마치 그곳에 있는 창녀와 사랑을 나누는데 그녀가 바로 며느리인 다말이다. 다말은 아이를 잉태하였고 출산하였는데 그가 낳은 아이가 바로 예수님의 족보에 나온 베레스와 세라이다. 유다 지파의 조상 유다가 이방 여인 다말을 통해 베레스를 낳게 된다.

다말에 이어 예수님의 족보에 등장하는 또 다른 여인은 여리고의 기생인 라합이다. 출애굽 광야 생활을 마친 이스라엘 백성이 가나안 땅에 입성하기 전에 여호수아는 두 명의 정탐꾼을 보낸다(수2장). 여리고에 살고 있던 기생 라합은 홍해를 마르게 하시고 아모리인들을 전멸시키신 일들을 행하신 하나님의 광대하심을 익히 들어 알고 있었다. 그녀는 하나님을 믿으며 목숨을 걸고 정탐꾼을 숨겨주는 일로 말미암아 죽임을 당하지 않고 이스라엘 공동체에 편입된다. 라합은 후에 이스라엘 사람 살몬과 결혼하여 보아스를 낳는다. 미천한 신분임에도 불구하고 예수님의 족보에 오르는 영광을 얻게 된다.

그리고 룻기서에서 보면, 모압 여인 룻이 등장한다. 베들레헴에 기근이 들자 엘리멜렉과 나오미는 두 아들과 함께 모압으로 간다. 모압에서 두 아들을 모압 여인들과 결혼시켰으나 엘리멜렉과 두 아들이 모두 죽고 세 명의 과부만 남게 된다. 이에 며느리 중에 한 명은 친정으로 돌아가고, 룻은 시어머니를 따라 베들레헴으로 돌아온다. 룻은 시어머니가 믿는 하나님을 믿게 되면서 이스라엘 공동체에 편입된다. 이러한 룻을 어여삐 보시는 하나님은 고엘 제도에 의해 보아스와 결혼시켜 오벳을 낳게 된다. 오벳은 바로 다윗의 조부이다. 모압 여인인 룻은 다윗의 증조모가 되며 예수님의 족보에 등재된다.

다말, 라합, 그리고 룻은 모두 유대 공동체에 편입된 이방 여인들이라는 공통점이 있다. 그들은 마태복음 1장의 예수님의 족보에 당당하게 등장한다. 하나님 나라의 확장과 인류의 구원 드라마에 이방 여인을 쓰신 하나님의 오묘함이 돋보인다. 약한 자를 사용하시어 하나님의 나라를 열어가시는 하나님의 지혜는 측량할 수 없다.

> "유다는 다말에게서 베레스와 세라를 낳고 베레스는 헤스론을 낳고 헤스론은 람을 낳고 람은 아비나답을 낳고 아미나답은 나손을 낳고 나손은 살몬을 낳고 살몬은 라합에게서 보아스를 낳고 보아스는 룻에게서 오벳을 낳고 오벳은 이새를 낳고 이새는 다윗 왕을 낳으니라"(마1:3-6).

하나님은 멸시 받은 자의 대명사인 이방 여인을 사용하신다. 하나님이 하시는 일은 사람들의 방법과 다르다. 예수님의 족보에 등장하는 이방 여인인 다말, 라합, 룻을 비롯하여 신구약의 중요한 상황 속에 이방 여인들이 등장한다. 결코 우연이 아니다. 약한 자를 사용하여 선교하시는 하나님의 기묘한 섭리이다.

구약에서 하나님이 사용하신 이방 여인의 대표적인 인물은 북왕국 이스라엘의 선지자였던 엘리야 시대에 이방 땅 시돈에 속한 사르밧 과부이다. 하나님은 선지자 엘리야를 그 많은 이스라엘의 집이 아닌 이방 땅 과부에게 보내셔서 숙식을 제공받고 보살핌을 받도록 하셨다(왕상17:8-24). 어려운 가운데 하나님의 종을 공궤한 과부의 가족들에게 하나님은 기적적인 방법으로 양식을 제공하시고(왕상17:13-16), 과부 아들의 생명을 회복시키신다(왕상17:17-24). 이스라엘 영토 밖에서도 먹을 양식을 주시며 생명을 주관하시는 분은 이방신이 아니라 하나님이심을 상기시킨다. 그리고 연약한 자를 섬세하게 돌보시는 하나님의 사랑을 엿볼 수 있다. 예수님은 나사렛 회당에서 설교하시면서 선지자가 고향에서 환영받는 일이 없다고 하시면서 시돈 땅에 있는 이 여인에 관련된 에피소드를 언급하신다(눅4:24-26).

신약에서 예수님이 공생애의 삶을 사시면서 두로와 시돈 지방으로 가셨을 때 가나안 여인이 예수님께 나아온다(마15:21-22). 그리고 귀신 들린 딸을 고쳐 달라고 소리를 지르며 예수님께 간청한다. 예수님이 대꾸를 하지 않으셔도 이 여인은 아랑곳하지 않고 소리를 지른다. 이에 예수님은 "나는 이스라엘의 잃어버린 양 외에는 다른 데로 보내심을 받지 아니하였노라"고 하신다. 이에 이 여인은 더 적극적으로 주님께 나아와 절을 하며 도와 달라고 한다. "자녀의 떡을 취하여 개들에게 던짐이 마땅하지 아니하다"고 대답하자, 이 여인은 오로지 딸을 치료하겠다는 일념으로 "주여 옳소이다 마는 개들도 제 주인의 상에서 떨어지는 부스러기를 먹나이다"라고 모든 자존심을 내려놓고 간절히 예수님께 매달린다.

예수님은 그 여인을 칭찬하며 "네 믿음이 크도다 네 소원대로 되리라"며 딸을 고쳐주신다. 여기에서 '개'는 유대인과 대별되는 "멸시받는 이방인"을 상징한다. 이 여인은 비록 자신이 개와 같은 멸시받는 처지일지라도 개념치 않고 딸을 위해 최선을 다하는 믿음을 가진 자라고 성경은 기록하고 있다. 약한 자는 겸손하며, 간절하다. 이러한 특성을 가진 약한 자를 통해 기적이 일어나기 쉽다. 약한 자는 멸시를 받을지라도 하나님을 절대 신뢰한다. 하나님 외에 답이 없음을 안다. 약한 자는 하나님이 쓰시기에 편리한 그릇이다. 약한 자를 쓰신 하나님을 찬양한다.

> "내가 참으로 너희에게 이르노니 엘리야 시대에 하늘이 삼 년 육개월 간 닫히어 온 땅에 큰 흉년이 들었을 때에 이스라엘에 많은 과부가 있었으되 엘리야가 그중에 한 사람에게도 보내심을 받지 않고 오직 시돈 땅에 있는 사렙다의 한 과부에게 뿐이었으며"(눅4:24-25).

아람국 장군의 집에서 종살이하는 한 이스라엘 소녀에 의해 주인인 나아만이 치유받는 에피소드가 있다. 이 소녀는 비록 이스라엘에서 포로로 잡혀 온 종의 신분으로 살고 있었지만, 주인인 나아만의 문둥

병 치유를 위해 고국 이스라엘에서 사역하는 하나님의 종 엘리사를 소개한다(왕하5:1-14). 나아만은 당시 세계 최강국인 아람국의 장군으로 무엇 하나 부러울 것이 없는 사람이다. 그러나 그에게 있는 결정적인 약점은 나병 환자라는 것이다. 하나님은 그 약점의 틈바구니를 비이용하신다. 그것도 일국의 왕이나 귀족 혹은 의사가 아닌, 포로로 잡혀 온 계집아이를 통해 하나님 앞에 나아가게 한다.

인간적으로 보면 결정적인 약점이 하나님 앞에 나갈 수 있는 최적의 통로가 되는 경우가 많다. 나아만이 나병을 낫고 싶어하는 것은 당연하다. 나아만은 왕에게 허락을 득한다. 아람 왕은 친서를 써서 이스라엘 왕에게 보낸다. 나아만은 예물과 함께 친서를 가지고 이스라엘 왕 앞으로 나아간다. 영문을 모르는 이스라엘 왕은 아람 왕이 시비를 거는 것으로 생각한다. 두려워하는 이스라엘 왕에게 선지자 엘리사는 나아만을 자신에게 보내라고 한다. 집에 당도한 나아만에게 엘리사는 집에 들이지 않고 다짜고짜 요단강에 몸을 일곱 번 씻으라고 한다. 그리하면 나병이 나을 것이라고 말한다. 이에 노발대발한 나아만은 이에 따르지 않고 떠나려 하나 그의 종들의 간청에 요단강에서 몸을 담그게 된다.

자신의 지위나 체면으로 인한 뻣뻣함과 굳은 목이 치유를 방해한다. 그러나 어린 포로 소녀의 주인을 사랑하는 마음과 종들의 간청이 어우러져 나아만 장군의 마음이 부드러워진다. 낫고자 하는 열망에 고개를 숙인다. 하나님은 교만한 자를 쓰지 않는다. 이해가 되지 않을지라도 부드러운 마음으로 하나님을 신뢰하고 순종할 때 역사가 일어난다. 나아만은 자신을 내려놓고 머리를 숙이며 요단강에 몸을 담글 때 나병이 치유되었다. 이방 나라의 나아만이 나병을 치유 받으며 살아계신 하나님의 능력을 체험하게 된다.

하나님은 미미해 보이는 계집아이를 사용하여 일국의 장군을 치유하며 하나님의 살아계심을 만방에 알리신다. 약한 자를 통해 선교하시는 하나님을 보게 된다. 예수님은 나사렛 회당에서의 설교에서 사렙다 과부에 이어 이 사건을 언급하셨다(눅4:27). 예수님 보시기에도 선교적으로 그만큼 중요한 사건이기에 직접 언급하셨다. 가장 약하고 천한 위치로부터 하나님의 고귀한 선교가 이루어짐을 발견할 수 있다.

> "또 선지자 엘리사 때에 이스라엘에 많은 나병환자가 있었으되 그중의 한 사람도 깨끗함을 얻지 못하고 오직 수리아(아람) 사람 나아만 뿐이었느니라"(눅4:27).

성경에 마리아라는 이름을 가진 여인들이 많이 등장한다. 나사로와 마르다의 동생 마리아(요12:1-2, 12:3-8), 일곱 귀신 들렸다가 예수님께 치유 받고 예수님을 섬긴 막달라 마리아(눅8:3), 갈릴리 사람으로 예수님을 끝까지 따라다녔던 여인 중에 하나인 야곱과 요세(요셉)의 어머니 마리아(마27:55-56), 그리고 다락방의 주인인 마가 요한의 어머니 마리아(행12:12), 바울이 로마교회에 문안 인사하도록 말한 성도 중의 한 사람이 마리아(롬16:6). 그리고 요셉의 아내이자 예수님의 육신의 어머니인 마리아이다. 그만큼 마리아라는 이름이 평범하고 흔한 여인의 이름이다. 마치 한국에서의 순자, 영자처럼, 미국에서 그레

이스나 에스더처럼 흔한 이름이다. 이렇게 흔하고 평범한 여인들이 모두 다 하나님 앞에 오묘하게 쓰임을 받았다.

마리아라는 이름 중 대표적으로 예수님의 육신의 어머니 마리아에게 하나님의 은혜가 임했다. 아담과 하와 그리고 예수님을 제외하고는 모두가 남자와 여자 사이에서 태어났다. 아담과 하와는 하나님이 직접 만드셨고 예수님은 성령으로 말미암아 동정녀 마리아에게서 태어나셨다. 이 세상의 여인 중에 마리아만큼 하나님의 영광스러운 구속사에 사용된 여인이 있을까? 그녀는 평범한 유대 여인 중에 한명이다. 영광스러운 성자의 성탄(The Son of God's Christmas)이 그녀를 통해 이루어졌다. 하나님을 찬송하는 마리아의 찬가가 누가복음 1장 46-56절에 나타난다. 구약, 이사야서에서 이사야 선지자도 이 같은 예언을 했다.

"보라 처녀가 잉태하여 아들을 낳을 것이요 그의 이름을 임마누엘이라 하리라"

바로 이 예언이 바로 자신에게 이루어질 것을 천사로부터 듣게 된다. 그녀와 요셉은 다윗의 자손으로 비록 가난했지만 경건한 사람들이었다. 가브리엘 천사가 수태 고지를 할 때 마리아는 황송해하면서 그 영광스러운 메시지를 전해 듣는다. 그리고 믿음으로 순종한다.

마리아의 찬가에 자신의 비천함과 주님의 영광을 "계집종의 비천함"(1:48)과 "능하신 이"(1:49)로 대조하여 표현한다. "교만한 자들을 흩으셨고, 권세 있는 자를 그 위에서 내리치셨으며"(1:51-52)와 비천한 자를 높이셨고"(1:52)가 대조를 이루고 있다.

눅1장 53절에서는 또 다시 "배고픈 자를 좋은 것으로 배불리셨으며" 와 "부자를 빈손으로 보내셨도다"가 대조를 이루고 있다. 마리아는 자신의 삶 속에서 행해진 전능한 하나님의 일을 보았다. 하나님은 평범한 그러나 경건한 한 처녀를 통해 이 세상의 가장 위대한 일을 이루셨다. 마리아는 이어서 "그 종 이스라엘을 도우사 긍휼히 여기시고 기억하시되 우리 조상에게 말씀하신 것과 같이 아브라함과 그 자손에게 영원히 하시리로다 하니라"며 하나님을 찬양한다. 연약한 여인 마리아를 통하여 인류의 구세주가 이 땅에 오셨다. 약한 자를 돌아보시며 그녀를 높이시는 하나님의 모습이 나온다. 마리아 자신이 약한 위치로부터의 선교의 모형이 되고 있다.

> "대저 하나님의 모든 말씀은 능하지 못하심이 없느니라"(눅1:37).
> "마리아가 이르되 주의 여종이오니 말씀대로 내게 이루어지이다 하매 천사가 떠나가니라"(눅1:38).

하나님은 멸시받은 이방 여인을 포함한 평범한 여인들을 사용하시어 하나님의 의를 이루시고 하나님의 나라를 확장시켜 나가신다. 근대와 현대 선교역사에도 싱글 여선교사들을 통해 수행하신 하나님의 선교역사는 상상을 초월한다. 하나님은 하나님의 생각과 하나님의 방법으로 하나님의 선교를 수행하신다. 우리는 그저 쓰임 받아서 감사할 따름이다. 이러한 하나님의 선교에 수많은 여인의 헌신과 희생 그리고 눈물은 말로 표현할 수 없다. 그중에 한국의 호남 지역에 선교사로 와서 그녀의 일생을 가난과 질병에 고통받은 한국인을 위해 바친 싱글 여 선교사를 소개한다. 그녀의 한국 이름은 서서평이다.

싱글 선교사인 서서평 일대기를 그린 영화, [서서평, 천천히 평온하게][32)]을 보았다. 영화의 소감을 말하자면, 한 마디로 감동 그 자체였다. 무엇보다 영화 말미에 주인공인 서서평이 죽은 후 그녀가 살아 있을 때 사용하였던 방에서 벽에 붙었던 좌우명 "No Success, But Service"(성공 아닌 섬김)은 참으로 인상적이었으며 여운이 길게 남는다. 서서평(徐舒平, 1880-1934년)은 독일 출신의 선교사로 본명은 엘리자베스 요한나 쉐핑(Elisabeth Johanna Shepping)이다. 쉐핑의 이름과 발음이 비슷한 '서평'이 그녀의 한국 이름이다. 서평(舒平)은 천천히 서(舒), 평안할 평(平)으로 한국 이름의 의미는 '천천히 평온하게'(Slowly, Peacefully)이다. 어쩌면 그녀는 이름처럼 살고 싶었을 것이다. 그러나 그녀의 실제 삶은 이름과는 정반대였다. 짧고 굵게 살았던 54년의 파란만장한 인생이었다. 그러나 그녀의 인생은 '값지다'는 말 외에는 표현할 길이 없다.

그녀는 독일 비스바덴에서 미혼모의 딸로 태어나 어머니로부터 버림받았으며 할머니와 함께 불운의 어린 시절을 보낸다. 할머니가 돌아가시자 어머니를 찾으러 9살의 어린 나이에 미국으로 건너갔으나 어머니로부터 또 거절당한다. 어머니는 버렸지만 하나님은 그녀의 보호자가 되셨다. 미국에서 간호학교를 졸업하고 미국 남장로교 선교부의

---

32) 《서서평, 천천히 평온하게》는 2017년 홍주연 감독이 요안나 쉐핑 선교사의 일대기를 담은 다큐멘터리 영화이다.

파송을 받아 32세(1912년)에 흑암의 땅 조선으로 갔다. 그리고 54세(1934년)의 젊은 나이에 하나님께로 부터 소천(召天) 받을 때까지, 22년 동안 호남과 제주지역에서 다양한 선교사역을 펼쳤다. 한일장신대의 전신인 이일학교, 대한 간호협회의 전신인 조선간호부회, 광주 및 제주지역의 여전도회를 창설하였다. 특히 서평은 당시 조선인들도 돌보지 않았던 한센병(나병) 아이들을 포함 고아 14명을 자녀로 입양하였고, 오갈 데 없는 과부 38명과 한집에 살면서 이들을 돌보았다. 그녀는 고아와 과부의 친구가 되었으며 '조선의 마더 테레사'라는 별명을 얻었다.

하나님은 어제나 오늘이나 변함없이 시대를 초월하여 약한 자를 부르셔서 선교하신다. 서평은 선교사역을 하다가 안식년을 맞이하여 미국에 계시는 어머니를 찾아갔으나 여지없이 문전박대를 당한다. 육신의 어미로부터 세 번씩이나 버림받은 서평은 그 아픔을 선교적인 삶으로 승화시킨다. 아픔을 당해 본 자가 아픔을 안다고 했던가? 서평의 눈에는 유독 부모에게 버림받은 아이들, 가난과 질병 속에 허덕이는 과부들이 잘 보였다. 그녀는 그러한 약자들의 어머니가 되어 예수님의 마음을 가지고 그들의 눈에서 눈물을 씻겨 주었다. 나사렛 예수 그리스도의 이름은 역기능 가정에 자란 한 사람의 인생을 송두리째 바꿈은 물론 그를 '상처 입은 치유자'(a wounded healer)로 세워 '조선의 마더 테레사'가 되게 하였다.

미국 선교부에서 오는 선교비의 절반을 당시 가난한 조선 교회의 헌금으로 바치고 나머지 절반으로 구제하고 그 나머지 절반으로 자신의 생계를 유지하였다. 이렇게 가진 것을 아낌없이 다 주고 자신은 정작 영양실조로 풍토병에 걸려 죽었다. 그녀가 떠난 허름한 방에 남은 것은 담요 반쪽, 동전 7전, 강냉이 2홉 뿐이었다. 죽어서도 자신의 시신까지 의학용 해부용으로 기부하며 남김없이 다 주었다. 그녀의 천국 환송예배 때, 그녀로부터 사랑을 받은 일 천여 명의 조객들이 "어머니…!, 어머니…!"라고 목놓아 울었으며, 광주 최초로 '시민 사회장'으로 치뤄졌다고 기록되어 있다. 예수님의 사랑을 실천하는 그녀의 모습이 저를 한없이 부끄럽게 만들었으며 가슴을 찡하게 만든다. 약한 자를 부르시고 치유하시어 자신과 같은 약한 처지에 있는 자들을 섬기는 어느 누구도 감히 흉내 낼 수 없는 하나님의 선교전략이 아닐 수 없다.

지금까지의 우리의 선교를 성찰하면서 힘이 없고 연약하다고 하는 여인들을 통해 선교를 수행하신 하나님의 오묘한 섭리를 알 수 있다. 성경 속에 수많은 여인을 사용하여 하나님의 일을 행하시는 일은 인간적인 관점으로 볼 때 약한 자를 들어 강하게 사용하시는 하나님의 탁월한 선교전략이다. 세계 기독교 시대의 선교에 있어서도 여전히 여인들의 역할이 중요하다. 특히 많은 싱글 여선교사들이 여전히 세계 곳곳에서 이름도 없이 빛도 없이 묵묵히 자신들에게 주어진 선교 사역을 감당하고 있다. 복음의 들어가는 곳에 여권(女權)이 신장되었을 뿐만 아니라 은혜받은 여인들을 통하여 건강한 가정들이 세워졌으며, 건강한 가정을 통하여 하나님의 나라가 확장되었고, 앞으로도 그들을 통하여 하나님의 나라가 더 활발하게 확장될 것이다.

토론과 성찰을 위한 질문

1) 성경에 나타난 구심적 선교와 원심적 선교에 대해 설명하라.

2) 주위에 싱글 선교사(혹은 여인)를 통한 선교의 좋은 실례가 있으면 나누라.

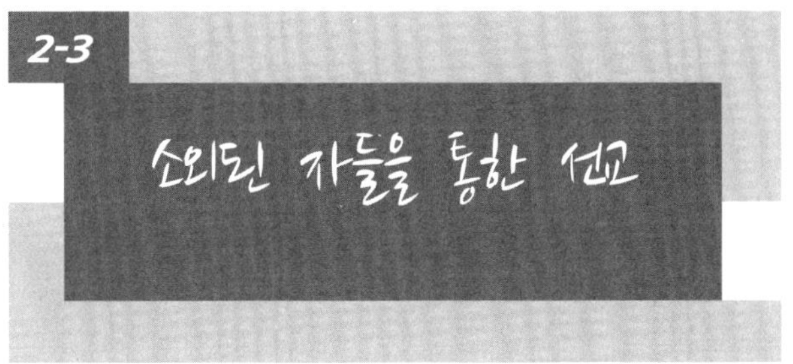

21세기의 선교학을 이끌었던 선교학 DNA는 다음과 같이 정리할 수 있다.[33] 맥가브란은 모든 선교학을 교회 성장학적 관점으로 보고 해석하였다. 이러한 사관(史觀)은 예일대 교수였던 라투렛의 교회 확장사관에서 출발하였다. 이에 오르는 교회 성장을 부흥운동의 산물로 확신했다. 오르[34]는 교회성장사관에 부흥사관을 덧입혔다. 여기에 랄프 윈터는 라투렛의 사관을 바탕으로 기독교 확장사를 학문적 출발점으로 삼았고, 맥가브란의 교회 성장학과 중세의 수도원 운동(UCLA 역사학 교수 린 화이트로부터 영향을 받음)을 접목하여 자신만의 독특한 기독교 문명운동사관을 정립하였다.

이후 프린스턴 출신의 폴 피어슨(Paul E. Pierson)이 등장했다. 그

33) 폴 피어슨 저, 임윤택 역, 선교학적 관점에서 본 기독교 선교운동사, CLC, pp21-22.
34) 웨일즈 부흥 운동을 비롯한 세계 부흥 운동에 관한 당대의 최고 학자.

는 프린스턴에서 마펫 선교사로부터 아시아 선교운동사적 관점을 배웠으며, 친구인 리처드 러블레이스의 갱신 운동을 첨가하였다. 그 결과로 오랫동안 선교운동사를 연구하며 선교학적 원리를 정립하였다.

하나님의 선교운동은 부흥운동의 결과로 나타난다. 선교운동은 교회정치 조직의 변두리에서 선교적 소명에 응답한 소외된 창조적 소수자들에 의해 일어남을 발견하였다. 선교 역사학자인 폴 피어슨(Paul Peirson)의 기독교 선교 운동사에 나타난 선교학적인 원리는 아래의 아홉 가지로 정리된다.[35]

폴 피어슨의 9대 선교학적인 원리

| 폴 피어슨의 9대 선교학적 원리 |

첫 째_**변두리 이론**(Periphery theory)
둘 째_**두 조직체 이론**(Two structures)
셋 째_**핵심 인물 이론**(A Key Leader Theory)
넷 째_**새로운 리더십 개발양식 이론**(eadership Patterns Theory)
다섯째_**새로운 신앙 생활양식 이론**(Spiritual Dynamics Theory)
여섯째_**새로운 신학적 돌파 이론**(Theological Breakthrough Theory)
일곱째_**부흥과 확장 이론**(Renewal and Expansion Theory)
여덟째_**상황적 조건 이론**(Historical / Contextual Conditions Theory)
아홉째_**선교 정보 확산 이론**(Information Distribution Theory)

〈표 10〉 : 폴 피어슨의 9대 선교학적인 원리

35) ibid, pp.17-20.

첫째, 변두리 이론(Periphery theory)이다.
부흥과 확장은 대부분의 그 시대의 교회 권력 구조의 변두리에서 일어난 경우가 많다.

둘째, 두 조직체 이론(Two structures)이다.
두 조직체는 모달리티 구조의 교회조직과 소달리티 구조의 선교단체 조직을 말한다.

셋째, 핵심인물 이론(A Key Leader Theory)이다.
하나님과의 특별한 만남을 체험하고, 세상을 향한 열정을 가지고 선교적 비전을 나누고 확산할 수 있는 열정을 가진 사람에 의해 선교운동이 시작된다.

넷째, 새로운 리더십 개발양식 이론(New Leadership Patterns Theory)이다.
특별한 사람보다는 평범한 사람 가운데 리더십이 개발되는 경우가 많은 경우를 본다.

다섯째, 새로운 신앙생활양식 이론(Spiritual Dynamics Theory)이다.
부흥과 확장은 대부분 새로운 신앙생활 양식을 수반한다.

여섯째, 새로운 신학적 돌파 이론(Theological Breakthrough Theory)이다.
부흥과 선교운동은 새로운 신학을 발전시키며, 성경적인 신앙원리 가운데 새로운 신학 원리를 발견한다.

일곱째, 부흥과 확장 이론(Renewal and Expansion Theory)이다.
부흥과 확장은 서로 연결되며, 바람직한 부흥은 하나님께서 주도하시고, 하나님의 역사로 일어난다.

여덟째, 역사/상황적 조건 이론(Historical / Contextual Conditions Theory)이다.
하나님의 선교 자체는 변하지 않지만 부흥과 확장은 역사적/상황적 조건이 맞을 때 일어난다.

마지막으로 선교정보 확산 이론(Information Distribution Theory)이다.
선교 정보의 확산은 선교운동에 중요한 역할을 한다.

하나님의 선교 운동에 쓰임 받았던 지도자들은 대부분 많은 권력 구조의 변두리에서 사람이 보기에 극히 평범한 자 혹은 약한 자들 가운데 많은 아픔과 고통 속에 연단을 통해 하나님의 선교 운동을 위한 그릇으로 준비된다. 다시 말하면 하나님이 쓰시기에 편리한 그릇으로 만들어진다. 어려움을 경험한 자가 그런 입장에 처한 자들을 이해하고 또한 포용하고 구원할 수 있기 때문이다. 성경의 많은 인물 중에 하나님은 권력의 주변에 있었던 다윗을 부르시고 그를 따르는 아둘람 공동체의 소외된 자를 훈련시켜서 다윗 왕국을 세우고 이 땅에 하나님의 뜻을 실현시키고 하나님의 나라를 확장시켜 나가셨다.

다윗은 왕으로서 기름 부음을 받았지만 바로 왕으로 등극하지 못하고 사울에게 핍박을 받으며 오랫동안 이곳저곳으로 도피하며 수난의 세월을 보낸다. 놉 땅의 제사장 아히멜렉에게 피했다가 다시 이스라엘 국경을 넘어 블레셋 가드 아기스 왕에게로 간다. 아기스의 신하들이 다윗을 알아차림으로 인해 미친 체하기도 한다. 인간적으로 볼 때 그의 신세가 처량하기 그지없었다. 그곳에서 빠져나와 유대 광야에 있는 아둘람 동굴로 피신한다. 한때, 다윗은 이스라엘 백성에게 "사울은 천천이요 다윗은 만만이라"는 칭송을 들었던 전쟁의 영웅이었다. 그러나 다윗은 망명하여 살 수밖에 없는 처지로 전락한다.

이때 가족 친척들을 포함하여 사울 왕국에 의해 멸시받고 피해를 본 자들, 희생당한 자들이 다윗의 곁으로 몰려온다. 사사시대 말기와 사울 왕국 초기의 어지러운 과도기에 소외당한 자들이 대부분이다. 그들은 환난 당한 자들, 빚진 자들, 마음이 원통한 자들(삼상22:1-2)로 구성된 아둘람 공동체이다. 다윗은 우두머리(Sar:싸르)가 되어 그들을 이끌어야 했다. 그들은 사사시대 말기에 나타난 빈부격차와 지방세력의 권력남용 등으로 자신들의 기업의 땅에서 희생당한 난민들이다. 하나님은 다윗을 통하여 낡고 부패한 사사시대와 왕국 초기의 소외당한 그룹의 아픔과 상처 그리고 원한과 증오를 믿음으로 승화시켜 새로운 시대를 열어나갈 핵심 세력으로 사용하기를 원하셨다.

시편 142편은 이런 곤고한 상황을 보여주고 있다. 특히 6절에 보면 다윗 자신의 연약함을 토로하며 하나님께 자신을 구해달라고 기도한다.

"나의 부르짖음을 들으소서 나는 심히 비천하니이다 나를 핍박하는 자들에게서 나를 건지소서 그들은 나보다 강하니이다".

시편 57편에서도 아둘람 굴에 있을 때 억울함을 토로하며 하나님께 기도하며 극복해 나간다. 특히 7-8절이 마음에 와닿는다.

"하나님이여 내 마음이 확정되었고 내 마음이 확정되었사오니 내가 노래하고 내가 찬송하리이다 내 영광아 깰지어다 비파야, 수금아, 깰지어다 내가 새벽을 깨우리로다."

다윗을 따라 아둘람 굴에 모여든 자들은 한때는 소외된 자들이었지만, 다윗 왕국의 기초를 놓은 자들로 쓰임 받게 된다. 하나님은 그의 나라를 이루기 위해 주변부의 소외된 자들을 사용하신다. 다윗은 먼저 하나님 안에서 자신의 아픔과 억울함을 승화하며 같은 처지에 있는 자들을 변화시켜 소외당한 채 실패자의 삶이 아닌 새로운 시대를 열어가는 중심 인물로 살도록 하였다.

배수영은 아둘람 공동체의 정체성을 다음과 같이 말하고 있다.[36) 아둘람 공동체는 비록 권력의 변두리에 있는 소외 당한 사람들이었지만 하나님의 사람 다윗의 영도 속에서 하나님의 비전을 가지고 철저하게 영적(창조적) 공동체 인격으로 거듭나는 훈련을 통해 이스라엘 왕국 초기 빼앗긴 변두리 땅을 다시 찾고 주변국을 통일하여 이스라엘 왕국이 도공까지 받는 부강한 나라로 세웠다.

36) 배수영, 하나님의 구속사, 러빙터치, pp28-29

“그러므로 다윗이 그 곳을 떠나 아둘람 굴로 도망하매 그의 형제와 아버지의 온 집에 듣고 그리로 내려가서 그에게 이르렀고 환난당한 모든 자와 빚진 모든 자와 마음이 원통한 자가 다 그에게로 모였고 그는 그들의 우두머리가 되었는데 그와 함께 한 자가 사 백명 가량이었더라”(삼상22:1-12).

아둘람 공동체의 이야기는 이 시대의 교회와 선교가 어떠해야 함을 선교적 신학적으로 교훈해 주고 있다.

이 시대에 아둘람 공동체와 비슷한 사람들이 모여 공동체를 이룬 교회가 있다. 상처받고 빚진 자들을 치유하여 상처 입은 치유자의 삶을 살도록 돕는 ‘목욕탕 교회’라 칭하는 ‘우리들 교회’[37]이다. 그 교회의 담임인 김양재 목사는 말씀 안에서 자신의 아픔과 상처를 치유 받고, 상처 입은 치유자가 되어 환난 당한 자, 빚진 자, 마음이 원통한 자들의 친구가 되어준다. 현대인들이 어쩌면 겉으로 볼 때는 멀쩡해 보이지만 실상은 그렇게 살지 못하는 자들이 적지 않다. 마치 비정상이 정상이 되는 시대인 듯하다. 서로 감추고 드러내지 않는 상태로 많은 아픔과 문제를 가지고 해결 받지 못한 상태에서 살아가고 있다. 이 교회 공동체는 이러한 자들을 말씀을 가지고 공동체 안에서 치유하여 하나님 나라의 주인공들이 되게 한다. 하나님의 선교 방법은 하나님을 철저하게 의지할 수밖에 없는 약한 자로 만들어 모든 아픔과 상처를 믿음으로 승화시켜 낮은 위치로 소외된 삶을 살아가는 자들을 하나님 나라를 위해 주인공으로 쓰임 받게 하신다.

---

37) 김양재 목사의 큐티 목회로 부흥한 교회로 본당인 판교채플과 휘문고등학교를 빌려 사용하는 휘문채플에서 예배를 진행한다.

유대 사회의 소외된 자들을 대변하는 자들이 바로 고아와 과부이다. 고아는 부모가 없으며, 과부는 남편이 없다. 즉 보호자가 없는 자들을 말한다. 그래서 하나님은 그들의 보호자가 되신다. 하나님은 고아의 아버지이시며 과부의 재판장이시다(시68:5). 구약의 율법에 고아와 과부를 선대(宣大)하라는 말씀하신다. 영적인 부분은 물론 육신적인 부분까지 도와주어야 한다. 이스라엘 사람들은 곡식이나 과실을 수확할 때, 밭에 이삭을 남겼다.

> "네가 밭에서 곡식을 벨 때에 그 한 뭇을 밭에 잊어버렸거든 다시 가서 가져오지 말고 나그네와 고아와 과부를 위하여 남겨두라 그리하면 네 하나님 여호와께서 네 손으로 하는 모든 일에 복을 내리시리라"(신 24:19-21). 또한 "너는 과부나 고아를 해롭게 하지 말라"(출22:22).

성경에 언급된 소외된 자인 고아와 과부는 또한 가난한 자를 대표한다고 말하고 있다. 구약의 선지서에서도 많은 선지자가 사회정의를 부르짖으며 약자, 특히 가난한 고아와 과부를 압제하지 말라고 하신다. 선지서에서 이들의 인권을 유린하는 것을 보고 하나님은 선지자를 통하여 경고하신다. 하나님은 고아의 아버지가 되시고 과부의 재판장뿐만 아니라 신랑이 되신다. 신약의 야고보도 환난 중에 있는 고아와 과부를 돌보는 것이 진정한 경건이라고 말한다(약1:27). 사도 바울도 파송 받을 때 가난한 자들을 기억하도록 부탁을 받았으며 본래부터 이들을 힘써 도왔다고 말한다(갈2:10). 가난한 자를 돕는 것은 곧 하나님께 하는 것이다.

> "가난한 자를 불쌍히 여기는 것은 하나님께 꾸어 드리는 것이니 그의 선행을 그에게 갚아 주시리라"(잠19:17).

가난한 자에게 선을 베풀어 그들이 직접 갚을 수는 없어도 하나님은 기억하시고 더 좋은 것으로 갚아 주신다. 반대로 가난한 자를 학대하는 자는 그를 지으신 하나님을 멸시하는 것이며, 궁핍한 자를 불쌍히 여기는 자는 하나님을 공경하는 것이라고 말하고 있다(잠14:31). 이 세상에 고아와 과부와 같이 가난한 자들이 있는 것은 우리에게 축복이다. 하나님의 백성으로서 하나님의 사랑을 실천할 수 있는 선교의 장을 그들을 통해 열어주신다. 건강한 공동체를 만들어가려는 하나님의 오묘한 섭리이다. 이 세상에 자기보다 똑똑하고 많이 가진 자만 있다면 아마도 비교의식 속에서 자존감이 낮아지며 지옥의 삶을 살게 될 수도 있다. 하나님은 이렇게 가난한 자, 약한 자를 택하여 믿음에 부요케 하시고 그들을 통해 하나님의 나라를 확장시켜 나가신다.

> "내 사랑하는 형제들아! 들을지어다 하나님이 세상에서 가난한 자들을 택하사 믿음에 부요하게 하시고 또 자기를 사랑하는 자들에게 약속하신 나라를 상속으로 받게 하지 아니하셨느냐?"(약2:5).

소외된 자의 또 다른 대명사는 장애인이다. 요즈음 장애인들에 대한 인권이나 복지가 갈수록 향상되어 가고 있다. 성경에 보면 하나님께서 선천적으로 장애인을 창조한 경우를 본다. 장애인들 또한 하나님의 실수가 아닌 하나님의 형상대로 창조된 인격체이다. 어쩌면 국가마다 지역마다 사람들이 규정한 장애인의 범위는 하나님이 보시는 관점과는 전혀 다를 수 있다. 하나님의 실수나 잘못이 아니라 선천적인 장애인으로 창조하셨다고 성경은 말하고 있다. 애굽에서 노예가 되어 고된 노동으로 고통당하며 부르짖는 이스라엘 백성들의 소리를 들으시고 하나님이 아브라함과 이삭 그리고 야곱과 맺은 언약을 기억하신다(출2:24-25). 그리고 하나님의 때가 되었을 때 그들을 구원하기 위해서 모세를 부르셨다(출3:1-8). 이러한 부르심에 자신 없어 하는 모세에게 표적을 보여주시며 권고하신다(출4:1-9). 입이 뻣뻣하고 혀가 둔하다고 하며 여전히 주저하는 모세를 향하여 하나님은 벙어리, 농아, 맹인을 자신이 만드셨다고 말씀하시며 걱정하지 말라고 하신다. 모든 일은 하나님이 하실 것이라고 하시면서 하나님이 장애인을 창조하셨다고 말씀하신다.

예수님이 길 가실 때에 선천적 시각장애인을 보게 된다. 동행하던 제자들이 예수님께 묻는다. “이 사람이 장애인으로 태어난 것은 자신의 죄입니까? 아니면 부모의 죄입니까?” 당시 제자들은 나면서부터 장애인으로 태어난 것은 누군가의 죄(罪) 때문이라고 생각하였다. 이에 예수님은 이 사람이 선천적인 장애인으로 태어난 것은 그 부모의 죄나, 그사람 자신의 죄로 인한 것이 아니라 그를 통해 하나님이 하시는 일을 나타내고자 하심이라고 말씀하신다(요9:1-3). 복음서를 비롯한 성경의 많은 곳에서 장애인들이 치유를 받으며 하나님의 영광을 선포한다.

오순절 성령 강림 이후 형성된 예루살렘 교회의 부흥에 선천적인 지체 장애인의 치유 사건이 일조하고 있음을 알 수 있다(행3:1-10). 베드로와 요한이 기도하기 위해 성전에 올라가면서 구걸하기 위해 성전 미문에 있던 선천적 지체장애인을 만난다. 무엇을 얻을까 바라보는 그를 향해 성령으로 충만한 베드로는 말한다. "은과 금은 내게 없거니와 내게 있는 것으로 네게 주노니 나사렛 예수 이름으로 일어나 걸으라", 그리고 "오른 손을 잡아 일으키니 발과 발목이 힘을 얻고 뛰어서서 걸었다"고 성경은 기록하고 있다. 모든 백성이 그에게 일어난 일로 인해 심히 놀라며 많은 자들이 하나님께 나아온다. 장애인이 치유 사건이 초대 교회 부흥의 불쏘시개가 되었다, 하나님이 하시는 일을 장애인을 통해 나타내셨다.[38]

약하고 낮은 위치에 있는 장애인의 위치로부터 하나님의 선교가 시작되었다. 장애인은 하나님의 선교에 대한 신비이다. 보통 사람이 생각하는 그저 장애인이 아니라 장애인을 통해 하나님이 하시고자 하시는 일을 하신다. 예수님이 공생애의 삶을 시작하시면서 나사렛에 있는 회당에서 이사야서를 찾아 읽으셨다. "메시아의 사역"으로 "눈 먼 자에게 다시 보게 하심으로 전파하며"(눅4:18)라는 내용이 있다. 메시아의 사역으로 장애인의 치유 사건을 전파하시는 내용이다. 하나님이 하시는 일은 실수가 없으시다. 사람이 볼 때 실수처럼 보이지만 하나님의 하시는 일에 오묘한 신비가 숨겨져 있다. 장애인을 이 땅에 보내시고 장애인을 통해 하나님의 나라를 확장 시켜가는 것 또한 하나님의 신비 중의 신비이다. 하나님은 사람이 볼 때 낮은 자, 약한 자를 통해 강한 자를 부끄럽게 하신다.

---

38) 보다 더 자세한 내용은 양홍엽, 하이브리드 미션, CLC, p152-555을 참조("장애우와 복음).

"여호와께서 그에게 이르시되 누가 사람의 입을 지었느냐? 누가 말 못하는 자나 못 듣는 자나 눈 밝은 자나 맹인이 되게 하였느냐? 나 여호와가 아니냐?" (출4:11). "억눌린 사람들을 위해 정의로 심판하시며 주린 자들에게 먹을 것을 주시는 이시로다 여호와께서는 갇힌 자들에게 자유를 주시는도다. 여호와께서 맹인들의 눈을 여시며 여호와께서 비굴한 자들을 일으키시며 여호와께서 의인들을 사랑하시며 여호와께서 나그네들을 보호하시며 고아와 과부를 붙드시고 악인들의 길은 굽게 하시는도다"(시146:7-9).

환난 당한 자들, 빚진 자들, 마음이 원통한 자들, 고아와 과부, 가난한 자와 멸시받은 자 그리고 장애인 등 사회의 중심부가 아닌 주변에 있는 소외된 사람들이 많이 있다. 이들이 가지고 있는 약점이 주님 앞에 적극적으로 나오는 통로가 된다. 그리고 그들이 주님을 만나고 나서 자신들의 약점이 도리어 믿음으로 승화되어 하나님의 선교에 강함으로 쓰임받게 된다. 소외된 사람들을 통한 하나님의 선교는 성경 속의 이야기로만 끝나지 않고 지금도 여전히 계속되고 있다.

토론과 성찰을 위한 질문

1) 폴 피어슨의 9대 선교학적 원리 중에 변두리 이론은 무엇인가?

2) 다윗의 아둘람 공동체에 대해 설명하라.

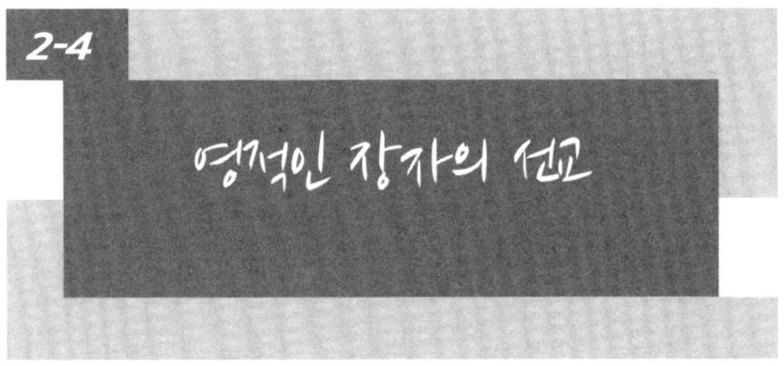

예장백석총회가 “개혁주의 생명신학 운동”39)을 전개함과 동시에 교단연합 운동을 하면서 합동과 통합에 이어 한국 장로교 3대 교단이 되었다. 필자는 백석교단에 소속되어 있지는 않지만, 무척 고무적인 소식이다. 분열보다는 연합이 당연히 기쁜 일이다. 한국교회에서의 주류(主流)는 장감성(장로교, 감리교, 성결교)이지만, 그중에서도 장로교단의 규모가 월등하게 많고 크다. 장로교단 중에 예장 합동과 통합은 교회 숫자와 규모 그리고 역사를 근거로 장로교의 ‘장자’는 자신이 속한 총회라고 주장한다. ‘장자 교단’이라는 단어를 생각하고 묵상하면서 선교와 연관 지어 몇 자 적어 보면서 질문해 본다. “한국교회와 한국교회에서 파송한 선교사들은 세계 교회 앞에서 육신적인 장자인가? 아니면 영적인 장자인가?” 나는 하나님 앞에서 육신적인 장자인가 아

39) 개혁주의생명신학은 성경의 가르침과 개혁주의신학을 계승하여, 사변화된 신학을 반성하고, 회개와 용서로 하나 되며, 예수 그리스도께서 주신 영적 생명을 회복하고자 하는 신앙운동이다.

니면 영적인 장자인가?"

성경을 보면 흥미로운 이야기들이 많이 나온다. 이스라엘 자손 중에 사람이나 가축을 막론하고 처음 난 것은 모두 하나님의 것이다(출13:2). 또한 재물과 곡식 그리고 실과 등의 소산물의 처음 익은 열매로 하나님을 공경하라고 하신다(잠3:9-10). 초태생은 하나님의 것이다. 장자는 특권을 가지고(창 49:3), 부모 가업의 계승권을 가진다(대하 21:3). 또한 장자는 다른 형제와 달리 아버지 유산의 두 몫을 물려받게 되어 있다(신21:17). 그리하여 장자가 아버지의 대를 이어 가업을 물려받는 경우가 많다. 그만큼 장자는 하나님 앞에서, 사람 앞에서 축복을 받은 귀중한 존재이다. 그러나 성경 속의 많은 장자가 육신적으로 장남이라는 좋은 조건으로 태어나지만 반드시 축복받은 삶을 살지는 않았다. 장자를 귀하게 여기신 하나님이지만 성경의 많은 곳에서 장자가 아닌 둘째 아들이나 동생들이 큰 아들 보다 더 크게 쓰임 받음을 볼 수 있다.[40]

인류의 조상 아담의 장남인 가인은 살인자가 되어 저주를 받아 유리하는 자가 되었으나(창4:12), 동생 아벨은 형에게 죽임을 당하나 하나님께 믿음으로 제사를 드리므로 의로운 자라 칭함을 받게 된다(히11:4). 그리고 하나님은 장자 가인을 대신하여 셋을 예비하시어 그를 통하여 구속사를 이루어 가신다. 믿음의 조상 아브라함의 큰 아들은 이스마엘이지만 하나님은 약속을 받아 태어난 동생 이삭을 크게 사용하신다(창18:14). 2대 족장인 이삭의 경우도 두 아들이 있었는데 하나

---

40) 양홍엽, 하이브리드 미션, CLC:2022, p95

님은 큰 아들 에서가 아닌 둘째 아들 야곱을 택하시고 더 축복하신다(창25:23). 야곱이라는 개인의 이름이 이스라엘이라는 국가의 이름으로 쓰임 받는다.[41]

3대 족장 야곱의 열두 아들 중에 큰아들 르우벤이 아닌 네째 아들 유다가 주권자의 축복권을, 열한 번째 아들인 요셉이 장자(족장)권을 물려받는다(대상5:1-2). 4대 족장인 요셉에게도 두 아들이 있었는데 큰 아들 므낫세보다 작은 아들 에브라임이 북이스라엘의 영도 지파로 더 큰 축복을 받았다(창48:14). 이스라엘 백성이 출애굽할 때에 아므람과 요게벳의 큰 아들 아론보다 작은 아들 모세가 더 크게 쓰임을 받았다. 이새의 여덟 아들 중에서도 큰 아들 엘리압, 둘째 아미나답, 셋째 삼마도 아닌 여덟 번째 아들인 막내 다윗이 기름부음을 받아 통일왕국의 왕으로 쓰임 받았다(삼상16:13).[42]

하나님의 눈과 사람의 눈은 다르다. 인간은 육신적인 눈을 가지고 눈에 보이는 대로 쉽게 판단하나 하나님은 보이지 않는 영적인 눈으로 판단하신다. 하나님은 외모가 아닌 중심을 보신다. 외부 조건이나 배경 그리고 출신 성분이 아닌 영적으로 사람을 보신다. 하나님은 영적인 장자를 진정한 장자로 인정하신다. 그래서 육신적인 장자가 아닌 영적인 장자를, 육신적인 아브라함의 후손이 아닌 영적인 아브라함의 후손을, 첫째 아담이 아닌 둘째 아담(혹은 마지막 아담)을 더 크게 사용하신다. 스스로 약하다고 생각하는 둘째 아들이나 막내가 하나님을

41) ibid, p95-96
42) ibid, p.96.

더 의지한다. 하나님을 신뢰하고 하나님의 말씀을 순종하는 자가 영적인 장자이다. 인간적으로 볼 때는 약해 보이나 약한 자의 위치에서 겸손히 하나님을 섬기며 묵묵히 영적인 장자로 쓰임 받는 자들이 많다.[43)]

> "곧 육신의 자녀가 하나님의 자녀가 아니요 오직 약속의 자녀가 씨로 여김을 받느니라"(롬9:8).

하나님의 역사는 참으로 오묘하며 신비 그 자체이다. 특히 육신적인 작은 아들이나 막내 아들을 영적인 장자로 사용하시어 자신의 영광을 나타내는 하나님의 선교는 하나님만이 가지고 계시는 탁월한 선교전략이다. 아무짝에도 쓸모없는 것들이 하나님의 손에 붙들리기만 하면 기적의 도구로 사용된다. 하나님이 모세를 부르실 때 모세는 미디안 광야에서 장인 이드로의 양을 치는 목자였다. 애굽 왕자의 신분에서 초라한 광야의 목자 신분으로 전락하였다. 이러한 모세의 모습이 광야에서 쓸모없이 자라난 떨기나무와 같다. 모세가 장인의 양 떼를 광야 서쪽으로 인도하여 하나님의 산 호렙에 이를 때 신기하게 떨기나무에 불이 붙어있는 것을 발견하였다(출3:1). 그 날따라 떨기나무에 불이 붙은 것이다(출3:2).

떨기나무야 말로 아무짝에도 쓸모없는 나무이다. 그런데 그 나무에 하나님의 불이 붙었다. 광야에서 양을 치며 하루하루를 보내고 있는 모세에게 하나님이 나타나셨다. 나는 이제 아무짝에도 쓸모없다고 생

---

43) ibid, pp.96-97.

각하며 자신의 야망을 내려놓을 그때가 하나님이 쓰실 타이밍이다. 불모지의 땅이라도 그곳에 하나님이 임하시면 거룩한 땅이 된다. 쓸모없는 사람처럼 보여도 하나님이 부르시면 하나님의 사람이 된다. 하나님이 쓰시기에 가장 좋은 때가 자신이 할 수 있는 것이 아무 것도 없다고 생각할 바로 그때이다. 하나님이 부르실 때 우리가 할 일은 "내가 여기 있나이다"하며 거룩하신 하나님 앞에 신발을 벗는 일이다(출 3:4-5).

평상시 아버지 이새의 양을 치던 다윗은 자신에게 주어진 일에 최선을 다했다. 형들은 폼나는 군인인데 반해 자신은 그저 아버지의 양이나 치는 미약한 목동에 불과했다(삼상17:13-15). 그러나 그는 하나님을 사랑하고 신뢰했으며 주어진 일에 최선을 다했다. 그런 그가 하나님의 영광을 선포한 것은 이스라엘 군대를 모욕한 불레셋 장군 골리앗과 싸울 때이다. 골리앗 앞에 선 소년 다윗의 모습은 그 누가 보아도 그의 손에 들린 별 볼 일 없는 돌맹이와 같다. 그러나 하나님이 함께하시면 별 볼 일 없는 돌맹이는 골리앗을 죽이는 살상 무기로 변한다. 골리앗 앞에 벌벌 떠는 이스라엘 군대의 사기가 일순간에 올라간 것은 바로 골리앗을 죽인 물매와 돌맹이 덕분이다(삼상17:49-50). 평상시 별 볼 일 없어 보이는 돌맹이와 같은 다윗도 하나님의 손에 붙들리면 하루아침에 전쟁 영웅으로 쓰임을 받는다. 우리가 미약해 보여도 하나님 앞에서 현재 주어진 일에 최선을 다하는 가운데 하나님의 타이밍이 되면 고귀한 하나님의 사람으로 쓰임을 받게 될 것이다.

예수님이 공생애의 삶을 사시면서 어느 날 산에 올라 큰 무리를 가르칠 때 식사할 시간이 지났다. 장정만 오천 명이 모일 정도로 많은 사람이었다(요6:10). 이들의 식사문제를 해결하는 것은 인간적으로 불가능하다. 이에 한 아이가 도시락으로 가져온 '보리떡 다섯 개와 물고기 두 마리'(요6:9)가 예수님의 손에 옮겨가니 기적이 일어났다. 모두가 배불리 먹고 남은 조각이 열두 바구니에 가득 찼다(요6:13). 주님이 때로는 그저 조그마한 오병이어와 같은 작은 어린아이를 영적 장자로 사용하여 큰 기적을 베푸신다. 하나님은 재력과 명예와 권력을 가진 자들을 통해 일하는 것보다 별 볼 일 없고 도저히 할 수 없는 상황에 있는 약한 자들을 통해 일하는 경우가 많다. 하나님은 육신적으로 뽐내며 자랑하는 육신적인 장자들에게 자신의 영광을 빼앗기기를 원하지 않으시기에 사람의 눈에는 아무짝에도 쓸모없어 보이는 사람들을 택하여 영적인 장자로 사용하신다. 아무짝에도 쓸모없는 떨기나무, 별 볼 일 없어 보이는 물매와 돌맹이, 그저 미미한 오병이어와 같은 사람들을 통해 선교해 나가시는 하나님은 타의 추종을 불허하시는 최고의 선교전략가이시다.

육신적인 장자와 영적인 장자의 비교

육신적인 장자	영적인 장자	육신적인 장자	영적인 장자
가인	아벨(혹은 셋)	므낫세	에브라임
이스마엘	이삭	아론	모세
에서	야곱	엘리압	다윗
르우벤	유다(혹은 요셉)	아담	둘째 아담(예수)

〈표 11〉 : 육신적인 장자와 영적인 장자의 비교

인간적으로 볼 때 흠모할 것이 없는 성자 예수님은 하나님의 진정한 영적인 장자이다. 사람들의 눈에는 버린 바 되었으나 하나님은 예수님을 건축물의 모퉁이돌로 사용하셨다.

> "주 여호와의 영이 내게 내리셨으니 이는 여호와께서 내게 기름을 부으사 가난한 자에게 아름다운 소식을 전하게 하려 하심이라 나를 보내사 마음이 상한 자를 고치며 포로 된 자에게 자유를, 갇힌 자에게 놓임을 선포하여 여호와의 은혜의 해와 우리 하나님의 보복의 날을 선포하여 모든 슬픈 자를 위로하되" (사61:1-2).

예수님이 공생애를 시작하시면서 평소 늘 하시던 대로 나사렛에 있는 회당에 들어가신다. 그리고 성경을 읽으려고 회당 앞에 서신다(눅4:16). 누가복음을 기록한 누가는 예수님 자신이 이사야서 61장을 선택해서 읽었는지 아니면 그 구절들이 그날 안식일에 읽혀지도록 이미 정해져 있었는지에 대하여 언급하지 않는다.

그러나 우리는 누가복음 4장 17절에 나오는 "드리거늘"(에피디도미)이란 말은, 예수님이 특정한 책을 요구하고 그 책을 사람들이 넘겨주었다고 보는 것이 자연스럽다. 또한 "찾으시니"(휴렌)라는 말은 우연히 발견되었다는 뜻보다는 예수님의 의도적 발견에 강조점을 두고 있다고 볼 수 있다. 예수께서 낭독하신 이사야서 61장 1-2절 말씀은 메시아가 이 땅에 오셔서 성령으로 기름부음을 받고 나서 하시는 일에 대해서 예언하고 있는 내용이다. 예수님은 이사야서에 예언된 그 메시아가 바로 자신이며(눅4:21), 자신이 그 사역을 감당하기 위해 이 땅에 오셨다고 말씀하신다. 그는 먼저 '가난한 자'에게 복음을 전파하시기 위해서 오셨다. ‘가난한 자’란 순수한 은혜와 자비만을 얻기 위하여 마음을 열어 놓은 자들을 가리킨다. 예수님은 산상수훈의 팔복 설교에서 ‘심령이 가난한 자’ 하늘나라를 소유할 것이라고 말씀하신다(마5:3). 그리고 그는 “포로된 자에게 자유”를 주기 위해서 오셨다.

포로 된 자에게 자유는 일차적으로 유대 백성이 바벨론에서 귀환할 것을 가리켰지만 궁극적으로 메시야께서 온 인류를 죄와 사망의 그늘에서 해방시킬 것을 의미한다. 또한 '눈먼 자에게 다시 보게'라는 표현은 예수께서 육체적으로나 영적으로 눈먼 자에게 시력을 회복시켜 주실 것을 가리킨다. 더불어 '눌린 자에게 자유를'이란 표현은 죄의 노예가 되어 세상의 근심과 걱정에 얽매이며 고통받는 자에게 예수께서 영혼의 평안과 자유를 주실 것이다. 마지막으로 그는 ‘주의 은혜의 해’를 전파하신다. 여기서 ‘주의 은혜의 해'는 레위기 25장 8-55절에 나타나는 ‘희년’(year of jubilee)을 의미한다. 곧 여호와께서 매 오십년 마다 빚진 자들의 빚이 탕감되고 노예들이 해방되고 땅의 경작권이 주인에게 돌아가고 모든 거민이 자신의 고향으로 돌아가게 정하신 해방의 해를 뜻한다. 나아가 이 ‘해방의 해’는 하나님께서 그의 주권적인 은혜로 죄와 죄의 결과에서 우리를 해방시키는 것을 가리킨다. 바로 이와 같은 시기는 메시야가 선도할 새로운 시대를 의미한다.

이같이 예수님이 나사렛 회당에서 이사야의 이 놀라운 말씀을 인용하신 것은 성부 하나님께서 자신에게 부여하신 사명이 무엇인지를 분명하게 인식하고 계셨다는 사실을 말해준다. 누가는 메시아이신 예수님이 성령의 능력으로 사회에서 소외된 자들과 가난한 자들 그리고 이방인들을 포함한 인류를 섬기기 위해 오셨다는 것을 강조하고 있다. 예수님이 이 땅에 오신 것은 약한 자들을 구원하시고, 하나님은 이러한 약한 자들을 통하여 하나님의 나라를 확장시켜 나가신다.

선교는 하나님이 택하신 영적인 장자들에 의해 수행된다. 최적의 선교모델은 하나님의 영적인 장자 예수 그리스도께서 보여준 약함이 강함되시는 도성인신 모델이다.

토론과 성찰을 위한 질문

1) 영적인 장자 선교의 의미는 무엇인가?

2) 영적인 장자의 선교를 위해 내가 더 변화되고 추구해야 할 부분은?

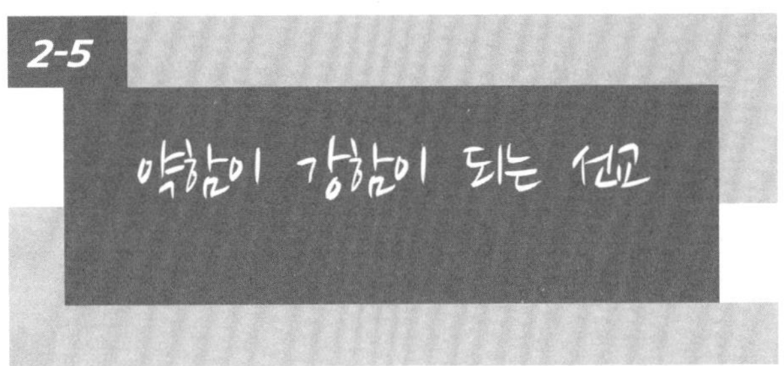

중국인 교회를 섬기면서 성도들과 함께 자주 부르는 복음성가가 있다. 제목이 '軟弱的我變剛強'로 '약한 나를 강하게'라는 뜻이다. 가끔 이 찬양을 부를 때 나도 모르게 눈물이 날 때도 있다. 나도 좋아하지만 성도들도 아주 좋아하는 찬양이다. 조국을 떠나 이국 땅에서 힘들게 생활해 나가는데 무엇보다도 위로와 소망이 필요하다. 곡도 그렇지만 가사가 은혜가 된다. 힘든 상황에 위로와 소망의 노래이기에 더 간절한 마음으로 부르게 된다.

중국어 가사를 묵상만 해도 위로가 되고 은혜가 된다.[44] 이 찬양을 부르다 보면 약한 우리를 강하게 해주시는 하나님의 능력이 임한다. 그 하나님의 능력은 실제 자신을 사로잡아 놀라운 경험을 하게 한다.

44) "軟弱的我變剛強 , 貧窮的我變富足 , 瞎眼的我能看見 , 主給我行了神蹟。和撒那 , 和撒那 , 釘死十架的羔羊 , 和撒那 , 和撒那 , 耶穌祂已復活了"

"약한 나로 강하게 가난한 날 부하게 눈먼 날 볼 수 있게 주 내게 행하셨네. 호산나 죽임당한 어린양 호산나 호산나 예수 다시 사셨네!"

박해를 받던 초대교회 성도들은 약한 가운데 하나님을 더 의지하며 소망을 가지고 살았다. 네로를 비롯한 로마 황제들이 백성들에게 자신들을 신으로 섬기라고 강요하였다. 이를 따르지 않는 초대 기독교인들이 순교를 당하였다. 믿음을 지키기 위해 지하 무덤인 카타콤으로 피신하여 살아간 자들도 있다. 그곳에 살다가 죽은 자들의 유골을 연구한 결과에 의하면, 그들의 체구가 대부분 작았다고 한다. 두더지같이 음습한 지하생활에 먹을 것을 제대로 먹지 못하고 햇볕을 보지 못해 영양실조에 걸려 제대로 발육이 되지 않았기 때문이라 추정할 수 있다.

무엇 때문에 그들이 그렇게 살았을까? 그들의 삶의 추구의 목저은 오직 예수였다. 비록 이 땅에 살면서 누리며 살지 못하고 대접받는 삶은 아니었지만, 그들에게는 하나님의 나라를 소망하며 살았고 그 나라를 유업으로 받았다. 히브리서 11장은 '믿음 장'으로 수많은 믿음의 선배들이 '믿음으로' 살았던 기록이다. 히브리서 기자는 그들을 이렇게 표현한다. "이런 사람들은 세상이 감당하지 못하느니라 그들이 광야와 산과 동굴과 토굴에 유리하였느니라"(히11:38).

한때 동방의 예루살렘이라 불리운 평양를 비롯한 북녁 땅에도 드러나지는 않지만 신앙을 지키는 자들이 있다고 들었다. 그들은 풍요로우나 신앙을 저버린 남녀의 그리스도인들을 위해 오히려 기도한다고 한다. 그들은 약한 것 같으나 그리스도 안에서 강한 자들이다. 그들은 가난한 자 같으나 부요한 자들이다.

주님 앞에 우리의 약함을 인정하고 고백하면 할수록 주님을 더 의지하게 되고, 주님을 의지하면 할수록 주님의 능력이 우리에게 나타날 줄 믿는다. 바울은 말한다.

> "우리는 속이는 자 같으나 참되고 무명한 자 같으나 유명한 자요 죽은 자 같으나 보라 우리가 살아있고 징계를 받는 자 같으나 죽임을 당하지 아니하고 근심하는 자 같으나 항상 기뻐하고 가난한 자 같으나 많은 사람을 부요하게 하고 아무 것도 없는 자 같으나 모든 것을 가진 자로다"(고후6:8-10).

하나님의 선교전략 중에 하나는 자아가 강한 나를 약하게 만드신다. 그리고 약한 나를 다시 주님이 이끄시는 강함으로 만드신다. 그리하여 스스로 강하다고 하는 자들을 부끄럽게 하신다. 세월이 지나고 나이가 들지라도 예수님이 함께 하시면 그 인생은 값지다. 하나님의 최고 선교전략은 바로 '예수님 안'에 있다. 예수 안에 있으면 나의 약함이 도리어 강함이 된다. 예수 안에 있으면 용사들의 활은 꺾이나 약한 사람은 강해진다(삼상2:4). 예수 그리스도의 능력이 우리에게 머물고 역사할 수 있도록 우리는 더욱 더 기쁜 마음으로 우리의 약점들을 주님 앞에 가지고 나와야 한다(고후12:9). 그래야 주님께서 그 약점을 강점으로 바꾸어 의로운 도구로 사용하신다.

하나님의 미련한 것이 사람보다 지혜 있고 하나님의 약한 것이 사람보다 강하다(고후1:25). 우리는 예수 안에서 약함을 자랑하며 모든 영광을 주께 돌리기를 원한다. "지혜로우신 하나님께 예수 그리스도로 말미암아 영광이 세세무궁하도록 있을지어다 아멘!"(롬16:27). 나보다 나를 더 잘 아시는 분이 누구일까? 나를 낳아 주시고 길러 주신 부모일까? 아니면 부모에게도 할 수 없는 고민스런 이야기를 할 수 있는 친구일까? 아니면 나를 이해해주고 사랑으로 대하는 배우자일까? 내가 무슨 생각을 하는지, 어떤 고민이 있는지 일거수일투족을 정확하게 아시는 분은 자신의 형상대로 나를 지으신 오직 한 분이신 하나님이시다(창1:27). 그분은 내가 어떤 생각을 하는지, 무슨 말을 하는지, 어떤 행동을 하는지 다 알고 계신다(시139:1-3). 심지어는 나의 머리털을 다 세실 정도로 나에 대해서 잘 아시는 분이시다(마10:30).

살아있는 모든 것의 생명과 사람의 목숨이 다 하나님의 손에 달려 있다(욥12:10). 하나님께서 어떠한 사랑을 우리에게 베푸셨고, 그의 자녀로 삼으셨는지 세상 누구도 알지 못한다(요일3:1). 하나님은 내가 어머니 뱃속에 생기기도 전에 나를 알고 계셨으며(렘1:5), 천지 만물이 이 땅에 존재하기 전부터 나를 택하였다(엡1:4). 그리고 어떻게 나를 만드실까를 다 생각하시고 때가 되어 모태에서 나를 지으셨으니 이보다 더 놀라운 신비가 있을까?(시139:13-14). 우리는 우연히 이 땅에 존재한 자들이 아니다. 하나님의 필연 속에서 이 땅에 태어난 자들이다. 우리가 이 땅에 나오기 전에 이미 이 땅에서의 우리의 날 하루하루가 주님의 책에 다 기록되어 있었고(시139:15-16), 우리의 이 땅에 사는 기간과 장소를 정하였다(행17:26). 그리고 부모를 통하여 이 땅에 나오게 하셨다(시71:6).

이러한 특별한 하나님의 사랑으로 우리는 이 땅에 오게 되었다. 우리는 매우 귀중한 존재들이다. 어느 누구에게 비교당하고, 무시당할 그럴 존재가 아니다. 또한 하나님은 우리에게 은혜를 베푸시며 가장 좋은 은사를 선물로 내려주신다(약1:17). 하나님은 내가 무엇이 필요한지 이미 알고 계신다(마6:31-33). 우리를 향한 하나님의 사랑은 말로 표현할 수 없다(시139:17-18). 하나님이 우리를 얼마나 사랑하시는지, 우리로 인하여 기쁨을 이기지 못하실 정도로 즐거워하신다(습3:16). 우리는 하나님의 자녀들이다(요일3:1). 우리의 필요를 아시는 주님이 우리가 구하는 것보다 훨씬 더 풍요롭고 넘치도록 채워주신다(엡3:20).

그분은 우리의 위로자이시며(고후1:3), 우리가 마음이 상할 때에 우리에게 더욱 가까이 다가오시며, 진심으로 회개하는 자를 구원하신다(시34:18). 우리가 이 땅에서 삶을 마감하고 다시 그분께 갈 때, 우리의 눈에서 모든 눈물을 씻겨 주시고 이 땅에서 있었던 모든 고통과 아픔을 없이하여 주신다(계3:4). 자신의 독생자까지 아낌없이 주실 정도로 우리를 사랑하시는 하나님이 바로 우리의 아버지이시다. 그분이 우리에게 베푸신 사랑을 끊을 자가 아무도 없다(롬8:38-39).

남들이 볼 때, 우리는 이 세상에서 부족하고 약해 보일지 몰라도, 우리의 아버지 되시는 하나님의 눈에는 특별한 존재이다. 우리는 절대로 약한 자가 아니다. 이 사실은 시대가 변하고 세월이 지나도 변함없는 진리이다. 우리의 인생은 하나님의 손에 달려있다. 때로는 힘들고 버거우며 이해가 되지 않은 일이 나에게 발생할지라도 하나님은 나에게 가장 좋은 것을 주시는 분이다. 아직 하나님의 때가 이르지 않아 이해되지 않을 뿐이다.

> "내가 은밀한 데서 지음을 받고 땅의 깊은 곳에서 기이하게 지음을 받은 때에 나의 형체가 주의 앞에 숨겨지지 못하였나이다. 내 형질이 이루어지기 전에 주의 눈이 보셨으며 나를 위하여 정한 날이 주의 책에 다 기록되었나이다. 하나님이여 주의 생각이 내게 어찌 그리 보배로운지요 그 수가 어찌 그리 많은지요 내가 세려고 할지라도 그 수가 모래보다 많도소이다. 내가 깰 때에도 여전히 주와 함께 있나이다"(시139:15-18).

사람은 다 거기서 거기이다. 나름대로의 선악의 기준을 가지고 사람들을 평가하면서 '선하다' 혹은 '악하다'고 하나 모두 상대적이다. 한자(漢字)에 착할 '善'(선)자가 있다. 한자는 상형문자로 뜻 글자이다. '善'의 의미는 제단 위에 '羊'을 드리는 것으로 죄를 사하는 '속죄 제물'로 드림을 의미한다. 제사 즉 예배드리는 자가 진정으로 '착하다'는 의미이다. 또한 옳을 '義'(의)자가 있다. 의미는 하나님의 어린 羊(양)인 예수님 밑에 '我'(자신)을 내려놓는 것이다. 정리하자면 예수님을 믿고 인생의 진정한 의미를 깨달은 후 예배드리며 주님께 순종하며 살아가는 자가 진정한 의인(義人)이고 착한 사람(善人)이다.

영화 [낮은 데로 임하소서][45]의 주인공 안요한 목사님의 이야기이다. 그는 원래 목사의 아들로 신앙심도 없었으며 교만한 자였다. 그는 미국에 유학가서 공부하고 좋은 직장을 구하여 세상을 마음껏 누리며

---

45) 이청준의 새빛교회 안요한 목사의 실화를 바탕으로 한 장편소설(낮은데로 임하소서)의 내용을 1982년 이장호 감독이 개봉한 기독교 영화이다.

살려는 당찬 야심을 가지고 있었다. 그런데 출국하던 날 이유를 모른 체 실명(失明)이 되어 모든 것을 포기하게 되었으며 그의 꿈은 수포로 돌아갔으며, 그 일이 계기가 되어 하나님께 돌아왔다고 한다. 그는 나중에 예수를 믿고 나서 고백한다. “하나님이 나를 사랑하시고 목사로 만드시기 위하여 소경으로 만드셨다.” 하나님은 야심을 가지고 스스로 강하다고 믿는 자를 한 약한 자로 만드셔서 다시 주 안에서 강한 자로 쓰임 받게 하신다.

시카고의 유명한 부흥사 멜 트라더 목사의 이야기이다. 시카고 빈민가에서 3살밖에 안 된 어린아이가 죽었다. 이 아이의 아빠는 매일 술에 찌들어 살았고, 어머니는 집을 나가서 돌 볼 사람이 없어 굶어 죽은 것이다. 장례식에서 모두가 기도하고 있었을 때 술 취한 남자 하나가 들어와 죽은 아이의 신발을 몰래 훔쳐 갔다. 그리고 그 신발을 35센트에 팔아 술을 사 마셨다. 이 사람이 다름 아닌 죽은 아이의 아버지인 멜 트라더였다. 그런 그가 시간이 지나 예수님을 만난 후 목사가 되었다. 그리고 고백하였다. “죽은 딸의 장례식에서 신발을 훔쳤던 파렴치범이 저였습니다. 만물의 찌꺼기 같은 저를 다시 살리시고 하나님의 일꾼 삼아 주신 분이 바로 제가 믿는 위대한 하나님 아버지입니다.” 하나님은 폐인(廢人)을 고치셔서 의인(義人)을 만드시고 새로운 삶을 살게 하신다.

예수 믿는 자들을 핍박하며 자신만이 최고의 의인이라 생각한 바울은 다메섹 도상에서 예수를 만난 뒤 그의 삶은 완전히 달라졌다. 바울은 “만물이 찌기 같으며 만삭되어 나지 못한 자와 같은 나, 죄인 중의 괴수인 나"라고 하며 자신의 모든 삶이 하나님의 은혜라고 고백하며 주님의 충직한 제자로 일평생을 살았다. 바울은 주님을 만난 뒤 주님께 매여 고난을 자처하며 자원하는 인생을 살았다. 예수님을 만나고 위로부터 내려오는 비전을 붙잡고 사는 사람은 아무 것도 없는 것 같지만 모든 것을 다 가진 아름다운 인생이다.

해외에서 화인목회와 선교를 하는 한인 동역자들과 정기적으로 교제를 하고 있다. 각자 처한 곳에서 사역을 하는 동역자들의 나눔을 통해 많은 부분이 공감이 간다. 특히 사역 중에 연약한 부분들이 나누어질 때 동변상련(同病相憐)의 마음을 가지게 된다. 해외 화인목회를 하면서 갑자기 교회의 일이 발생할 때마다 내가 해결할 수 없는 연약한 목회자임을 늘 고백한다. 주님이 보호하지 아니하고, 성령이 역사하지 아니하면 교회 사역 또한 쉽지 않다.

어제 한 통의 전화를 받았다. 신학교(M.Div. 2년 차)를 다니는 화인(중국인) 자매였다. 그녀는 현재 캐나다 온타리오주 G시에서 화인교회를 섬기는 Z자매이다. 15년 전에 유쾌하지 않는 이유로 섬기는 교회가 분열하였다고 한다. 일부 동공(동역자)들과 따르는 성도들이 교회를 떠났다. 남아 있는 교회 또한 상처 속에 화인 목회자 부부가 우울증이 회복되지 않은 상태에서 고군분투하며 교회를 섬기고 있다고 한다. 이 자매는 아픔 속에 교회에 남아 목회자를 위해 기도하며 하나님의 소명을 받아 3년 전에 신학교에 입학했다고 한다.

혹시 우리 교회에 신학생으로 목회를 배울 수 있는 견습생(인턴)을 받을 의향이 있냐고 물었다. 현재 우리 교회가 신학생(인턴)을 쓸 상황이 아님을 설명하자 많은 질문을 하였다. 요지는 어떻게 하면 건강하지 못한 교회가 건강한 교회로 탈바꿈할 수 있는가(?)이다. 다른 사람을 통해 듣기로 우리 교회가 비교적 건강한 교회라고 하는데 배울 수 있는 기회가 있으면 자신에게 기회를 달라고 했다. 전화를 끊고 건강한 교회에 대해 생각을 하며 지난 십 수년의 북미 화인교회를 섬긴 과정이 주마등처럼 떠올랐다.

건강하지 못한 북미 화인교회(목회자가 자주 바뀌는 교회, 목회자가 없는 교회 등)에서 급한 성격의 한인 선교사가 만만디 기질의 화인을 목양하는 것은 결코 쉽지 않다. 대부분 한인 선교사는 성격이 급한 방면(물론 그렇지 않은 경우도 있지만), 열심이 있다. 한인 선교사가 교회 부흥을 위해 건강하지 못한 화인교회의 동공(同工, 동역자)들에게 목회와 선교비전을 제시하면 동공들이 '好'(좋다)라고 답을 하지만 그냥 관망자세로 지켜보는 경우가 많다. 그래서 의견을 낸 목회자 혼자 일을 하게 된다. 어떤 경우는 아무 대답이 없거나 반대하기도 한다. 이런 경우를 몇 번 반복하다가 제풀에 지쳐 목회자가 그만두는 경우가 많다.

제가 미국에서 화인목회를 할 때, 그 교회도 그리 건강한 교회는 아니였다. 6명의 동공(장로)들과 함께 교회를 이끌어 가는데 동공회의(한국의 당회 혹은 교회 운영위원회 가능)를 한 번 하면 보통 5시간 이상 소요된다. 주일 점심을 먹고 시작한 회의가 저녁 시간에 끝난다. 의견들이 비교적 강하다 보니 조율이 쉽지 않다. 무엇보다도 목회자가 비전을 제시하여 교회를 이끌어 갈 때 동공들이 잘 따라 주지 않는다. 아무 응답이 없는 것은 “너 혼자 잘해 보라는 것”이다.

그래서 화인교회에서 기도의 중요성을 알게 되었다. 그때부터 시간이 허락될 때마다 설교 중에 강조하는 말이 있다.

> “祷告的时间越多，开会的时间越短”
> (기도하는 시간이 많아질수록 회의 시간이 짧아진다).
> “祷告的定义就是神的面前放下自己的意见”
> (기도의 정의는 하나님 앞에서 자신의 의견을 내려놓은 것이다).

이러한 기도의 중요성은 현재 목회하고 있는 교회에 적용을 넘어서 고난주간 전 세계 화인 연합기도회까지 확장되었다.

미국에서 화인목회를 할 때 시도한 것 중에 하나는 전 교인 매일 큐티(말씀 묵상) 사역이다. 시작할 때 성도 중에 몇 사람 관심과 응답을 하더니 며칠이 지나 아무 응답이 없다. 그때 성령께서 내게 주신 마음은 성도들의 응답과 관계없이 일년 동안 큐티 내용을 그룹 채팅방에 올리는 것이었다. 일년 후에 여전히 성도들은 별 관심이 없었으나 나는 나와의 싸움에서 이겼다는 희열이 이루 말할 수 없이 컸다. 하나님께서 나의 뚝심을 훈련시키심을 나중에 알게 되었다. 그 때의 경험과 인내가 현재 섬기고 있는 캐나다 워털루 새생명얼라이언스교회 전 교인 매일 큐티에 큰 도움을 주고 있다.

북미 화인교회에 목회자가 목회를 잘하고 잘못하고를 떠나 우울증이 걸리지 않고 살아남는 것은 대단한 일이다. 살아남는 또 다른 비결을 말하면 동공들이 듣든지 아니 듣든지 의견을 툭 던져 놓는다. 당연히 아무 반응이 없다. 그런데 시간이 지나 목회자가 전에 내놓은 동일한 의견을 동공(동역자) 중에 한명이 내놓은 경우가 있다. 그러면 목회자가 그 의견을 지지하며 적극적으로 그 동공을 도와주면 그 일도 이루어지면서 그를 목회 동역자로 얻게 된다. 이렇게 하여 동공들이 한 명 한 명 목회자의 진정한 동역자가 되면 그만큼 목회 사역과 교회 부흥에 가속력이 붙는다. 시간이라는 함수 속에 영광을 목회자가 가로채지 않고 하나님께 돌리면 아무 문제가 없다.

화인목회자를 포함한 한인 선교사가 하는 북미 화인목회는 어떤 의미에서 자기와의 싸움이다. 급하게 서두르지 않으면서 기도하면서 자신의 정서를 관리하는 가운데 변함없이 주어진 일을 하다 보면 반드시 기회가 온다. 어떤 의미에서 화인목회는 언어 문제도 문화 문제도 아니다. 목회자가 성도를 통해 영적으로 성숙하고 영글어질 때 바로소 그때부터 진정한 목회 사역이 시작될 수 있다.

'지피지기'(知彼知己)이면 '백전불퇴'(百戰不殆)이다. '손자병법'의 13편의 글 중, 3편인 '모공편'(謨功篇)을 마무리 짓는 유명한 말이 있다. 바로 "지피지기 백전불태"(知彼知己 百戰不殆)이다. 우리가 알고 있는 "지피지기이면 백전백승'이다는 말은 원래 '지피지기 백전불태'(知彼知己 百戰不殆)라는 말이 변조된 고사성어이다. 이어지는 말까지 함께 보면 다음과 같다. "지피지기 백전불태(知彼知己 百戰不殆,

적을 알고 나를 알면 백 번 싸워도 위태로울 것이 없으나), 부지피이지기 일승일부(不知彼而知己 一勝一負, 적을 모르고 나를 알면 승과 패를 주고받을 것이며), 부지피부지기 매전필태(不知彼不知己 每戰必殆, 적을 모르는 상황에서 나조차도 모르면 싸움에서 반드시 위태롭다)"

주님을 정확히 알면 나의 연약함을 알 수 있고, 나의 연약함을 발견하면 자신을 더 비우고 주님을 더 의지할 때 주님의 눈으로 성도가 보이고 그들의 필요(need)가 무엇인지 보이기 시작한다. 목회자는 주님이 보내신 양을 잠시 위탁받아 목양(牧養)하는 사람이다. 주님을 진정으로 사랑할 때 비로소 주께서 맡기신 양을 섬길 수 있다.

> "내가 그리스도와 함께 십자가에 못 박혔나니 그런즉 이제는 내가 산 것이 아니요 오직 내 안에 그리스도께서 사신 것이라 이제 내가 육체 가운데 사는 것은 나를 사랑하사 나를 위하여 자기 몸을 버리신 하나님의 아들을 믿는 믿음 안에서 사는 것이라"(갈2:20).
>
> "이 일에 전심전력하여 너의 성숙을 이루라. 그리하면 너와 네게 듣는 자를 구원하리라."(딤전4:16)

토론과 성찰을 위한 질문

1) 나의 약함은 무엇인가?

2) 삶과 사역 중에 약함이 도리어 강함이 된 경험을 나누라.

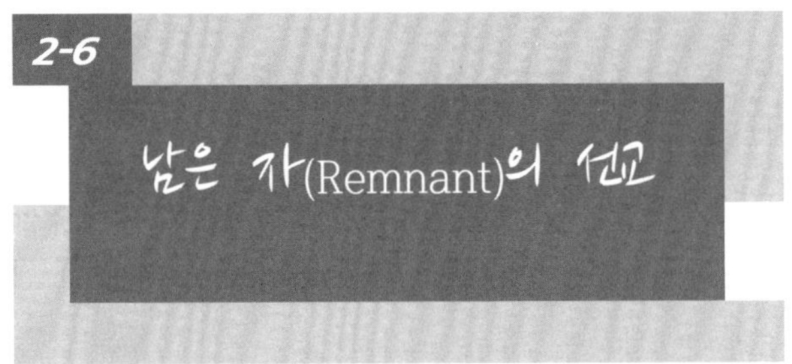

성경에 흐르는 맥이 있다. 그중에 중요한 하나는 남은 자(the remnants) 사상이다. 성경 66권을 관통하는 '남은 자 사상'이란 하나님의 구원 역사가 전개되어 나갈 때, 인간의 불순종과 범죄로 인해 구원이 단절될 위기에 처할 때 마다 하나님은 그 시대마다 모든 심판으로부터 보호하여 남겨두신 소수의 의인이 있었다. 이사야가 말한 '그루터기' 또는 '거룩한 씨'(사6:13)가 바로 이들을 가리킨다.

> "그중에 십 분의 일이 아직 남아 있을지라도 이것도 황폐하게 될 것이나 밤나무와 상수리나무가 베임을 당하여도 그 그루터기는 남아있는 것같이 거룩한 씨가 이 땅의 그루터기니라 하시더라"(사6:13).

구약에는 이 같은 남은 자 사상의 개념이 540회나 사용되었다.

이 소수의 의인들을 통해 하나님은 자신의 구원 역사를 계속 진행시키시며, 마침내 완성하신다. 그러므로 남은 자 사상은 기독교 사관 및 종말론 그리고 하나님 나라를 확장시켜 나가는 선교에도 밀접한 연관성을 가진다. 성경에 나타난 남은 자라는 용어는 솨알, 팔랏, 말랏, 야탈 등으로 나타난다. 네 가지 용어가 성경이 기록된 횟수와 의미 그리고 남은 자의 역할은 다음과 같다.[46]

남은 자에 대한 용어와 의미 그리고 역할

용어	성경에서 사용한 횟수	의미	종합적인 의미
솨알	276 회	남겨있다 : 하나님의 은혜로 멸망받지 않고 남겨져 보존된 상태	어떠한 위기와 심판에도 멸망받지 않고 구출받아 약속된 축복를 누리는 무리들
팔랏	80 회	구출하다 : 극도의 심판의 혼란에서 꺼내져 구출받은 사람들	
말랏	89 회	도피하다, 안전을 구하다 : 한 집단 전체가 멸망되는, 인간의 힘으로는 살아날 수 없는 위기에서 안전하게 도피하여 생명을 건지게 된 사람들	
야탈	110 회	남기다, 잔류하다 : 멸망의 위기에서 생존하여 주어진 약속의 축복가운데 머무르는 사람들	
남은 자의 역할: 시대 마다 주의 말씀을 이 땅에서 이루는 자들이며, 거룩한 씨로 주를 증거하는 사람들이다.			

〈표 12〉 : 남은 자에 대한 용어와 의미 그리고 역할

남은 자들은 항상 소수였고 상대적으로 비주류였지만 하나님은 남은 자를 통하여 역사의 수레바퀴를 돌리시고 남은 자들을 통해 인류 구원을 계획하셨다. 악이 창궐한 시대에 홍수로 심판하시는 하나님이 노아와 그의 가족(창7:1)은 남기셨다. 애굽에 기근이 닥쳤을 때 요셉

46) 남은 자 렘넌트(remnant) https://m.blog.naver.com/jun77291/222248681138

(창45:7)을 남기셨다. 우상을 섬기며 범죄로 인하여 민족 중에 흩어진 자들 중에도 자기들의 고향으로 돌아 온 이스라엘 사람(신4:27-31)이 있었다. 엘리야 시대에 바알에게 무릎 꿇지 않은 7천명 (왕상19:18)을 남기셨다. 포로기 이후에 귀환한 유대인 일부(사10:20-23)가 있다. 또한 시온을 위해 남은 자(사4:3, 미2:12-13)가 있다. 그리고 구원을 성취하신 예수님을 통해 설립된 유대인과 이방인 모두를 부르신 교회 공동체(롬9:22-27)가 대표적인 남은 자이다. 하나님은 시대마다 남은 자들을 통해 자신의 선교사역을 계속 수행해 가신다.

성경 속의 남은 자들

	남은 자들 (Remnant)	성경적 근거
1	노아와 그 가족	창7:1,23
2	아브라함	창12:1-3
3	요셉	창45:7
4	엘리아 시대의 바알에 무릎을 끊지 않는 7,000명	왕상19:18
5	포로기 이후 귀환한 유대인 일부	사10:2-23
6	교회 공동체	롬9:27
7	하나님의 나라를 상속받는 이기는 자들	계21:7
진정한 남은자: 이새의 줄기에서 난 한 싹(사11:1)으로 이 땅에서 오셔서 인류를 구원하신 예수 그리스도		

〈표 13〉 : 성경 속의 남은 자들

구약성경을 자세히 보면 이스라엘의 왕을 비롯한 지도자들이 지었던 두 가지 큰 죄는 가난한 자를 압제하는 것과 하나님 외에 다른 신을 섬기는 것이다. 하나님은 자신의 백성을 사랑하시기에 선지자를 보내어 경고하신다. 선지자들의 경고에도 불구하고 돌이키지 않은 남 왕국 유다는 바벨론의 침공을 받아 결국은 멸망 당하고 백성은 포로로 잡혀갔다. 이러한 상황을 스바냐 선지자는 '여호와의 날'이라고 했으며 여호와의 날은 '심판의 날'이다. 이러한 심판의 날에 누가 숨김을 받을 수 있을까? 누가 하나님의 보호를 받을 수 있을까?

'스바냐'라는 이름의 뜻은 "여호와가 숨기신다. 여호와가 지키신다" 이다. 하나님이 누구를 숨기시며 누구를 지키신다는 말인가? 스바냐서 2장 3절에 보면 "하나님의 규례를 지키는 모든 겸손한 자에게 하나님을 찾고 공의와 겸손을 구하면 여호와 분노의 날에 숨김을 얻을 수 있다"고 말씀하고 있다. 여기서 '겸손한 자'들은 낮고 비참하고 통회하는 마음으로 하나님의 뜻을 찾는 자들이다. 하나님이 지키시는 자는 이러한 '겸손한 자'이다. 이러한 '겸손한 자'는 이어지는 스바냐서 3장 12절에 보면, '곤고하고 가난한 백성'으로 하나님은 이들을 남겨 두신다고 말씀하신다. 유다가 멸망하는 상황 중에 하나님이 친히 그들을 보호하시며 남겨두어 자신의 뜻을 이어가게 하신다. '곤고하고'로 번역된 히브리어의 원뜻은 '억눌린, 억압받는, 비천한'이란 뜻이며, '가난한'으로 번역된 히브리어의 원뜻은 '경제적으로 궁핍한 자'를 의미한다. 여호와는 교만하고 불의한 자들을 심판하시고, 곤고하고 가난한 자들을 남겨 두신다.

남은 자들을 통해 예수님이 이 땅에 오셨으며 당시 소외받은 자의 대명사인 목자들의 경배를 받으셨다. 만왕의 왕께서 친히 낮고 천한 모습으로 이 땅에 오셨다. 소외되고 고통받는 자들을 지키시고 구원하시는 하나님의 놀라운 섭리이다. 산상수훈의 8복 중에 "심령이 가난한 자는 복이 있나니 천국이 그들의 것임이요"(마5:3)라고 말씀하신다. 많은 경우가 실제로 가난한 자들이 심령도 가난한 경우가 많다. 심령이 가난한 자들이 하나님의 말씀을 사모한다. 그리고 하나님의 뜻대로 순종하며 살아간다. 그렇다고 단지 가난만을 예찬하며 부요함이 죄라는 것이 아니다. 그러나 많은 경우 하나님의 축복으로 받은 부요함이 영적 번영으로 나가는 길이 아니라 타락의 시작점이 된 것을 지나온 역사를 통해 배울 수 있다. 물질의 풍요가 더 편리하고 편안함을 추구하면서 영적 성숙과 하나님의 나라와 의를 이루는데 오히려 방해 요소로 작용할 때가 많음을 의미한다. 하나님이 남겨두셔서 쓰시는 자는 겸손하고, 가난하고, 빈천한 자들이다. 그들은 불의를 행치 않고, 거짓을 말하지 않으며, 남을 말로 속이지 않는 자들이다(습3:13).

이 시대의 '남은 자'란 혈통적인 이스라엘 민족이 아니라 하나님께서 구원할 자로 선택하신 구원받은 하나님의 자녀들을 말한다. 마지막 시대를 살아가는 우리는 하나님 앞에 과연 '남은 자'로 보호를 받을 수 있을까? 아니면 '나는 부자라 부요하고 부족한 것이 없다'라고 말하지만 주님이 보시기에는 '곤고한 것과 가련한 것과 가난한 것과 눈먼 것과 벌거벗은 자인가?'(계3:17). 나는 이미 부요한 자인가? 아니면 하나님 없이는 절대로 안 되는 가난한 자인가?

> "내가 곤고하고 가난한 백성을 너의 중에 남겨두리니 그들이 여호와의 이름을 의탁하여 보호를 받을찌라 이스라엘의 남은 자는 악을 행치 아니하며 거짓을 말하지 아니하며 입에 궤휼한 혀가 없으며 먹으며 누우나 놀라게 할 자가 없으리라"(습3:12-13).

우리의 진정한 남은 자는 이새의 아들인 다윗의 후손으로 이 땅에 오신 메시야 예수 그리스도이다. 다윗의 무너진 장막에서 죄인들을 구원하실 메시야가 탄생하셨다. '줄기'는 "나무를 베어 넘어뜨리다"라는 뜻에서 유래한 말로, '쓰러진 나무 줄기'를 가리킨다. 여기에서 '싹"은 연약하고 초라한 것을 의미한다. 쓰러진 나무 줄기에서 연약한 싹이 나온다는 의미이다. 인간으로 이 세상에 오실 메시야는 너무도 연약하고 초라한 모습일 것을 상징한다. '이새' 역시 미천함을 상징한다. 다윗의 아버지 이새는 내세울 것 없는 평범한 사람이다. '이새의 줄기'란 왕이 되기 이전의 비천하고 연약한 다윗의 모습을 시사하며, 동시에 다윗의 후손이신 메시아의 낮고 미천한 모습을 예시한다. 메시아는 조그마한 소도시인 유대의 베들레헴으로 오셨다. 미천하고 초라한 모습으로 사관에 누울 곳이 없어 구유에서 태어나셨다. 갈릴리 나사렛에서 '목수의 아들'이었다. 공생애 기간에는 머리 둘 곳도 없이 사셨다(마 8:20).

초림하신 메시아는 겉으로 보기에는 초라해 보였으나 하나님의 아들로서 성령의 기름부음을 받았다. 그분의 사역은 성령의 능력으로 인한 사역이었다. 이사야는 성령을 여호와의 영, 지혜의 영, 총명의 영, 모략의 영, 재능의 영, 지식의 영. 그리고 여호와를 경외하는 영으로 완전 수 '7'가지로 묘사하였다(사9:2). 이사야서는 성경 66권의 축소판으로 66장으로 구성되어 있다. 전반부 39장은 마치 구약의 내용과 같다. 세례 요한의 사역을 예언한 40장으로 시작된 후반부 27장은 마치 신약의 내용과 같다. 후반부 40-66장의 중간은 53장이다. 예수님의 십자가 사건에 대한 예언의 내용이다. 마치 예수님의 사역의 중심이 십자가이듯 말이다. 십자가는 죄와 사망의 권세를 깨뜨린 능력의 사역이었다. 겉으로 볼 때는 약해 보이지만 그 속에 진정한 능력이 있다.

메시아의 길은 겉으로 볼 때 미미해 보인다. 그러나 속까지 미미하지 않다. 예수님이 가셨던 길은 약해 보였지만 결코 약한 길이 아니었다. 그의 길은 외유내강(外柔內剛)의 길이었다. 죽음도 이기신 생명의 길이었다. 연한 순으로 보이지만 그 순에서 줄기가 나고 가지가 무성하여 큰 나무가 되어 죄와 사망으로 고통받는 인류에게 그늘을 제공하셨다. 그 분은 바로 생명나무이다. 우리에게 생명나무의 실과를 주어 먹게 하심으로 영생하게 하셨다. 그분이 오심으로 하나님의 나라는 성취되었다. 그러나 그의 나라는 아직 완성되지는 않았다. 그분께서 영광스러운 왕으로 다시 오실 때 비로소 하나님의 나라는 완성될 것이다. 그때 우리의 눈에서 모든 눈물을 닦아 주시며(계22:4), 우리를 착하고 충성된 종이라고 칭찬하시고, 우리로 하여금 그 나라에서 왕노릇하게 조처해 주실 것이다.

우리에게는 소망이 있다. 약한 것 같으나 우리는 결코 약한 자가 아니다. 우리 모두 하나님의 나라를 위하여 그리고 그 나라를 사모하며 성령의 능력으로 이 세상과 사단을 이기고 이기는 역사가 계속되기를 원한다. 약한 자의 선교는 그 나라가 완성될 때까지 결단코 멈추어서는 안되며, 멈출 수도 없다. 하나님은 오늘도 약하지만 결코 약하지 않은 우리를 통하여 거침없이 그의 나라를 확장시켜 나가시고 계신다. 우리를 사용하여 주심에 감사드리지 않을 수 없다.

“이새의 줄기에서 한 싹이 나며 그 뿌리에서 한 가지가 나서 결실할 것이요 그의 위에 여호와의 영 곧 지혜와 총명의 영이요 모략과 재능의 영이요, 지식과 여호와를 경외하는 영이 강림하시리니"(사9:1-2).

토론과 성찰을 위한 질문

1) 성경에 나타난 남은 자의 사상을 설명하라.
2) 현재 나는 남은 자로서의 사명을 어떻게 감당하고 있는지 나누라.

예수님이 가셨던 길은 약해 보였지만 결코 약한 길이 아니었다. 그의 길은 외유내강(外柔內剛)의 길이었다. 죽음도 이기신 생명의 길이었다. 연한 순으로 보이지만 그 순에서 줄기가 나고 가지가 무성하여 큰 나무가 되어 죄와 사망으로 고통받는 인류에게 그늘을 제공하셨다.

〈152면, 2-6 남은 자의 선교 중에서〉

3부 희생과 사명의 선교

스탠리 존스가 억지로 강권하므로 의사는 그렇게 외쳤다. "스탠리 존스! 나사렛 예수 그리스도의 이름으로 명하노니 일어나 걸어라!" 그때마다 그는 침상에 누워 있다가 큰 목소리로 "아멘! 아멘!"으로 화답했다. 90세에 중풍으로 쓰러졌던 그가 놀랍게도 6개월 만에 완쾌되어, 그는 다시
인도로 가서 현지 영혼을 섬기다가 하나님의 품에 안겼다
<163-164면, 3-1 '예수 그리스도의 선교' 중에서>.

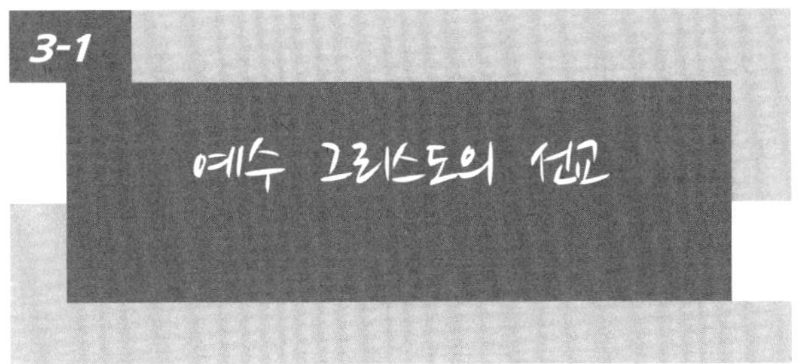

히브리서는 구약 레위기의 주석 혹은 신약의 레위기라 칭하며, 제5의 복음서라고 불리운다. 4복음서가 그리스도의 지상의 대사역을, 히브리서는 하나님 보좌 우편에 앉으신 하늘에서의 그리스도의 사역을 말하고 있다. 히브리서의 저자는 밝혀지지 않고 있다. 3세기 신학자 오리겐은 히브리서의 저자를 밝히는 이슈에서 "오직 하나님만 아신다"라고 말하였다.

히브리서의 수신자는 로마에 살고 있는 유대 그리스도인이라는 견해가 지배적이다. 작성 연대는 AD 65년경으로 추정된다. 히브리서에서의 중요한 단어는 더 나은, 더 좋은, 영원한, 온전한, 단번에, 피 등이다. 히브리서의 주요 목적은 독자들(유대인 그리스도인)이 믿음을 잃어버리게 되거나, 게으르게 되거나(6:12), 듣는 것이 둔하게(5:11) 되는 위험성을 경고하며 독자들의 믿음을 북돋우는 권면의 메시지(13:22)이다. 히브리서는 구약성경을 40군데나 인용한다.

히브리서에 나타난 단어 중에 가장 빈번하게 등장하는 단어는 다음과 같다.[47] "더 좋은"(更美)은 13번[48], "온전 혹은 완전"은(完全) 11번[49], "영원한"(永遠 혹은 永)은 17번,[50] "영생"(永生)은 4번,[51] "피"(血)는 25번,[52] "언약"(約)은 21번,[53] "구원"(救恩)은 8번,[54] (원어 신약성경에 40여 차례 쓰임), 한 번(一次) 11번[55] 쓰였다. 모든 것보다 뛰어나고 온전한 예수 그리스도의 피(보혈)로 단번에 속죄함으로 영원한 생명(구원)을 얻는 수혜자들이 바로 새 언약 안에 있는 우리들이다. 예수 그리스도를 믿음으로 말미암아 구원받은 우리가 할 수 있는 최고의 가치 있는 일은 하나님의 영광에 참여하며, 더불어 그의 나라를 확장시켜 나가는 데 쓰임 받는 것이다. 예수 그리스도의 십자가의 희생은 능력의 원천이며, 부활의 기초가 된다. 인류를 구원하는 완벽한 길, 정확한 진리, 그리고 온전한 생명은 예수 그리스도이다(요 14:6). 진정한 믿음(FAITH)은 모든 것을 버리고 다름 아닌 오로지 그리스도만을 모시는 것이다(Forsaking All I Take Him).

삼위일체 하나님의 선교 중에 '미쇼 크리스티' 즉 예수 그리스도의 선교를 살펴보고자 한다. 성공적인 선교(전도)는 성령의 능력 안에서

---

47) 화인(華人)목회 사역을 하고 있는 필자가 주로 보고 있는 중국어 성경(和合本)에 나타난 단어의 횟수로 한국어 성경과는 용어 혹은 나타나는 횟수가 다를 수 있다.

48) (히1:4;6:9;7:7,19,22;8:6;9:23;10:34;11:4,16,35,40;12:24)

49) (히2:10;5:9;6:2;7:11;9:9,11;10:1,14;11:40;12:23;13:21)

50) (1:8,12;5:6;7:17,21,24,28;9:12,14,15;10:12,14;13:8;20,21)

51) (히3:12;9:14;10:31;12:22)

52) (히2:14 두 번;9:7,12 두 번,13,14,18,19,20;9:21,22 두 번,25;10:4,19,29;11:28;12:4,24 세 번;13:11,13, 20)

53) (히8:6 두 번,7두 번;8:8,9두 번,10,13두 번;9:1,4두 번,15두 번,18,20;10:16,29;12:24;13:20)

54) (히1:14;2:3두 번,10;5:9;6:9,9:28;11:7, 원어신약성경에 40여차례 쓰임)

55) (히6:4원어성경;7:27;9:7,12,26,28;10:10,12,10:14;12:26,27)

예수 그리스도를 전하고 그 결과는 성부 하나님께 맡기는 것이다. 예수 그리스도의 죽음과 부활이 바로 복음이다. 선교는 어떤 의미에서 복음을 전하고 복음을 받아들이는 사람들이 복음의 능력대로 살게 하는 것이다. 예수 그리스도 즉 복음에 하나님의 능력이 있다(롬1:4). 세계 기독교 시대의 선교는 다른 어떤 때 보다 예수 그리스도의 복음의 능력, 쉽게 말하면 십자가의 희생을 통한 부활의 능력이 나타나야 한다.

요한복음 8장 12-32절은 '예수 그리스도의 선교'(미쇼 크리스티)을 잘 설명해주고 있다. 예수님은 세상의 빛이시다(요8:12; 요1:7-9). 예수님은 세상에 속하지 않으신다(요8:23; 요1:10-11)). 예수님은 아버지로부터 세상으로 보내심을 받았다(요8:16, 18, 26, 29). 예수님은 하나님 아버지로 부터 들은 것을 세상에 말하신다(요8:19, 26). 예수님을 믿는 것은 진리를 알고 구원을 받는다는 점이 특별한 것이다(요8:12, 30, 32). 말씀을 듣는 청중은 제자로서 예수님을 따르라는 부름을 받는다(요8:12, 13, 31).

코로나 팬더믹 이전에 원격 미팅인 스카이프를 이용하여 '영적 독서 모임'을 가진 적이 있다. 책을 읽고 나누는 것도 은혜가 되었지만 비슷한 상황에 있는 동료들과 삶을 진솔하게 나누었던 것이 기억이 난다. 특히 헨리 나우웬의 저서인 '탕자의 귀향'(The Return of the Prodigal Son), '영성 수업'(Spiritual Direction), '두려움에서 사랑으로'(헨리 나우웬의 7가지 영성 훈련: Spiritual Formation)를 들 수 있다. 이는 '내 사랑하는 자요'(Life of the beloved: Spiritual Living in a Secular World), '예수님의 이름으로'(In the Name of Jesus), '상처 입은 치유자'(The Wounded Healer) 등 그의 책을 읽으면서 예전에 느끼지 못했던 또 다른 진한 감동이 있었다. 이 중 일부 책은 30대에 한국에서 장애인 공동체 긍휼 사역을 하면서 이미 읽었는 데, 20여 년도 훨씬 더 지난 후에 다시 읽은 동일한 책의 내용 중 특히 '예수님의 이름으로'가 특별히 마음에 와닿았다.

20세기의 최고의 영성가 헨리 나우웬은 1932년 네덜란드 네에께르끄에서 출생하였으며, 1957년 26세의 나이에 천주교 사제로 서품을 받았다. 그후 6년간 네덜란드 에이메겐 카톨릭대학교에서 심리학을 공부하였다. 그 후 선박회사인 홀랜드 아메리칸 라인에서 사목으로 일했고, 예비역 육군 군목이 되는 과정을 밟게 된다. 30대(1966년)에 노틀담대 교수사역 2년, 1971년부터 예일대 교수사역 10년, 이후 1981년 예일대 교수 사임 후 중남미 페루 등의 빈민가 사람들에 대한 고민을 한다. 그리고 다시 하버드대 교수 사역을 3년간 하였다. 정리하자면 1986년 정신지체 장애인 공동체인 데이브레이크에 들어가기 전까지 약 15년 동안 교수사역을 하였으며 라틴 아메리카에 벌어지고 있는 사람들의 아픔과 고통을 의식하며 몇 차례 다녀왔다.

그는 1983년 캐나다인 장바니가 프랑스 트로즐리에서 시작한 지적 장애인 공동체 라르쉬 안의 작은 문서센터 벽에 붙어 있는 그림인 렘브란트의 '탕자의 귀향'을 보고 감동을 받는다. 당시 헨리 나우웬은 미국 전역을 누비며 중남미에서 자행되는 폭력, 전쟁 등의 주제로 순회 강연을 마치고 막 돌아온 즈음에 극도로 피곤한 상황에 이 그림을 만나고 인생이 바뀐다. 2년 후(1985년) 하버드 대학 교수직을 사임하고 연말에 라르쉬 공동체 지부로 캐나다 토론토에 위치한 데이브레이크(Daybreak)에 조인(join)되어 원목으로 사역하다가 1996년 심장마비로 사망한다. 데이브레이크 공동체에서 장애인들과 함께 살면서 하나님과 직접 교제하는 모범을 보이며 수많은 강연과 40여 권의 저서를 남긴다. 비록 그는 카톨릭 영성가이지만 개신교 목사인 나에게 미친 영향력은 참으로 크고도 깊다.

세상에서는 멸시받고 천대받는 정신제체 장애인들의 공동체가 그의 삶을 바꾸었다. 그리고 장애인들과 함께 살면서 쓴 그의 저서는 본인을 포함한 이 시대의 지성인들을 깨우기에 충분하였다. 하나님이 이 땅에 정신지체 장애인을 보내신 신비와 섭리를 헨리 나우웬은 몸소 체험하였다. 죄의 결과로 인해 선천적인 시각 장애인이 되었을 것이라고 생각하며 질문한 제자들에게 예수님은 하나님 나라의 새로운 관점으로 제자들에게 다음과 같은 답을 하신다. “이 사람이나 부모의 죄로 인한 것이 아니라 그에게서 하나님이 하시는 일을 나타내고자 하심이라”(요9:3). 예수님이 하신 말씀을 기억한 베드로는 나중에 성령으로 충만하여 ‘나사렛 예수 그리스도 이름’으로 선천적으로 걸을 수 없었던 지체 장애인을 일으켜 세우며 하나님의 하시는 일을 친히 수행한다(행3:6). 헨리 나우웬은 장애인들을 통하여 예수님을 더 깊게 알게 되었다.

정신없이 앞만 보고 달려 온 필자에게 있어 영적 독서모임은 하나님이 허락하신 ‘보너스 선물’이었다. 힘 있고 강할 때 크고 많은 일을 한 것 같지만 지나고 나서 생각해 보면 하나님보다 앞설 때가 많다. 하나님이 "멈추라!"하는데 여전히 나아 갈 때도 있다. 일은 이루어졌으나 이런저런 후유증이 생기기도 하였다. 때로는 하나님의 타이밍에 하나님의 방법으로 약한 자를 통하여 완벽하게 하나님이 자신의 영광을 드러내신다. 사람의 의가 드러날 틈도 없이 완벽하게 하나님의 영광을 선포하신다. 마치 정신지체 장애인들을 통하여 헨리 나우웬을 변화시키듯 말이다.

> "아무도 자신을 속이지 말라 너희 중에 누구든지 이 세상에서 지혜 있는 줄 생각하거든 어리석은 자가 되라 그리하여야 지혜로운 자가 되리라"(고전3:18).

찬송가 여왕이라 칭하는 페니 제인 크로스비(Frances Jane Crosby, 1820-1915)는 태어난 지 6주가 되었을 때 의사의 실수로 시력이 나빠졌고, 결국 그 일이 원인이 되어 일평생 시각장애인으로 살았다. 실의에 빠진 그녀를 변화시킨 것은 바로 '나사렛 예수 이름으로 일어서라'는 말씀이다. 그녀는 이 말씀을 믿고 영적인 눈이 열려 8천 편이나 되는 찬송가를 작사하며 평생 기독교 선교에 전념하는 삶을 살았다. 그녀의 찬송이 있는 곳에 부흥이 있었다. 무디와 동역하며 부흥집회에 찬송을 인도하였던 생키(Ira Sankey)는 말하기를 "무디(Moody)의 부흥집회가 그렇게 성공한 이유는 크로스비의 찬송이 있었기 때문이다"고 말하였다. 그만큼 크로스비의 찬송에 대한 영향력이 대단했음을 입증하는 말이다. 예수의 이름이 있는 곳에 소망이 있다. 예수의 이름에 능력이 있다. 예수 이름을 믿고 나아갈 때 기적이 일어난다.

인도 선교에 평생을 바친 스탠리 존스(E. Stanley Jones, 1884-1972)는 미국 선교사이다. 타임지에 바울 이후 가장 위대한 기독교 선교사로 꼽혔던 분이다. 1928년 스텐리 목사는 미국 감리교회 감독으로 선임되었다. 목사라면 한 번쯤 꿈을 꿔보는, 목사로서 오를 수 있는 최고위직이다. 그러나 존스 목사는 24시간 후에 감독직을 사퇴하고 '자신의 부르심'은 선교사라고 선언하고 인도로 떠났다. 50년을 넘게 인도에서 사역하면서 평생 6만 번 이상 설교를 했다. 그런데, 1972년 12월 69세 새벽 2시에 중풍으로 쓰러진다. 새벽 2시부터 사람들에 의해서 발견된 아침 7시까지 다섯 시간 동안 전신이 마비되어 꼼짝도 할 수가 없었다.

그는 인도인을 사랑했으며 순수하게 예수 복음만을 전했다. 인도에서 그를 성자로 추앙할 정도로 현지인을 사랑한 선교사이다. 그런 그가 89세 때 중풍으로 쓰러졌다. 젊은 나이에 쓰러져도 다시 일어나기가 쉽지 않은 것이 중풍인데 90세 가까운 나이에 쓰러졌으니 무슨 희망이 있겠는가? 미국으로 후송이 되어 치료를 받는데 그는 자기를 치료하는 의사와 간호사에게 이런 부탁을 했다. "선생님! 제게 한 가지 부탁이 있습니다. 저를 보실 때마다 '스탠리 존스! 나사렛 예수 그리스도의 이름으로 명하노니 일어나 걸어라!' 이렇게 외쳐주십시오."

"아니, 선교사님! 저는 베드로도 아니고 요한도 아니고 또 부흥사도 아닌데 제가 어떻게 그런 말을 외칠 수가 있습니까?" 그러나 스탠리 존스가 억지로 강권하므로 의사는 어쩔 수 없이 볼 때마다 그렇게 외쳤다. "스탠리 존스! 나사렛 예수 그리스도의 이름으로 명하노니 일어나 걸어라!" 그때마다 그는 침상에 누워 있다가 큰 목소리로 "아멘! 아멘!"으로 화답했다. 놀랍게도 6개월 만에 완쾌되었다. 그후 그는 다시 인도로 가서 현지 영혼을 사랑하며 섬기다가 하나님의 품에 안겼다.

어떠한 동기와 사랑이 헨리 나우웬과 화니 크로스비와 그리고 스탠리 존스와 같은 삶을 살 수 있게 만드는가? 이에 대한 답은 "나사렛 예수 그리스도"의 이름이다. 나사렛 예수 그리스도의 능력이 임할 때 인생에 기적이 일어난다. 나사렛 예수 그리스도의 이름은 사람을 변화시킨다. 나사렛 예수 그리스도라는 이름은 약한 자에게 밥을 떠먹여 주기도 하지만 밥을 먹는 방법을 알려준다. 나사렛 예수 그리스도의 이름은 고기를 잡아 주기도 하지만 고기잡는 법을 알려준다. 나사렛 예수 그리스도의 이름은 인생의 근본 문제를 해결해 준다. 그리고 다른 사람이 전혀 생각하지 못한 기적적인 삶을 살게 하며, 기적을 체험한 그들을 통해 또 다른 사람들에게 기적을 체험하는 삶을 살게 하신다.

> "베드로가 이르되 은과 금은 내게 없거니와 내게 있는 것으로 네게 주노니 나사렛 예수 그리스도으 이름으로 일어나 걸으라하고"(행3:6).

나사렛 예수 그리스도 이름이 능력이 있다. 그리스도 안에서 우리는 모든 것을 할 수 있다(빌4:13). 진정한 선교는 예수 그리스도 이름으로 이루어져야 한다. 예수 그리스도를 생각할 때 능력이 나온다. 히브리서의 주제는 모든 것보다 우월하신 예수 그리스도이다. 히브리서에 나타난 중요한 세 문장이 있다.

첫 번째 문장은 예수를 깊이 생각하라!(NIV: Fix your thought on Jesus! 히3:1).
두 번째 문장은 예수를 바라보자!(NIV: Let us fix our eyes on Jesus! 히12:1).
세 번째 문장은 그에게 나아가자!(NIV: Let us then, go to Him! 히13:13).
예수를 깊이 생각하고, 바라보고 그에게 나아갈 때, 본디 약한 우리에게 세상을 이길 만한 담력이 생기고 선교할 능력이 생긴다.

예수 그리스도는 모든 선지자보다(히1:1-3), 모든 천사보다(히1:4-2:18), 모세보다(히3:1-17), 여호수아보다(히3:18-4:13), 대제사장 아론보다(히4:14-8:13 우월하며, 완벽하다. 천상천하에 예수 그리스도보다 위대한 이름은 없다.

토론과 성찰을 위한 질문

1) 히브리서에 니티난 예수 그리스도에 대해서 설명하라.

2) 나의 삶과 사역 가운데 나사렛 예수 그리스도를 알고,
그 이름의 능력을 믿고, 체험하였던 부분을 나누라.

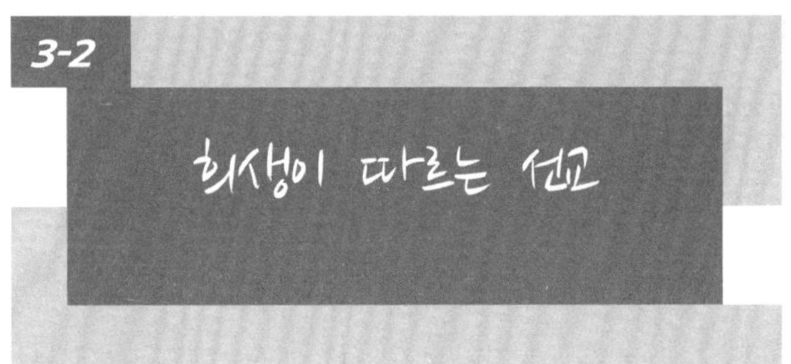

현재 서구(북반구) 중심의 선교에서 남반구로 이동하는 추세이다. 세계 기독교 시대에 북반구(유럽 및 북미 등) 교회들이 정체 혹은 쇠락하는 반면에 아프리카, 아시아, 중남미 등의 남반구 교회들이 많이 부흥하고 있다. 또한 지난 50년간 증가 된 선교사들은 남반구 지역이다. 이는 수도 없이 많은 무명의 선교사의 희생과 눈물의 결과로 복음이 전해진 결과이다.

하나님의 아들이신 성자 예수님은 4단계로 낮아지셨다. 성육신-고난의 삶-십자가의 죽음-매장되심이다. 하나님이셨던 분이 인간의 몸을 입고 구유에 오심으로 시작된 그의 낮아지심의 결과는 4단계로 높아지신다. 하나님은 낮아질 대로 낮아져 더 이상 낮아질 수 없는 예수님을 4단계로 높이신다. 부활-승천-보좌우편-재림이다. 하나님을 위해 낮아지신 자는 하나님이 높여주신다. 하나님이 높여주시면 낮출 자

반구-남반구 기독교 통계

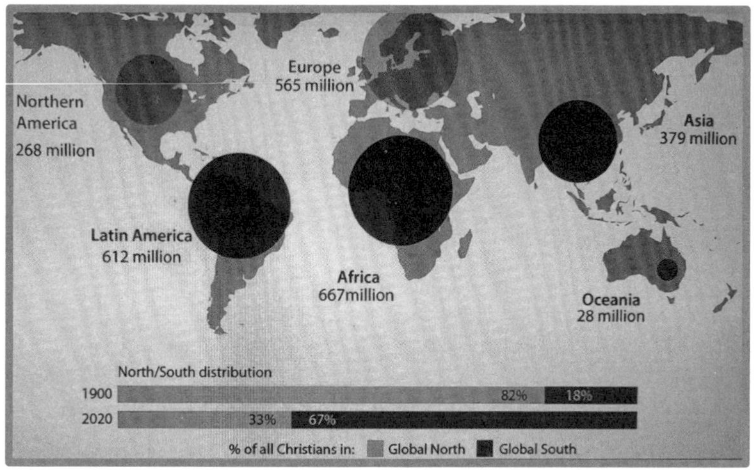

〈표 14〉 : 반구-남반구 기독교 통계

가 없다. 그런데 이 시대의 가장 큰 문제는 스스로 높아진다. 스스로 강해지려고 하고 스스로 부해지려고 한다. 스스로 높아진 자, 스스로 강해진 자, 스스로 부한 자는 언제든지 낮아지고, 약해지고, 가난한 자가 될 수 있다. 하나님을 위해 낮아짐을 택한 자를 때가 되면 하나님이 높이신다.

도성인신(道成人身) 혹은 성육신(成肉身)은 "말씀이 육신이 되어…!"(요1:14)의 내용을 한문으로 표현한 것이다. 중국어로는 "따오청로우션"(도성육신, 道成肉身)라는 표현을 사용하고 있다. 다른 언어, 영어는 'Incarnation'(in·car·na·tion), 즉 'The Word became flesh'이다. 말씀으로 계신 하나님이 육신의 몸을 입고 인간으로 이 땅에 오셨다. 하나님이 사람이 되셨다. 도성인신은 높은 곳에서 낮은 곳으로 내려오신 하나님이다. 예수님을 닮는 신앙은 높은 곳에서 낮은 곳으로 흐르는 겸손한 신앙이다. 강한 곳에서 약한 곳으로 나아가는 것이다. 부한 곳에서 가난한 곳으로 내려가는 것이다. 하나님이 사람이 된 것처럼 겸손하고 희생하는 것을 말한다.

우리는 갈수록 불법이 성한 시대에 살고 있다(마24:12). 하나님의 아들 예수 그리스도는 우리에게 "너희는 나를 본 받는 자가 되라"고 말씀하신다. 높은 사람이 내려와 낮은 사람들과 함께하면 낮은 사람은 너무나 행복해한다. 강한 자가 약한 자와 함께하면 약한 자는 안정감을 가지고 즐거워한다. 부한 사람이 겸손함으로 가난한 사람을 섬기면 가난한 사람의 눈에서 눈물이 씻겨진다. 배운 사람이 아는 체 하지않고 배우지 못한 사람과 친구가 되면 배우지 못한 사람의 상처가 치유된다. 하나님이 우리에게 건강을, 지식을, 물질을, 지위를 주신 것은 예수님처럼 성육신의 자세로 섬기기 위해서이다. 겸손한 자를 당해낼 자는 아무도 없다. 하나님의 사랑받는 아들들인 우리도 성부 하나님으로부터 "이는 내 사랑하는 아들"이라고 불리운 예수님을 닮아야 한다고 강조하고 싶다.

데이비드 보쉬(David Bosch)는 '십자가의 신학'을 '선교 신학'의 기초로 제시하였다. 그리스도인들은 '본을 보이는 선교사들' 너머 '희생(victim)의 선교사들'로 부르심을 받았다. 진정한 본보기는 희생을 할 때 나타난다. 복음을 증거하는 사람들은 자신을 보낸 분인 예수님을 말하고 예수님처럼 행동하기 때문이다. 보쉬는 우리들의 희생이 진정한 예수의 본보기이며, 그리스도인들의 피가 건강한 선교적 교회의

씨앗임을 되새기게 한다.[56]

> "태초에 말씀이 계시니라 이 말씀이 하나님과 함께 계셨으니, 이 말씀은 곧 하나님이시니라"(요1:1). "말씀이 육신이 되어 우리 가운데 거하시매 우리가 그의 영광을 보니 아버지의 독생자의 영광이요 은혜와 진리가 충만하더라"(요 1:14).

세계 기독교 시대의 선교는 특히 예수님과 같이 희생하는 선교사들이 필요하다. 남반구에서 희생과 섬김으로 살았던 두 선교사의 삶을 소개한다. 한 사람은 아프리카의 남수단에서 봉사 활동을 했던 이태석 신부이고 또 다른 사람은 필리핀에서 의료 선교를 하였던 박 누가 선교사이다. 선교는 희생과 헌신을 통해 이루어짐을 보여주고 있다.

이태석 신부의 선교 휴먼 스토리는 2010년 9월 개봉한 다큐멘터리 영화인 [울지마 톤즈][57]이다. 이태석 신부의 아프리카 남수단의 선교에 관한 내용을 담은 이야기이다. 당시 한국 사회에 울지마 톤즈 신드롬을 불러일으킬 정도로 여운이 있는 한 사람의 일생을 그린 영화이다. 그의 이야기가 선교적인 관점으로 볼 때 많은 감동을 준다. [울지마 톤즈]는 남수단에서 봉사활동(선교사역)을 펼친 살레시오 수도회 이태석 신부의 이야기를 그리고 있다. 원래는 2010년 4월 11일 방영된 KBS 스페셜 [수단의 슈바이처, 고 이태석 신부]라는 제목의 짧은 다큐멘터리였지만, 호응도가 높고 교육적이라 극장판용으로 재편집하여 공개하였다.

---

56) David Bosch, 연약함의 선교(The Vulnerability of Mission) 1페이지
57) <울지마 톤즈>는 2019년 9월에 개봉한 다큐멘터리영화다

이태석 신부가 선교 활동을 했던 남수단의 공식명칭은 남수단의 공화국(Republic of South Sudan)이다. 남수단은 아프리카에 있는 내륙국으로, 수도는 주바이다. 남수단 북쪽으로는 수단, 동쪽으로는 에티오피아, 남쪽으로는 케냐, 우간다, 콩고 민주 공화국, 서쪽으로는 중앙아프리카 공화국과 접한다. 남수단은 기독교와 토착 종교를 믿고 흑인이 다수를 차지하는 지역으로 독립 이후 줄곧 내전을 거듭해 왔다.

남수단 지도

〈지도 1〉 : 남수단 지도

이태석 신부가 활동하였던 남수단의 한 마을 톤즈와 그 마을에서 일구어낸 브라스밴드와 학교를 중심으로 진행된다. 특히 문화적으로 눈물을 흘리는 것을 수치스럽게 여기는 딩카족의 아이들이 이태석 신부의 죽음 앞에서 눈물을 흘리는 장면에서 〈울지마 톤즈〉라는 제목이 유래되었다. 2010년 2월, 아프리카 수단 남쪽의 작은 마을 톤즈. 남수단의 메마른 땅 톤즈에서 눈물의 배웅을 받으며 48세의 짧은 생을 마감한 故 이태석 신부의 이야기이다. 이태석 신부는 톤즈 마을의 아버지이자 의사였고, 선생님, 지휘자, 건축가였다. 그의 이야기가 필자에게 깊은 감명을 주는 이유는 무엇일까? 태풍처럼 몰아닥친 이태석 신드롬은 무엇을 말해주고 있을까? 그만큼 믿는 자든, 믿지 않는 자든 이러한 사랑에 목말라 있지 않을까? 그의 생애가 우리에게 던져준 의미는 무엇일까?

특히 저자에게 다가온 메시지는 신앙과 선교는 탁상공론이 아니라 삶이고 실천이라는 것이다. 인간 문제의 본질은 하나님을 떠나 살아가는 자들 모두 사랑에 목말라 있다. 모든 것을 아낌없이 주었던 예수님의 사랑이 어느 때보다 필요한 시대이다. 한없이 낮아져서 가난하고 고통받는 곳으로 흘러가는 약한 자 위치로부터의 선교방식이 병든 사회를 치유하며 건강한 공동체를 만들어 갈 수 있다.

> "이에 임금이 대답하여 이르시되 내가 진실로 너희에게 이르노니 너희가 여기 내 형제 중에 지극히 작은 자 하나에게 한 것이 곧 내게 한 것이니라 하시고" (마25:40).

이태석 신부에 이어 2016년 대미를 장식하며 KBS1 인간극장(12월

26일-30일)에 방영된 감동의 주인공이 있다. 그는 세상의 모든 부귀와 영화를 버리고 필리핀 마닐라의 외곽에서 의료선교를 하는 외과의사 박누가 선교사이다. 본인도 암이 재발하여 치료를 받으며 시한부 인생을 살아가면서 말이다. 본인이 아프기에 "아픈 사람이 더 이해가 된다"며 필리핀의 빈민들의 병든 육체를 만지고 치료하였다.

필리핀 지도

〈그림 2〉 : 필리핀 지도

박누가 선교사가 활동한 나라, 필리핀의 공식 명칭은 필리핀 공화국(Republic of the Philippines)이다. 필리핀은 서태평양에 위치한 동남아시아의 섬나라이다. 북쪽의 루손 해협, 건너편에는 중화민국(대만), 서쪽의 남중국해 건너편에는 베트남이 있다. 섬으로 구성되어 있는 필리핀은, 크게 루손섬, 바시야스 제도, 민다나오섬의 세 지역으로 나뉜다. 주요 도시로는 마닐라, 다바오, 케손시티, 세부 등이 있다. 인구는 1억 명으로, 세계에서 12번째로 인구가 많은 나라이다. 또한, 약 1,100만 명의 필리핀인들이 해외에 살고 있다. 필리핀에는 다양한 민족과 문화가 존재한다.

약한 자가 약한 자의 마음을 공감할 수 있다. 선교 특히 남반구 지역의 선교는 약한 자의 위치에서 희생을 통하여 약한 자들을 섬기는 것이다. 박누가 선교사처럼 주님을 사랑하고 현지 영혼을 섬기는 자들이 있기에 하나님 나라가 확장된다. 사람들에게 알려지지는 않았지만 파송받은 자신의 사역지에서 묵묵히 사역하시는 무명의 선교사들에게 경의를 표한다.

박누가 선교사는 이러한 삶을 살다가 하나님 앞에 부름을 받아 먼저 세상을 떠났다. 그는 동남아 오지의 슈바이처로 불렸다. 그의 본명은 박병출이다. 그는 지난 2018년 8월 26일 새벽 2시 고이 잠들었다. 향년 58세이며, 유족으로는 김정옥 사모와 2남이 있다. 길지는 않았지만 불 꽃 같은 삶을 살았다. 외과 전문의로 윤택한 삶을 살 수 있었지만 그길을 택하지 않았다. 그는 살아생전 하나님을 모르는 걸 가장 큰 병으로 여겼다. 그는 의사였지만 치료는 하나님의 몫이라고 확신했던 신앙인이었다.

그는 살아생전 언제 꺼질지 모르는 자신의 생명보다 질병과 고통 중에 신음하는 현지 영혼이 우선인 사람이었다. 그는 "아플수록 더 사랑한다"고 하였다. 말은 쉬운데 실천한다는 것은 예수님이 그 마음 속에 계시지 않고는 도저히 할 수 없는 일이다. 본인이 아프기에 아픈 사람의 심정을 너무 공감하고 진심으로 치료하는 사랑의 의사이다. "정말로 예수의 심장을 가진 선교사였구나!"라는 생각을 한다. 그리고 동일한 선교사라는 타이틀을 가진 필자 자신을 왠지 하나님 앞에서 부끄럽게 만든다. 주님을 위한다고 하지만 안일하게 살고 있지 않나 정신이 번쩍 든다. 그리스도를 바로 보며, 영혼을 뜨겁게 사랑하다 하나님 앞에 간 박누가 선교사의 스토리는 가슴이 뜨거워지며 눈시울을 적시게 한다.

예전에 저자가 썼던 책 사랑의 집의 생활 수기 [큰 아픔 깊은 사랑][58]이 갑자기 생각났다. '아픔'이라는 단어와 '사랑'이라는 단어는 뗄레야 뗄 수 없는 사이이다. 아픔이 없는 사랑은 진정한 사랑이 아니다. 대가 지불이 없는 사랑은 가짜이다. 한 번밖에 없는 인생을 가치 있게 살아야 한다. 이태석 신부와 박누가 선교사의 스토리가 감동을 넘어 예수님의 사랑을 실천하는 행동으로 나타나기를 원한다. 내 힘으로 그렇게 살 수 없음을 솔직하게 고백하며, 주의 은혜와 긍휼을 구한다.

우리의 삶이 너무 편하고 안일해서 조금만 힘들어도 감사하지 못하고 불평하기도 한다. 말로만 예수님 사랑한다고 하지만 실제로는 행함과 진실함이 없음을 고백한다. 거창하게 큰일을 하지 못할지라도 하나님이 맡겨 준 한 영혼을 예수님의 심장으로 사랑하기를 원한다. "한 영혼을 위해 목숨을 걸고 있는가?" 내가 할 수 있는 것부터 실천하기

58) 양홍엽, 큰 아픔 깊은 사랑, 시와 사람사, 1997년

를 원한다. 가장 가까이에 있는 사람부터 사랑하기를 원한다. 내가 가지고 있는 지식도 믿음도 예언하는 은사도 사랑이 없으면 아무 것도 아니다. 희생이 수반되지 않는 사랑은 사랑이라고 말할 수 없다. 그래서 바울은 사랑이라는 추상명사에 '수고'를 붙여 '사랑의 수고'라고 한다.

[큰 아픔 깊은 사랑]을 다시 읽어 보면서 느끼는 것은, 어떻게 그 일을 했는지 신기하기도 하면서 꼭 남의 이야기 같다. 그러나 좀 더 그 상황을 깊이 생각하면서 읽어보니 얼굴이 화끈거릴 정도로 부끄럽고 쥐구멍이 있으면 숨고 싶은 심정이다. 당시에는 최선이라 생각했던 것들이 돌이켜 보면 부족한 것이 한 두 가지가 아니다. 연약한 영혼을 섬기고 사랑한다고 하였으나 지금 와서 생각해 보면 자기 의와 공명심 그리고 자기 자랑이 많지 않았나 생각이 든다. 사역이라는 명목 아래 동역자들에게 상처를 주기도 하였다. 또한 신앙을 빙자한 세상의 야망도 욕심도 명예도 들어 있지 않았나 점검을 해본다. 하나님이 보실 때 바벨탑을 쌓을 때도 있지 않았나 생각도 든다. 그러나 한 가지 감사한 것은 그래도 부족하고 연약한 자였지만 한 때 쓰임받을 수 있었다는 것이다.

한국을 떠나 중국에서의 선교사역과 미국과 캐나다에서의 중화권 선교와 화인목회사역을 하면서 많은 도전과 어려움 속에 부족하지만 여전히 예수의 제자가 되려는 마음이 있어 그저 감사할 따름이다. 하나님이 흐르는 세월 속에서 '소금'으로 배추를 절이듯이 많이 절이시는구나!라고 생각이 든다. 우리가 젊을 때 열정을 가지고 사역을 한다고 하지만 하나님은 소금으로 배추를 절이듯 우리를 만지신다. 배추를 절이는 소금의 영성(靈性)이 바로 하나님이 자기 의와 공명심에 사로 잡힌 우리를 다루는 방법이다. 물이 빠져 허우적거리는 자를 바로 구하러 들어가면 사력을 다해 살려고 하는 그의 힘에 도리어 구하려고 들어가는 자도 같이 죽을 수 있다. 어떨 때 보면 하나님은 물에 빠진 자가 힘이 다 빠져 죽기 일보 직전까지 기다리셨다가 구해 주시는 분처럼 느껴질 때도 있다. 하나님보다 더 열심을 가지고 해보겠다고 하는 자의 힘을 빼시는 하나님의 전략 또한 탁월하시다.

과거에 했던 조그마한 공적(?)까지도 다 하나님께 돌리고 자신이 했다고 하는 것은 아무 것도 없다고 고백하게 만드시는 분이 바로 우리의 하나님이시다. 사도 바울은 말씀하신다.

> "내가 이미 얻었다 함도 아니요 온전히 이루었다 함도 아니라 오직 내가 그리스도 예수께 잡힌 바 된 그것을 잡으려고 달려가노라"(빌3:12).

조금 아프면 아프다고 아우성치며 살려 달라고 하는데 진짜로 많이 아프면 하나님의 처분만을 기다린다. 가정도 자녀들도 사역도 모두 주님의 영역이다, 내가 할 수 있는 것은 아무 것도 없다. 모든 것을 다 주님이 하셨다.

바울을 가리켜 사람들은 십자가 신학자라고 부른다. 사도 바울이 기록한 고린도전후서를 보면, 다른 어떤 성경보다도 약함을 통한 강함의 십자가 신학이 잘 나타나 있다. 특히 고린도 전서 1장과 2장에서 십자가에 못 박힌 그리스도의 약함, 고린도 교인들의 약함, 그리고 사도 바울 자신의 약함을 설명한다. 그리고 이러한 약함을 통해 근본적으로 십자가의 의미가 무엇인지를 고린도 교인들에게 가르친다. 우리가 약할 때 주님이 강하게 역사한다. 우리는 여기서 하나님의 약함, 그리스도의 약함, 복음 전하는 자(여기서는 바울)의 약함을 본다. 그러나 그 약함은 하나님의 참된 능력을 나타내는 도구가 되는 것을 보는 것이다.[59)]

이 시대의 그리스도를 알지 못하는 사람들 모두가 다 사랑이 고픈 자들이다. 큰 아픔을 통해 깊은 사랑을 알 수 있다. 이 세상에 가장 큰 아픔은 예수 그리스도의 십자가의 고통이다. 예수 그리스도가 보여준 희생을 통하여 우리는 가장 큰 사랑을 체험할 수 있다. 그리스도의 사랑을 전하는데 우리가 부름 받은 것이다. 열매를 맺는 선교 사역에는 희생이라는 대가 지불이 따른다. 그러나 하나님은 이러한 고통과 희생을 능히 감당하게 하신다.

> "그러나 내가 나 된 것은 하나님의 은혜로 된 것이니 내게 주신 그의 은혜가 헛되지 아니하여 내가 모든 사도보다 더 많이 수고하였으나 내가 한 것은 아니요 오직 나와 함께 하신 하나님의 은혜로라"(고전15:10).
> "오직 우리가 어디까지 이르렀든지 그대로 행할 것이라"(빌3:16).

토론과 성찰을 위한 질문

1) 선교에 반드시 희생이 따름을 성육신(도성인신) 원리로 설명하라.

2) 어떻게 하며 이태석 신부 혹은 박누가 선교사처럼 살 수 있을까?

---

59) 정용갑, ibid, p.10.

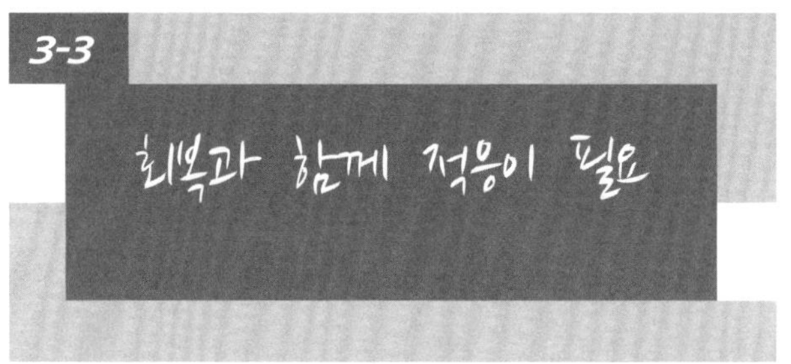

아름답고 값지게 일생을 사셨던 미주 한인교회의 H 목사님의 이야기이다. 75세까지 오직 말씀과 기도로 목회를 하시다가 은퇴하시고 그후 85세까지 캄보디아에서 선교사역을 감당하였다. 10년간 선교사역을 마치고 미국으로 돌아와 2년을 살았다. 어느 날 몸에 이상이 있어 병원에서 진단을 받았는데 암이라 판정했다. 목사님은 의사로부터 그러한 판정을 받는 순간 조금도 당황하지 않고 "Thanks God, I'm ready to go home"(하나님 감사합니다. 집에 갈 준비 다 되었습니다)라고 말했다는 이야기를 들었다. 그리고 얼마 되지 않아 그렇게 큰 고통 없이 집에 가시듯 평안한 얼굴로 하나님의 품에 안겼다. 마지막 순간까지도 아름다운 삶을 살았다. 우리가 하나님의 뜻을 아는 것 같지만 모르는 경우도 많다. 그러나 우리가 아는 것은 하나님은 실수하지 않으시며 우리의 삶을 가장 아름답게 하신다. 우리를 이 땅에 보내시는 분도 주님이요, 하늘로 취하시는 분도 또한 주님이시다.

사람이 나이가 들면 신체의 모든 기관이 퇴행한다. 신체 중에 마지막까지 살아있는 것이 귀이며, 청력은 매우 민감하여 한 번 문제가 생기거나 고장이 나면 쉽게 회복되지 않는다. 미국 얼라이언스 한인총회 소속의 K 목사는 나이가 들어 청력에 문제가 생겼다. 다음과 같은 목사님의 말씀이 은혜가 된다. "회복이 되면 좋겠지만 회복이 되지 않을지라도 그 상태에 잘 적응하며 살아가는 것 또한 중요하다." 나이가 들어가면서 K 목사의 말이 충분히 이해된다. 우리는 늘 질병이 치유되고 큰 능력이 나타나고 기적이 일어나는 것만을 간증으로 여긴다. 그러나 어떠 의미에서 이보다 더 큰 간증은 무엇일까? 그것은 힘들고 어려운 상태에서도 적응하며 여전히 주님을 믿고 찬송하며 살아가는 것이다. 특히 나이가 들수록 치유의 기적도 중요하지만 연약한 상태에 적응하며 주님을 더 신뢰하며 살아가는 것이 더 필요하다. 연약한 상태에서 여전히 주님을 더 믿고 순종하는 것이 진정한 영적인 실력이다.

사도 바울은 고린도교회를 향해 말씀으로 선포한다.

> "그러므로 우리가 낙심하지 아니하노니 우리의 겉사람은 낡아지나 속사람은 날로 새로워지도다"(고후4:16).

그리고 나서 이어서 다시 말씀으로 선포한다.

> "우리가 잠시 받는 환난의 경한 것이 지극히 크고 영원한 영광의 중한 것을 우리에게 이루게 함이니 우리기 주목하는 것은 보이는 것이 아니요 보이지 않은 것이니 보이는 것은 잠깐이요 보이지 않는 것은 영원함이라"(고후4:17-18).

우리의 육신의 장막은 결국 무너진다. 우리가 귀한 것은 무너질 장막이 아니라 그 속에 있는 예수의 생명 때문이다. 질그릇 속에 보배를 가졌다(고후4:7). 질그릇은 약해서 늘 깨지기 쉽다. 심히 큰 능력은 하나님께 있고 연약한 우리에게 있지 않다. 그러나 능력의 주님이 깨어지기 쉬운 질그릇 속에 담겨져 있으며 약한 우리를 통해 자신의 생명을 드러내신다. 바울이 말한 것처럼 우리의 겉 사람은 날로 후패하나 속사람은 날로 새로워지기를 원한다. 우리는 약하지만 우리 속에 계신 주님은 강하시다. 우리가 연약한 몸의 장막을 입고 있든지, 아니면 장막 집이 무너지든지하는 정황 속에서 늘 주님을 기쁘시게 하는 자가 되기를 원한다(고후5:9).

헨리 나우웬은 그의 책, '두려움에서 사랑으로'(Spiritual Formation)에서 죽음을 부정하지 말고 죽음과 친구가 되라고 말한다. 랄프 윈터 박사가 하나님의 품에 안기고 나서 그의 아내인 바버라가 어느 선교사에게 이메일을 보내면서 이렇게 그의 남편의 죽음을 이야기했다. "우리 남편이 며칠 전에 주소를 이전했어요" 죽음은 단지 우리의 주소를 이 땅에서 저 땅으로 이전하는 것에 불과하다. 우리가 살아있을 때 우리도 언제든지 주소 이전을 해야 한다는 생각으로 살아가면 보다 초연해지고 넓은 아량과 포용이 생기지 않을까? 그러면서 한층 가볍고 단순한 미니멀 라이프(minimal life)가 펼쳐질 것이다.

> "만일 이 땅에 우리의 장막집이 무너지면 하나님께서 지으신 집 곧 손으로 지은 것이 아니요 하늘에 있는 영원한 집이 우리에게 있는 줄 아느니라 참으로 우리가 여기 있어 탄식하며 하늘로부터 오는 우리 처소로 덧입기를 간절히 사모하노라"(고후5:1-2).

시간이 지나면서 같이 했던 사람들이 한 사람 한 사람 생각이 난다. 특히 30대의 젊은 나이에 동고동락하며 공동체에서 함께 살았던 연약한 영혼들을 잊을 수 없다. 그중에 아직 이 땅에 살아있는 자들도 있고 하나님의 품으로 간 자들도 있다. 이 세상에 아프지 않고 건강하게 살다가 때가 되어 하나님의 품에 안기면 얼마나 좋을까? 그런데 주위를 돌아보면 적지않은 사람들이 질병과 고통 속에 신음하면서 힘들게 살아가고 있다. 예전 한국에서 긍휼 공동체 사역을 하는 동안 안타깝게 고통당하는 자들을 보았다. 힘들게 살아가는 이들이 마치 "타지 못할 버스를 기다리는 자들"처럼 보였다. "대책 없이 버스를 기다리는 이들"을 사랑이라는 버스에 태우려는 마음으로 당시 월간 회보의 표지를 '타기'로 정했던 기억이 난다.

조현병은 일명 정신분열병(精神分裂病)이라고 하는데 한국에서는 이 용어가 혐오스러워 언어순화 차원에서 2010년부터 조현병(調絃病, schizophrenia)으로 바꾸어 불렀다. 조현병은 사고 체계와 감정 반응의 전반적인 장애로 인해 종합적인 정상 사고를 하지 못하는 일종의 만성 정신장애이다. 조현병의 일반적인 증상은 외부 현실을 제대로 인식하지 못하여 부조화된 환각(hallucination)이나 망상(delusion) 등을 경험한다. 이러한 증상을 좀 더 구체적으로 말하자면 환청(청각), 환시(시각), 환후(후각) 증상 그리고 망상 증상으로 외부적으로 볼 때 신내림이나 귀신 들림 등으로 보기 쉽다. 이들은 대인 관계에서도 지나친 긴장감(tension)을 가지며, 타인의 시선에 아랑곳하지 않고 무관심이나 기이한 행동을 하기도 한다. 끊임없는 관심과 사랑 그리고 약물치료가 필수이다. 치유가 쉽지 않다. 치유되었다가 재발하는 경우도 있다.

50여 년 동안 조현병이라는 병마와 싸우며 노벨 경제학상을 받은 존 포브스 내쉬(John Forbes Nash, Jr 1928-2015) 교수의 이야기이다. 그를 주인공으로 하는 영화가 있다. 실제 그의 삶을 바탕으로 만든 러셀 크로우 주연의 영화 '뷰티플 마인드'이다. 이 영화는 1949년 27쪽짜리 박사 논문 하나로 150년 동안 지속되어 온 경제학 이론을 뒤집고 신경제학의 새로운 패러다임인 내쉬균형이라는 게임이론을 제시한 천재 수학자의 이야기이다. 이 영화의 주인공 내쉬(Nash)는 실제로 게임이론과 미분 기하학, 편미분 방정식 등의 분야를 연구한 미국의 천재 수학자이자 노벨 경제학상 수상자이다. 그러나 그는 조현병으로 엄청나게 고통을 받은 연약한 인간이다. 영화의 마지막 장면에 많은 학자와 축하객 앞에서 그가 연설한 내용이다.

> "전 언제나 숫자를 믿어왔습니다. 추론을 이끌어내는 방정식과 논리를 말이죠. 하지만 평생 그걸 연구했지만, 저는 묻습니다. 무엇이 진정한 논리입니까? 누가 이성을 결정하는 거죠? 저는 그동안 물질적 세계와 형이상학적 세계, 비현실 세계에 빠졌다가 이렇게 돌아왔습니다. (관객석의 아내 엘리샤를 바라보며) 전 소중한 것을 발견했어요. 그건 제 인생에서 가장 소중한 발견입니다. 어떤 논리나 이성도 풀 수 없는 사랑의 신비한 방정식을 말입니다. 난 당신 덕분에 이 자리에 섰어요. 당신은 내가 존재하는 이유이며 내 모든 이유는 당신이오. 감사합니다."

이 세상에 가장 신비한 것은 사랑의 방정식이다. 조현병으로 고통받고 있는 자신도 힘들지만 주위에 있는 자들 특히 가족의 고통은 상상 이상이다. 그래서 보통 병원의 입퇴원할 수도 없이 반복하며 치료를 한다. 약물치료를 받으며 자신도 노력하지만 주위의 가족이나 조력

자들의 고통과 희생은 말로 다 할 수 없다. 다른 질병도 마찬가지겠지만 특히 조현병은 주위의 지지와 이해가 절대적으로 필요하다. 뷰티풀 마인드 영화를 보면 조현병을 가진 내쉬의 주위 사람들의 '뷰티플 마인드'(아름다운 마음)가 내쉬의 삶을 아름답게 하였다.

김선영(서울대 생명과학부) 교수는 중앙일보에 기고한 '김선영의 노벨상 이야기'에서 다음과 같이 말한다.

> "내쉬의 파란만장한 삶에는 우리가 주목할 요소들이 많다. 내쉬의 천재성을 알아 본 학부의 지도교수, 그를 파격적 조건으로 유치하고 27페이지짜리 논문으로 박사 학위를 준 프린스턴 대학 수학과, 이혼한 전 남편을 돌본 앨리샤, 정신이상자가 캠퍼스를 사용하고 배회할 수 있게 해준 프린스턴 대학교, 주저하는 노벨상위원회를 설득한 동료 쿤과 수학자들 등이다. 책과 영화로 나온 '뷰티풀 마인드'는 내쉬를 주인공으로 했지만, 사실은 그의 주변 사람들이 그를 '뷰티풀'하게 대했기 때문에 내쉬는 노벨상을 받을 수 있었다. 정신질환자에 대한 주변의 관심과 배려가 나은 산물이다."[60]

약한 자들이 무시 받지 않고 인격적으로 대우받으며 사람 노릇 하면서 실아가는 사회가 그립나. 우리나라 속남 중에 "사돈이 논을 사면 배가 아프다"라는 속담이 있다. 비판과 정죄 그리고 분열과 싸움이 난무한 이 시대에 '뷰티플 마인드'에 나오는 사회가 부럽다. 자신과 설령 이념과 생각이 다를지라도 서로 경청하며 포용하고 특히 약자를 배려하는 그런 공동체가 그립다. 그런 나라가 바로 하나님이 왕이 되는 하나님의 나라이다. 여전히 조현병으로 고통받고 있는 환우들과 그의 가

---

60) 김선영의 노벨상 이야기, https://www.joongang.co.kr/article/20134120#home, 2026.

족들이 이 땅에서 하나님의 나라를 사모하며 왕되신 하나님의 평안과 위로가 있기를 바란다. "가난한 자를 조롱하는 자는 그를 지으신 주를 멸시하는 자요 사람의 재앙을 기뻐하는 자는 형벌을 면하지 못할 자니라"(잠17:5).

비록 몸이 건강하게 회복되지 않을지라도, 비록 불편한 몸으로 태어났을지라도, 비록 환경도 불편할지라도, 비록 내가 원하는 것이 이루어지지 않을지라도, 발생한 일이 이해되지 않을지라도 하나님을 신뢰하고 하나님의 주권을 믿는 것이 신앙이다. 구약성경의 다니엘의 세 친구는 이렇게 고백한다. "왕이여, 우리가 섬기는 하나님이 계신다면 우리를 맹렬히 타는 풀무 불 가운데에서 능히 건져내시겠고 왕의 손에서도 건져내시리라. 그렇게 아니하실지라도(But even if) 왕이여, 우리가 왕이 세우신 신들을 섬기지도 아니하고 왕이 세우신 금 신상에게 절하지도 아니할 줄을 아옵소서"(단3:17-18). 우리가 인생을 살아가면서 불편하고 순조롭게 일이 풀리지 않아도 우리가 항상 믿는 것은 "하나님은 언제나 좋으신 하나님"(God is good all the time)이다. 우리가 신실한 하나님을 믿으며 건강과 상황이 '회복'이 되어도 감사, 설령 회복되지 않아도(But even if) '적응'하는 능동적 감사가 필요하다.

토론과 성찰을 위한 질문

1) 우리의 기도와 하나님의 주권의 관계는 어떠한가?
2) 약함이 주 안에서 도리어 강함이 된다는 말은 무슨 의미인가?

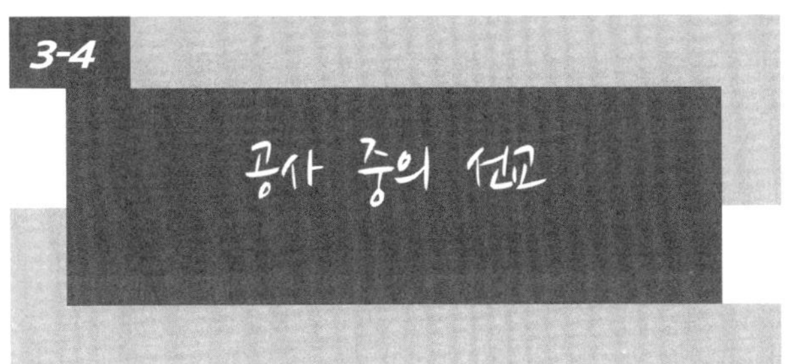

세계적인 선교학자 랄프 윈터 박사가 2011년 11월 방콕에서 개최된 ASM(Asian Society of Missiology, 아시아선교학회)[61] 국제 컨퍼런스에 참석하여, 아시아 선교가 향후 피해야 할 서구 선교의 실수에 대해 강연했다. 서구 교회의 선교를 통하여 복음이 세계에 편만하게 전파되어 세계 기독교 시대가 된 것은 부인할 수 없는 사실이다. 그럼에도 서구 선교를 성찰(省察)하며 아시아 선교학자들이 서구 선교사들이 범했던 동일한 실수를 범하지 말라는 취지로 서구 선교를 넘어서는 진정한 선교사역을 권면하였다.

그는 서구 선교사들이 실수한 내용을 다음의 12가지로 정리하여 발표하였다.[62]

61) ASM은 조동진 박사 등에 의해 설립된 아시아 선교협회(Asia Missions Association)이다.
62) 임윤택 편저, 랄프 윈처의 기독교 문명 운동사: 세계 기독교 문명사를 보는 거시적 퍼스펙티브스, 예수전도단 출판사: 2013, pp.414-435.

| 랄프 윈터가 말하는 서구 선교사의 실수-12가지 |

첫 번째_대학교가 아닌 성경학교를 설립하였다.
두 번째_'땅 위의 천국'이 아닌 '천국에의 구원'만을 강조하였다.
세 번째_교단이 선교기관을 거치지 않고 선교사를 직접 파송하였다.
네 번째_전문 선교보다 일반 선교에만 치중하였다.
다섯 번째_현지 문화를 배격하고 예수님을 따르게 하며, 선교 현지교회를 서구 교회와 동일시하도록 강조하였다.
여섯 번째_선교지에 선교사를 파송하는 대신에 돈만 보냈다.
일곱 번째_장기 선교사 대신 단기 선교사를 파송하였다.
여덟 번째_선교의 비즈니스와 비즈니스 선교를 이해하지 못하였다.
아홉 번째_근절하는 원인 치료적 접근보다, 질병의 증상만 치료하는 접근 방법을 사용하였다.
열 번째_현재를 '전쟁상태'라기보다, '평화상태'로 생각하였다.
열한 번째_과학을 친구로 여기지 않고, 적으로 간주하였다.
열두 번째_복음 전도가 사회 변혁을 통해 검증되고 사회변화를 통해 강화된다는 사실을 이해하지 못하였다.

〈표 15〉 : 랄프 윈터- 서구 선교사의 실수 12가지

북반구(서구) 교회의 선교를 통해 복음이 세계에 편만하게 전파되어 세계 기독교 시대가 되었다. 세계 기독교 시대가 되기까지 서구 교회의 공헌은 말할 수 없을 정도로 크다. 그럼에도 서구 선교는 완벽한 선교는 아니다. 선교지에서의 불평과 서구 교회 내부의 자성(自省)의 목소리도 들린다. 서구 교회의 선교 또한 여전히 시행착오와 실수를 하면서 성숙해가는 공사 중의 선교이다. 서구 교회뿐만 아니라 우리

각자의 개인적인 선교사역 혹은 단체의 선교사역도 마찬가지이다. 실수와 시행착오를 반복하면서 성숙해 나간다. 목회와 선교를 하면서 동역자들과 형제자매들에게 많이 하는 말 중에 하나가 '공사 중'(under construction)이라는 말이다.

목회자로서 성도를 섬길 때 혹은 동역자들과 함께 선교사역을 해 나갈 때 범하기 쉬운 실수 중에 하나가 선입견 혹은 과거 이력을 가지고 사람을 판단하는 것이다. 물론 그 사람의 이력이나 과거의 삶이 현재 그 사람의 인격을 결정짓는 경우가 많다. 목회나 선교사역을 하면서 당연히 사람에 대한 분별력이 필요하다. 너무 사람을 좋게 생각하고 쉽게 믿으면 낭패를 당할 수 있다.

그러나 우리 인간에게는 변수가 있다. 바로 '하나님의 변수'이다. 어떤 사람이 예전에 그런 삶을 살았다고 해서 지금도 여전히 그런 삶을 살고 있을 것이라고 예단(豫斷)할 필요는 없다. 살아 계신 하나님이 그 사람을 만질 때 그 사람은 얼마든지 변할 수 있다. 하나님으로 인해 변화되는 삶을 충분히 살 수 있다는 의미이다. 우리가 어떤 사람의 미성숙한 점(단점과 약점)을 발견할 때 짜증이 나거나 그 사람의 약점을 꼬집어야 직성이 풀리고 혹은 그 약점을 고쳐보려고 조바심을 내는 경우가 있다. 그러나 그러한 사람을 만났을 때보다 더 지혜로운 방법은 하나님이 그 영혼을 공사 중(under construction)이라고 생각하며 그 영혼을 하나님께 맡기면 그 사람을 향하여 넉넉한 마음이 자연스럽게 생긴다.

하나님 앞에서 완전한(perfect) 사람은 하나도 없다. 의인은 없나니 하나도 없다(롬3:10)고 성경은 말한다. 하나님 앞에 모든 사람은 다 불완전하다는 의미이다. 어리석은 자는 그의 마음에 하나님이 없다(시 14:1). 하나님 없이 사는 인생은 모두 어리석은 인생이다. 그러나 이러한 인생에 하나님이 개입하면 그 인생 또한 얼마든지 달라질 수 있다. 우리가 긍휼의 마음을 가지고 복음을 전해야 할 이유가 바로 여기에 있다. 어떠한 영혼이든지 하나님이 개입하면 변화될 수 있다.

하나님 앞에서 완전한 인생은 어떤 인생일까? 예수님은 산상수훈(마5-7장)에서 율법과 십계명을 재해석하여 말씀하신 후(마5장), 다음과 같이 결론을 내린다. 그러므로 하늘에 계신 너희 아버지의 온전하심같이 너희도 온전하라(마5:48). 여기서 "온전하라!"를 NIV성경은 "be perfect"(完全, 완전)로 번역하였다. 또 다른 복음서인 누가복음의 병행구절에서는 "너희 아버지의 자비로우심 같이 너희도 자비로운 자가 되라"(be merciful, 눅6:36)고 기록되어 있다. 즉 하나님의 "완전하심"(prefect)은 하나님의 "자비하심"(merciful)을 의미하며 우리가 하나님의 자비를 가지고 있는 자가 완전한 자라고 말할 수 있다.

하나님 앞에서 모든 사람이 다 공사 중(under construction)이다. 우리가 가져야 할 중요한 마음가짐은 바로 '측은지심'(惻隱之心), 곧 '긍휼이 여기는 마음'이다. 하나님이 공사 중인 사람을 보면 하나님의 자비하심으로 불쌍히 여기는 마음을 가져야 한다. 사람을 변화시킬 하나님의 변수를 고려할 때 자연스럽게 긍휼히 여기는 마음을 가질 수 있다. 목회와 선교사역을 하면서 인간관계에 감당치 못할 경우를 만났을 때 애써 나 자신을 위해 주문을 외우듯 되새긴다. "그래 이 사람도 하나님이 공사 중(under construction)인 사람일꺼야!"

사람이 변화되는 것이 쉽지 않다. 예수를 믿어도 잘 변화되지 않는다. 예수님을 영접하고 구원의 확신을 가지는 것은 우리들의 신앙생활에 매우 중요하다. 그렇다고 예수님을 영접하고 구원의 확신을 갖는 것이 마치 천국 문을 들어가기 위한 티켓을 확실히 구입한 것으로만 여기며, 예수님 영접 후 변화 혹은 성숙(성화)을 추구하지 않으면 또 다른 문제가 생길 수 있다. 예수님을 영접하는 결신 기도는 구원의 종착점이 아닌 전인적인 구원의 출발점이기 때문이다.

예수님을 영접하기만 하면 구원받는다. 맞는 말이다. 그러나 구원 이후의 삶을 중요시하지 않으면 값싼 구원파의 신앙으로 전락할 수도 있다. 하나님의 고귀한 구원의 역사가 값싼 구원으로 변질 될 소지가 있다. 'priceless'는 무슨 뜻인가? 명사에 less가 붙으면 부정적인 의미라고 생각하기 쉬워서 "값어치가 없는" 뜻의 'valueless'으로 번역하기 쉽다. 그러나 실제로는 너무 귀중하고 가치가 있어 "가격을 책정할 수 없는, 값으로 따질 수 없는 고귀한" 의미이다. 우리에게 베풀어주신 하나님의 구원은 바로 "priceless"구원이다.

사도 바울은 빌립보서에서 현재진행형으로 "두렵고 떨림으로 구원을 이루라"(빌2:12)고 말한다. 구원을 이루라는 말은 영적으로 성숙하며 '성화 구원'을 이루라는 말이다. 예수님을 영접하면 그의 생명을 얻게 된다. 생명이 있으면 살아 있다. 살아 있으면 자라게 되어있다. 성장하고 성숙한다는 의미이다. 하나님은 사람을 변화시킨다. 살아계신 하나님을 믿으면 반드시 변화된다. 사람에 따라 시간의 함수를 가지고 변화되는 정도가 다를 뿐이다. 하나님이 공사 중(under construction)인 영혼의 공사 완료 시점은 인간이 헤아릴 수 없다.

사람을 성숙(성화)시키는 원동력은 하나님이시다. 성도 안에서 행하시는 이는 하나님이시다(빌2:13). 하나님의 자신의 기쁘신 뜻(성화 구원, 영적 성숙)을 위하여 성도 안에서 소원을 두고 행하신다(빌 2:13). 우리가 하나님을 믿는다면 사람을 변화시킬(영적으로 성숙시킬) 하나님이심을 또한 믿어야 한다. 오늘도 사람을 변화시킬 하나님을 믿으며 전혀 변화될 것 같지 않은 영혼들을 향하여 다양한 방법으로 '공사 중'(under construction)인 하나님을 찬양하며 그들을 향해 긍휼의 마음을 달라고 기도한다. 더불어 부족한 나를 위해 '공사 중'인 하나님께 간절히 기도하며 오늘도 두렵고 떨림으로 구원을 이뤄간다.

하나님은 공사 중인 목회자를 통하여 성도들의 영적 성숙에 관한 공사를 수행하신다. 전혀 예수를 알지 못하는 사람을 전도하여, 그가 교회에서 세례를 받고 교회를 충성스럽게 섬기는 것을 볼 때 그 기쁨은 형언하기 어렵다. 그러나 또 다른 기쁨(?)은 전도하여 세례를 받고 교회에서 충성스럽게 섬기다가 직장 등의 이유로 교회를 떠나 다른 곳으로 갈 때이다. 만약 목회적인 마인드만 있고 선교적인 하나님의 나라의 마인드가 없으면 잘 키운 성도가 다른 곳으로 가면 그저 아쉽고 서운할 일이다. 완전히 성숙하지 못한 목회자에게는 성도가 어떤 이유가 되었든 떠나는 것은 실제로 서운한 일이다.

정들었다가 헤어지는 것은 물론 교회적인 관점으로 보면, 성도 수가 줄어들기 때문이다. 그러나 화인교회 목회자 이전에 선교사의 신분임을 늘 되새긴다. 하나님의 나라 관점으로 볼 때, 성도를 잘 훈련시켜 하나님의 때가 되어 다른 곳으로 파송하는 것이다. 그래서 직장을 따라 떠나는 학생을 떠나보낼 때 믿음으로 전 성도와 함께 간단한 파송식 혹은 축복기도를 한 후에 보낸다.

필자는 워털루 대학을 비롯 3개의 대학이 있는 이곳에서 화인목회를 하고 있다. 동역자들과 함께 열심히 전도하여 잘 훈련시킨 학생들이 졸업한 후 이곳에 머물기보다는 직장을 구하여 다른 곳으로 떠나는 경우가 훨씬 많다. 어림잡아 80-90% 정도는 떠난다. 이곳 워털루는 교육 도시이다. 공부하러 오는 학생은 많지만, 공부 끝나고 이곳에서 직장을 구하기가 쉽지 않기 때문이다.

최근에 박사과정을 졸업하고 세례를 받고 미시소거(Mississauga)로, 석사과정을 졸업하고 오타와(Ottawa, 캐나다 수도)로 갔다. 오늘은 주일 예배의 온라인(줌 관리) 사역 부분을 섬기고 있는 올해 세례를 받았던 한 학생이 석사과정을 졸업하고 몬트리얼(Montréal)에서 job offer를 받았다고 한다. 곧 이곳 생활을 정리하여 그곳으로 떠나야 한다고 연락이 왔다.

학생들이 졸업하고 직장을 구하는 일은 매우 기쁜 일이다. 기쁨과 함께 직장을 구한 곳의 화인교회 목회자에게 먼저 연락하는 것이 학생을 보내는 목회자인 나의 중요한 일 중에 하나이다. 화인 목회자를 찾아 먼저 전화를 한 다음에 그곳으로 가는 형제 혹은 자매의 영적인 상황 등을 알려주고 그 곳에 잘 정착하여 믿음 생활을 잘 할 수 있도록 부탁한다.

성도를 넘겨받는 목회자의 목소리를 들으면 기쁘고 감사하다고 한다. 그 목소리에 나도 안심을 하고 그 영혼을 그에게 인계한다. 수도 없이 많은 학생이 이곳으로 왔다고 예수 믿고 다른 곳으로 간다. 이들의 잠재력을 하나님이 아실 것이다. 이들이 언제 어떻게 하나님의 부르심을 받아 어떤 사역을 할지 나는 모르지만 하나님은 이미 알고 계실 것이다.

오늘도 하나님께 감사할 뿐이다. 언젠가는 이곳에서 떠난 나의 자식 같은 형제자매들을 모아 홈커밍 데이(Home Coming Day) 축제를 열어 볼까 생각도 한다. 우물가에서 사마리아 여인을 전도하고 나서 돌아온 제자들이 예수께 청하여 이르되 잡수소서! 할 때 하신 예수님의 말씀이 조금은 이해가 될 것 같다. “이르시되 내게는 너희가 알지 못하는 먹을 양식이 있느니라”(요4:32). 시간이라는 함수 속에서 실수와 시행착오 속에서 오는 고통과 수치 그리고 약함을 통해 조금씩 조금씩 희생의 본이 되신 예수님을 알아가면서 하나님 나라의 관점으로 가슴이 넓어진다.

바울이 쓴 고린도후서를 보면 여러 가지의 주제들이 나타난다. 공사 중인 선교를 위한 네 개의 주제를 발견할 수 있다. 고통을 통한 위로, 수치를 통한 영광, 죽음을 통한 생명, 그리고 약함을 통한 강함이다.[63] 주 안에서 고통을 통과하면 위로가 나오고, 수치를 통과하면 영광이 나오고, 죽음을 통과하면 생명이 나오고, 약함을 통과하며 강함이 나온다. 이는 고통을 당해보지 않고는 진정한 위로를 할 수 없으며, 수치를 당해보지 않고는 진정한 영광이 어떠한지를 알 수 없다는 의미이다. 죽음의 십자가의 잔을 마시고 나서야 비로소 부활의 생명을 맛볼 수 있고, 자신의 처절한 나약함을 몸소 체득한 자만이 주님의 강한 능력을 체험할 수 있다. 하나님께서 실수와 시행착오를 반복하는 우리를 공사하시고, 공사중인 우리를 통하여 하나님 나라 사역을 확장시켜 나가신다.

토론과 성찰을 위한 질문

1) 하나님이 현재 나의 어떤 부분을 공사하고 계시는가?

2) 여전히 공사중인 나를 통하여 하나님 나라 사역을 확장시켜 나가시는 하나님을 찬양하라.

63) Timothy B. Savage, Power through Weakness: Paul's Understanding of the Christian Ministry in 2 Corinthians (Cambridge: Cambridge University Press, 1996).

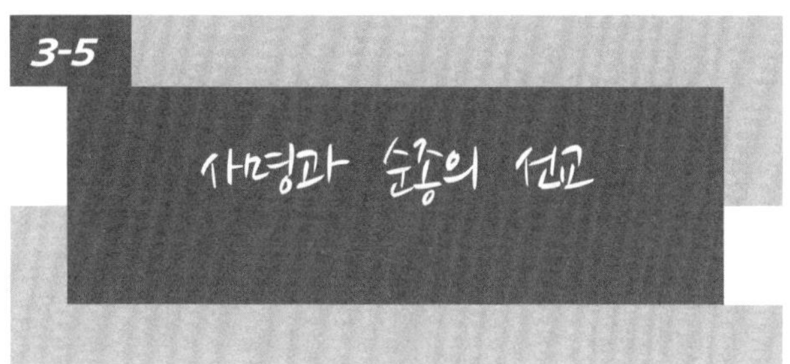

20년도 훨씬 지난 이야기이다. 한국에서 직장 선교사역을 할 때 강력한 성령의 임재와 충만을 사모하며 기도하는 우리들[64]에게 성령의 역사가 임했다. 한 번도 체험해 보지 못한 그런 은혜였다. 매일 하늘 문이 열리는 천국의 삶을 경험하였다. 그렇게 신앙이 성숙하지 않은 것 같았던 자매들과 아이들 그리고 형제들에게 성령의 불이 붙었다. 모두가 다 한수원 영광(지금의 한빛)원자력 발전소를 다니는 사람들이었다. 그때를 전후로 한 가정 한 가정이 하나님의 부름을 받아 다니던 직장을 그만두고 국내 목회자, 선교사, 신학교 교수로 모두 25명[65]이 전임 사역자로 헌신하였다.[66]

---

64) 당시 간절히 하나님의 은혜를 사모하며 평신도 가정들이 자발적으로 모여 기도하는 모임 가운데 성령 충만을 경험하였다.

65) 국내 목회 16명(최은화(소천),박용묵, 백귀현, 고영복, 김순홍, 김관위, 서재섭, 이형섭, 이성주, 박민규, 최병학, 송창완, 곽귀일, 양승권, 황원준, 임관혁), 선교사 8명(오도균(소천), 양홍엽, 유문재, 하재건, 김덕만, 이종현, 양남철, 송동수), 교수 1명(김호욱).

66) 양홍엽, 하이브리드 미션, pp. 121-122..

지금도 그때를 생각하면 가슴이 떨린다. 직장을 그만두고 한국에서 7년간 목회를 한 후에 중국선교에 이어 미국에서 화인목회를 11년간 하였다. 그리고 1년 안식년 겸 쉬면서 한인교회를 섬겼다. 그리고 캐나다 워털루에 와서 분립 개척으로 준비된 화인(중국인) 열 가정과 함께 현재 섬기고 있는 워털루 새생명화인얼라이언스교회(Waterloo New Life Alliance Church)를 5년 넘게 섬기고 있다. 한국에서 직장 선교를 할 때 많은 동역자와 전임 사역자를 부르셨던 하나님이 이곳 캐나다 화인교회 안에서도 비슷하게 사람을 불러 훈련하시고 준비시키셔서 전임 사역자로 사용하심을 알게 되었다.

토론토에 위치한 화인기독교회(多伦多华人基督教会) 보통화부(国语堂) 안에 주로 중국대륙 출신의 모임인 신실모임(信实团契)을 통하여 2002년을 전후로 7명 이상이[67] 전임(Full time) 사역자로 부름을 받았다. 각자가 부름받은 특수한 경험이 있지만, 특히 당시 아프리카에서 선교하고 캐나다로 돌아온 한 선교사의 부부[68]의 섬김을 통하여(직간접적인 영향) 이들이 영적으로 성숙하였으며, 하나님의 부름에 순종하여 목회자로, 부흥사로, 선교사로 쓰임받고 있다. 이들 중 일부를 주일 설교와 여름수련회, 전도집회의 강사[69]로 초청하기도 하였다.

성령이 임하면 위로부터 내려오는 비전을 보고 자신에게 주어진

67) 张谦牧师(活泉华人宣道会), 高路牧师(华人希望教会),于斌牧师(远东远东广播加东区主任), 温晓璐牧师(于斌牧师的师母, 奥城华人基督教会), 陈曦牧师(美顿差传浸信会),吴荔峰牧师(多论多中华循道会), 刘桂英宣教士(英国).

68) 江荣义宣教士夫妇.

69) 张谦牧师는 주일 예배 설교자로, 高路牧师는 2023년 여름수련회 강사로, 于斌牧师는 2320년 전도집회 강사로 초청하였다.

사명을 발견한다. 그리고 그 사명을 붙잡고 자원하여 헌신하며 하나님의 부름에 순종한다. 하나님은 곳곳에서 자신의 뜻을 이루기 위해 자신의 사람을 예비하시고 준비시키며 성령의 기름을 부으시고 자신의 일을 시키신다. 하나님은 선교의 하나님이다. 성경은 하나님의 선교 이야기이다. 선교의 핵심 메시지는 복음이다. 마가복음은 "하나님의 아들 예수 그리스도의 복음의 시작이라"(막1:1)라는 말과 함께 시작된다. 복음은 바로 예수 그리스도의 성육신, 십자가의 죽음 그리고 부활과 다시 오심에 관한 이야기이다. 복음은 사람을 변화시키는 하나님의 능력이다. 복음을 받아들이면 인생이 달라진다.

내가 설교하면서 즐겨 사용하는 말이 있다. "人的尽头就是神的起头"인간이 모든 것이 끝났다고 생각할 때 바로 그때가 하나님의 시작이다. 우리가 현지에서 선교사역을 하다 보면 이 말을 공감할 때가 많다. 열정으로 최선을 다해 사역하는 데 열매가 없고 실망스러울 때가 있다. 이제 다 끝났다고 생각할 때 새로운 길이 열린다.

우리가 노력하여 성과를 이루면 겉으로는 하나님이 이 일을 다 해주셨다고 하지만 은근히 마음 속으로는 자신이 이루었다고 생각할 수 있다. 하나님은 자신의 영광을 사역자(인간)에게 탈취당하기를 원하지 않으신다. 그런데 인간은 할 수만 있으면 하나님의 영광을 가로챈다. 그래서 하나님이 사역자를 다루는 최고의 전략전술 중에 하나가 바로 '벼랑 끝 전술'이다.

지난 10년 동안 중국의 정치상황 등의 영향으로 자발적, 비자발적으로 철수한 한인 선교사들의 재배치가 한국 선교계의 중요한 이슈 중 하나이다. 그리고 많은 포럼 등을 통해 재배치의 중요성을 인식하여 해외 화인교회나 선교단체와의 MOU등의 방식으로 중어권 한인 선교사의 재배치에 노력하였으나 생각만큼 재배치된 선교사가 많지 않다. 그러나 하나님이 재배치를 시작하시면 자연스럽게 이루어진다.

중국에서 성실하게 사역하며 나름대로 사역의 성과를 나타내며, 한국 주요 교단 중의 하나인 S 교단의 선교사 훈련 책임과 중어권 한인 선교사 협회를 섬겼던 H 선교사가 중국에서 철수 후 최근 재배치가 결정되어 다음 달 초에 NP로 떠난다. H 선교사는 씽치파광(해외 화인사역 한인 동역자 모임)의 동역자 중 한 분이다.

"그저 순종하고 갈 뿐입니다." 며칠 전 H 선교사가 나눈 사역지 변동에 관한 내용이 아직도 마음 속에 남아 있다. 단 한 문장 "그저 순종하고 갈 뿐입니다." 무슨 말이 더 필요할까? 우리들의 신앙은 말씀과 기도 그리고 '순종'이다. 그렇다 순종이다. 순종에는 말이 필요없다. 순종할 때 역사가 일어난다.

H 선교사의 마음이 충분히 이해가 된다. H 선교사는 솔직한 현재의 마음을 다음과 같이 고백한다. "군인으로 따지면 병장이 제대할 준비할까 하는데 주님이 이병으로 돌아가 선교사 초심의 마음으로 NP의 젊은이들과 목회자, 중국인 선교사 훈련을 사명으로 주시는 것을 느낀다."

새롭게 시작하는 일에 설레임도 있지만 이미 가 본 선교의 길이기에 두려움과 함께 주님을 의지하는 마음이 더 클 것이라 생각된다. 모르면 용감하게 가는데, 이미 가본 길, 그 길이 어떠한지 알고 있다. 알기에 더 두렵고 떨릴 것이다. 재배치되어 가는 길은 본인의 '자원함'과 '사명'이 아니면 설명이 안 된다. 나이도, 환경도 건강 등 많은 부분의 고려가 필요하다. 그러나 자원함과 사명이 합해진 순종은 모든 환경과 조건을 초월한다.

H 선교사의 본인 마음은 '이병'의 마음으로 새롭게 시작하지만, 또 다른 각도로 주님은 이렇게 말씀하실 것 같다. "네가 중국에 갈 때 이병으로 시작하여 강산이 두 번 이상 변하는 동안 위관급, 영관급으로 사역을 하다가 이제는 때가 되어 너를 야전의 사단장으로 보내노라!" 하나님께 그저 순종하며 나아가시는 H 선교사님의 모습에 도전이 되고 은혜가 된다. H 선교사님을 인도하신 주님은 역시 멋있는 분이다. H 선교사의 가는 길에 주님의 인도하심과 보호하심이 늘 함께하실 줄 믿는다.

우리는 주님의 군병이다. 훈련받아 작전에 투입되어 산전수전 공중전(?)을 겪으면서 여기까지 왔다. 어느덧 전역할 때가 이른 것 같지만 주님의 군병은 전역이 없다. 어쩌면 하늘나라에 갈 때가 전역할 때가 아닌가 생각된다. 많은 중어권 한인 선교사들이 20년 이상 중국에서 온갖 아픔과 고통 그리고 보안 속에서 하나님의 복음을 전하였다. 그리고 때가 되어 자발적, 비자발적으로 중국에서 철수하였다. 최근 다른 사람보다 먼저 중국에서 나온 해외 화인 사역을 하는 동역자들이 주축이 되어 중어권 한인 선교사를 위한 '화인사역 가이드북' 제작하고 있다.

왠지 중국에 이어 다음 사역을 준비시키는 하나님의 손길이 느껴진다. 지금까지 연단 시키시고 훈련 시키신 중어권 한인 동역자들을 향해 위로부터 내려오는 비전을 보게 하시고 저 넓고 더 깊은 은혜 속에 식지 않은 사명을 발견하고 자원하여 순종하며 남은 인생을 더 값지게 살게 하시려는 하나님의 세미한 인도를 느낀다. 우리들이 이제는 사역을 정리해야겠다고 할 때, H 선교사의 케이스가 더 큰 사명을 따라 전 세계에 흩어져 새롭게 사역을 하시려는 중국선교사 재배치의 신호탄이 아닐까? 위로부터 내려오는 비전을 붙잡으면 자원하여 순종하는 삶을 살아간다.

토론과 성찰을 위한 질문

1) 나의 신앙생활은 이해가 되고 나서 순종하는가? 아니면 먼저 순종했더니 이해가 되던가?

2) 나는 사명에 따라 순종하는가? 아니면 순종함으로 사명을 따라가는가?

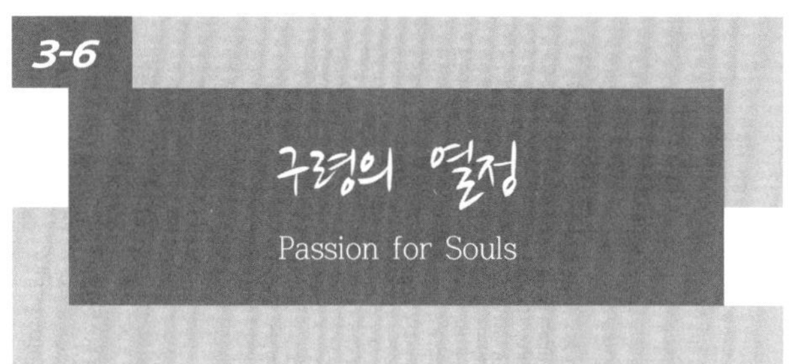

세계 기독교의 성경적인 근거

	세계 기독교	관련된 말씀-성경	특성
1	교회의 출발점	그들이 다 성령의 충만함을 받고 성령이 말하게 하심을 따라 다른 언어들로 말하기를 시작하니라(행2:4)	동일한 복음, 다른 언어
2	중간 연결	그의 안에서 건물마다 서로 연결하여 주 안에서 성전이 되어 가고, 너희도 성령 안에서 하나님이 거하실 처소가 되기 위하여 그리스도 예수 안에서 함께 지어져 가느니라(엡2:21-22)	세계기독교로서의 "에베소 모멘트"
3	역사 마지막 장면	이 일 후에 내가 보니 각 나라와 족속과 백성과 방언에서 아무도 능히 셀 수 없는 큰 무리가 나와 흰 옷을 입고 손에 종려 가지를 들고 보좌 앞과 어린 양 앞에 서서(계7:9)	동일한 흰옷, 각 족속의 정체성
	출처: 임태순, 제8차 세계선교 전략회의 NCOWEIII 발제안, 2023 년		

〈표 16〉 : 세계 기독교의 성경적인 근거

지금은 세계 기독교 시대이다. 세계 기독교 시대에는 피선교지역이나 국가가 선교사를 파송하는 지역이나 국가가 되고, 크리스텐덤 시대에 선교사를 파송하였던 유럽이 피선교지가 되는 상황이다. 다른 각도로 보면 세계 기독교 시대에는 모든 곳에서 모든 곳으로 복음을 전해야 하는 상황이다. 역사의 종말을 향해 달리고 있는 현 시대에 다른 어느 때보다 구령의 열정을 가지고 선교해 나가야 한다. 초대교회(세계 기독교의 출발점)부터 시작된 선교 운동은 예수님이 다시 오실 때(역사 마지막 장면)까지 계속되어 진다.
그에 대한 세계 기독교에 대한 성경적인 근거를 구령의 열정의 단락이 시작되면서 제시하고 있다.

세계 기독교 시대에 모든 그리스도인은 당연히 선교적 삶을 통한 하나님 나라의 복음 전파 사역에 열심을 내야 한다. 더불어 세계 기독교 시대의 교회들은 교회의 본질인 예배와 선교를 지향하는 건강한 선교적 교회가 되어야 한다. 캐나다와 미국에 위치한 두 개의 선교적 교회의 모델을 소개하고자 한다.

캐나다 토론토에 위치한 The Peoples Church에서 담임목사를 역임했던 오스왈드 제임스 스미스(Oswald J. Smith 1889-1986)는 목회자, 선교 동원가(옹호가), 작가, 시인으로도 명성이 높다. 그는 그의 생애 중 80개 국가에서 12,000번 이상 설교하였으며, 35권의 책을 저술하였다. 그리고 그가 저술한 책들이 128개국의 언어로 번역되었다. 그는 일평생 선교라는 사명에 붙들려 살았던 사람이다. 그가 목회할 때 교회의 모든 역량을 선교에 집중시켰다. 교회 성도가 5,000명이었을 때 300명의 성도가 선교사로 나갈 정도였다. 이는 단일 교회로서는 성도 수에 비해 가장 많은 선교사를 파송하였다.

최근(2022년 11월) 미국 은혜 한인교회 한기홍 목사는 "꿈을 꾸고, 이루며 땅 끝까지"라는 책을 쓰고 교회 설립 40주년과 함께 출판감사 예배를 드렸다는 기사를 보았다. 은혜한인교회는 성도 수가 5천여 명이 되는 교회로 꾸준히 성장을 계속해 왔다. 은혜한인교회는 전 세계 57개국에 329명의 선교사를 파송하고 20개국에 21개 신학교를 설립하는 등 '건강한 선교적 교회'의 모델이 되는 교회이다. 캐나다 The Peoples Church를 능가하여 단일 교회로서는 성도 수 대비 가장 많은 선교사를 파송했을 뿐만 아니라 파송된 선교사들에 의해 수많은 선교지 교회를 개척했다. 남가주 플러튼의 작은 미국인 교회에서 개척되어 22년 동안 자체 예배당 없이 놀웍지역의 학교 강당, 멜로디랜드 미국교회, 이스트 사이드교회를 전전하면서도 변함없이 헌금의 절반을 선교비로 보냈다.

2000년 현 교회의 부지를 구입하고 2003년 미라클센터 기공과 함께 입당 감사예배를 드렸다. 교육관과 체육관, 선교센터와 세계기도센터, 비전센터 등이 건립되어 선교사역을 보다 더 크게 확장하여 다이나믹하게 전개해 갈 수 있게 되었다. 한 목사는 다음과 같이 말한다.

> "은혜한인교회는 창립 초기부터 '주님의 지상명령을 수행하는 교회가 된다'는 비전 아래 '선교는 기도, 선교는 전쟁, 선교는 순교'라는 표어를 내걸고 지금까지 복음 전파에 총력을 기울여 왔다."

선교할 수 있는 동력이 기도이며, 선교는 영적 전쟁을 수행하는 것이며, 순교할 자세로 선교할 그때 하나님의 나라는 확장된다는 것이다.

LA에 있을 때 은혜한인교회에서 주관하는 세미나를 참석한 적이 있다. 3박 4일의 세미나 후 마지막 날 은혜한인교회 주일예배에 참석하여 수료식을 하였다. 한 목사가 기도를 많이 한다는 이야기는 익히 들어서 알고 있었다. 다른 사람에게 안수 기도를 받는 것을 좋아하지 않지만 그 날따라 수료자 한 사람 한 사람에게 안수 기도해 주는 한 목사의 기도를 받고 싶은 감동이 들었다. 나의 차례가 되기 전, 3m 정도 떨어지는 지점부터 느껴오는(불어오는) 기도의 위력(바람?)은 무엇으로 설명해야 하는지 지금도 모르겠다. 한 가지 분명한 사실은 그날 느낀 한 목사의 기도에 대한 느낌은 설명할 수 없지만 한 목사가 얼마나 교회와 선교를 위해서 목숨 걸고 기도하는지 몸소 체험하는 시간이었다. 선교는 바로 기도하는 사람을 통해 이루어진다.

이영훈 목사는 [성공에 이르는 12가지 지혜, 교회성장연구소]에서 이런 기준을 모두 충족하는 사람이 바로 사명에 사로잡혀 사는 사람이라고 말한다. 선교와 목회를 하다 보면 수많은 난관을 만나게 되고 하나님을 의지하며 극복하는 가운데 기도의 응답을 체험하며 하나님을 의지하며 믿음이 커나간다. 그래서 사명자는 성령의 기름부음을 따라 기도와 말씀으로 무장하여 믿음의 능력을 체험하고, 주님이 주신 삶의 목적을 향해 달려가는 사람이다. 그리스도 안에서 부르심을 받은 우리는 이렇게 일평생 사명에 붙들린 인생을 살아가야 한다. 사명을 따라 사는 인생에 참된 행복과 의미, 그리고 능력이 있다.

오스왈드 제임스 스미스가 쓴 책 구령의 열정(Passion for Souls)[70]에서 하나님이 쓰시는 사람에 대한 8가지 기준은 다음과 같다.

| 오스왈드 스미스의 구령의 열정-8가지 |

8.1 목적이 하나만 있어 한 가지를 생각하는 사람인가?
8.2 목적을 위해 모든 장애물을 극복할 수 있는 사람인가?
8.3 온전히 하나님께 맡기는 사람인가?
8.4 기도의 승리를 체험한 사람인가?

8.5 하나님의 말씀을 부지런히 공부하는 사람인가?
8.6 메시지가 있는 사람인가?
8.7 믿음의 결정적 결과를 체험한 사람인가?
8.8 성령의 기름 부음을 받은 사람인가?

〈표 17〉 : 오스왈드 스미스의 구령 열정 8가지

제가 잘 아는 목사의 아버지이신 C 선교사님이 생각난다. 그는 한국에서 남들이 잘 가지 않는 농촌과 시골에서 교회를 개척하고 도시에서도 소외된 영혼을 위해 평생 목회하신 분으로 6여년 전에 은퇴한 것으로 안다.
우연잖게 미국 남가주에 사는 딸의 시부모를 만날 기회가 있어 같이 중미의 밸리즈(Belize)를 방문하게 되었다. 그곳에 도착하였을 때 "이곳에서 남은 생애 선교해야겠다…"는 성령의 감동에 곧 바로 나이와 언어(영어) 그리고 문화환경을 고려하지 않고 구령의 열정으로 순종하

70) 오스왈드 스미스, 박광철역, 구령의 열정(원제: Passion for Souls), 생명의 말씀사, 2013.

였다. 그곳에 도착하자 하나님은 모든 것을 다 준비하셨다. 국가에서 주도적으로 선교를 위해 비정부기구(NGO) 설립을 도왔으며, 공무원이 찾아와 영주권도 내주었다. 영어가 되지 않아도 대학생을 양육하고 있으며, 양육 받은 사람 중에 헌신자도 생겨났다고 한다. "선교는 하나님이 하신다"(The mission is done by God)는 어김 없는 사실을 단적으로 보여주는 사례이다.

C 국에서 다년간 사역을 하고, C 국을 나와 I 국에서 중국인 교회를 개척하여 활발하게 사역을 하다가 최근 남미 페루 리마에 사역지를 옮긴 K 선교사의 이야기이다. 보통 사역지를 옮길 때 먼저 가서 답사하고 많은 부분을 고려하고 최종적으로 결정한다. 그런데 K 선교사는 성령을 의지하고 순종하여 리마에 도착하였다. 현지 교회에서도 그의 결단을 의아하게 생각할 정도이다. 보통 단기 선교 혹은 답사 과정을 거치는데 K 선교사는 "하나님이 가라 하시면 간다"(God tells to go, so I'll go)는 믿음으로 새로운 선교지에 도착했다. 그를 통해 새로운 일을 해나가실 하나님을 찬양한다. 하나님의 선교에 대한 돌파는 이런 사람들을 통해 이루신다.

오랫 동안 화인교회 사역을 경험하신 또 다른 K 선교사의 이야기이다. 그는 화인 다아스포라 선교사역에 상당한 수준의 학문과 식견을 가지고 있다. 중어권 한인 동역자 중에 그만한 사람을 만나기가 쉽지 않다. 특히 오랫동안 중어권 한인 동역자들의 재배치에 사활을 걸고 기도를 하신 분이다. 그와 대화를 하다 보면 무언가 선교를 향한 순수함과 열정이 느껴진다. 보통 사람이라면 이제는 안정을 추구하는 나이에도 불구하고 하나님이 부르시면 지금이라도 당장 순종하며 선교지로 나갈 것 같다. 구령의 열정은 현재 나의 상황(나이, 언어, 문화 등)을 뛰어넘는다. 구령의 열정은 '하나님의 선교'에 목숨을 걸게 한다.

구령의 열정에 사로잡힌 한 사람을 통해 하나님을 그 시대를 바꾸고 하나님의 꿈을 실현시켜 나가신다. 사명에 사로잡힌 바울은 다음과 같이 고백한다.

> "내가 달려갈 길과 주 예수께 받은 사명 곧 하나님의 은혜의 복음을 증언하는 일을 마치려 함에는 나의 생명조차 조금도 귀한 것으로 여기지 아니하노라"(행 20:24).

인간적으로 볼 때 선교 환경이 녹녹치 않고 건강 그리고 은퇴할 나이가 되어 이제는 사역을 정리할 때가 되었다고 할 그때, 하나님은 여전히 '구령의 열정'에 가득 찬 한 사람을 찾고 계신다(God still looking for one person who is full of 'passion of the soul').

토론과 성찰을 위한 질문

1) 나는 현재 영혼 구원에 대한 열정이 있는가?

2) 하나님은 지금도 여전히 '구령의 열정'에 가득 찬 사람을 찾고 계신다. 이에 나는 어떻게 응답할 것인가?

4부 약한 자를 향한 선교

4.1 비서구의 선교의 선봉

4.2 풀뿌리 선교 운동

4.3 남반구를 향하여

4.4 도시 이주민 선교

4.5 화인 디아스포라 선교

4.6 남미 화인 선교 돌파

사단은 하나님의 피조물인데 하나님처럼 되고자 스스로 높아지며 타락했다. 이러한 사단을 닮으면 스스로 높아지는 것을 좋아한다. 수단과 방법을 가리지 않고 가지려 하고 높아지려 한다.
이미 강한데 더 강해지려고 한다. 이미 높은 자리에 앉아 있는데 더 높아지려 한다. 이미 부한데도 더 부해지려고 한다

<212면, 4-1 비서구의 선교의선본 중에서>

4-1

비서구의 선교의 선봉

5000년의 유구한 역사 속에 수많은 외세의 침입을 받았으나 한 민족을 이 땅에 남기시는 것은 많은 이유가 있겠지만, 저자는 개인적으로 하나님의 선교를 위해서가 아닌가 생각한다. 한 민족은 생존과 함께 많은 상처가 있다. 주님이 쓰시는 많은 한인 사역자 또한 예외는 아니다. 그런데 주님은 이러한 아픔과 약함의 틈으로 찾아오시고. 만나주시고, 치유하시고 일으켜 세워서 사역자로 만드셨다. 그리고 다른 민족과 사람을 섬기고 세우는 하나님의 자녀로 살아가게 하신다. 한국교회와 한인 선교사들이 세계 기독교 시대에 계속해서 서구 교회의 바톤을 이어받아 하나님 나라의 확장에 쓰임 받기를 기도한다.

예수님이 공생애를 시작하시면서 요단강에서 세례를 받았다. 하나님이셨던 주님은 세례를 받지 않으셔도 되나 '하나님의 의'를 이루시기 위해 세례요한에게 세례를 받으신다. 세례를 받으실 때 하늘에서 성부 하나님의 소리가 들린다. “이는 내 사랑하는 아들이요 내 기뻐하는 자라”(마3:17). 그리고 공생애의 사역 중에 베드로와 야고보 그리고 요한과 함께 변화산에서 가셨다. 그곳에서 변모된 모습으로 모세와 엘리야와 함께 자신의 별세(인류의 구속)에 대해 논하셨다(눅9:31). 이 때에 하늘에서 세례받을 때와 동일한 음성을 듣는다. “이는 내 사랑하는 아들이요 내 기뻐하는 자니 너희는 그의 말을 들으라”(마17:5).

인간의 연약함을 친히 체휼하시기 위해 이 땅에 오신 예수님이 파송한 성부 하나님으로부터 들은 말씀이다. 헨리 나우웬은 그의 책 [이는 내 사랑하는 자요 : Life of the beloved]에 의하면, 이 음성은 상처받고 살아가는 인류가 들을 수 있는 가장 위대한 선물이라고 말한다. 헨리 나우웬의 또 다른 책 [상처 입은 치유자: The Wounded Healer]에서 이 시대 사역자를 ‘상처 입은 치유자’로 재정의하며, 크리스천은 자신이 입은 상처로 인해 다른 이들에게 생명을 주는 원천이 될 수 있다고 한다. “너는 아무 소용도 없고 무능한 사람이야, 넌 아무런 가치도 없는 사람이야…!”와 같은 부정적인 말들이 가득 찬 세상에 꼭 필요한 말은 “이는 내 사랑하는 아들이요”이다. 모두가 상처받은 약한 사람들로 살아가고 있다. 상처받은 사람이 꼭 들어야 할 메시지는 “너는 내 사랑하는 아들이다”이다.

우리를 창조하신 하나님이 그의 아들 예수님께 하신 말씀처럼 그의 자녀가 된 우리 또한 꼭 들어야 할 메시지이다. 상처 속의 자기부정에서 하나님의 형상으로 자존감을 회복해야 한다. 그래야 상처가 치유될 수 있다. 상처가 치유될 때 다른 사람을 치유할 수 있는 사람이 된다. 쉽게 말하면 상처 입은 치유자로 쓰임받을 수 있다. 예수님은 자신의 목숨까지 주시면서 아낌없이 우리를 사랑하셨다. 우리는 상상도 할 수 없는 엄청난 사랑을 받은 자들이다. 예수님은 우리에게 사랑을 먼저 베풀어주시고 말씀하셨다.

> "새 계명을 너희에게 주노니 서로 사랑하라 내가 너희를 사랑한 것 같이 너희도 서로 사랑하라"(요13:34).

변화산 사건(마17:1-13)을 목격한 베드로는 시간이 지나 성숙되어 베드로후서를 쓰면서 당시 사건을 떠올린다. "지극히 큰 영광 중에서 이러한 소리가 그에게 나기를 이는 내 사랑하는 아들이요 내 기뻐하는 자라 하실 때에 그가 하나님 아버지께 존귀와 영광을 받으셨느니라"(벧후1:17). 베드로는 당시 박해를 받으면서 살아가고 있는 성도들에게 자신이 경험한 진리를 일깨워 권면한다(벧후1:13). 베드로의 인생에 변화 산에서의 사건을 목격한 일은 중요한 일 중에 하나였다. 예수 그리스도의 사역이 하나님으로부터 인정(존귀와 영광)을 받으신 일이라고 기록하고 있다.

예수님은 하나님 아버지의 사랑받는 아들(Son). 베드로 그리고 우리 또한 예수님으로 인해 하나님의 사랑받는 아들(sons)이 되었다. 하나님은 예수님을 보내셔서 아픔과 상처를 가진 약한 우리를 그대로 용납하시며 품어주셨다. 사랑을 받는 자가 상처를 치유받고 사랑을 전하는 자로 살 수 있다. 우리 모두 하나님의 사랑을 받을 자로 살아 갈 충분한 자격이 있다. 그리고 받은 가슴 설레이는 사랑을 전할 특권이 있다.

“이는 내 사랑하는 아들이요 내 기뻐하는 자라”(마3:17).

그런데 죄성(Sinful Nature)을 가진 인간들은 삶 속에서 높은 곳에서 낮은 곳으로 흐르지 않고 비슷한 사람들 ‘끼리끼리’가 은연 중에 자리 잡고 있다. 가진 사람들은 가진 사람들끼리 모인다. 배운 사람들은 배운 사람들끼리 어울린다. 그리고 자신보다 더 많이 가지고 더 많이 배운 사람들과 어울리고 싶어하고 또한 그런 사람들과 어울리는 것을 자랑스러워한다. 사단은 하나님의 피조물인데 하나님처럼 되고자 스스로 높아지며 타락했다. 이러한 사단을 닮으면 스스로 높아지는 것을 좋아한다. 수단과 방법을 가리지 않고 가지려 하고 높아지려 한다. 이미 강한데 더 강해지려고 한다. 이미 높은 자리에 앉아 있는데 더 높아지려 한다. 이미 부한데도 더 부해지려고 한다. 흐르지 않는 ‘끼리끼리’나 스스로 높아지려는 행위는 고여있는 물, 혹은 막혀서 역류하는 물이 썩듯이 부패하고 냄새가 난다. 서로 경쟁하고, 질투하고 분열하며 무너진다.

그러나 흐르는 신앙, 내려가는 삶, 주는 생활은 개인뿐만 아니라 공동체를 살린다. 더 나아가 감동스러운 사회를 만들며 건강한 나라로 만든다. 바울은 3차 선교여행을 하는 중 에베소에서 장로들에게 고별 설교를 하면서 다음과 같이 말한다. “범사에 여러분에게 모본을 보여 준 바와 같이 수고하여 약한 사람들을 돕고, 또 주 예수께서 친히 말씀하신 바 주는 것이 받는 것보다 복이 있다 하심을 기억하여야 할지니라”(행20:35). 세계 기독교 시대에 한국 교회와 한인 선교사들이 주는 복을 누리기를 소망한다.

1900년에는 전 세계 기독교의 인구의 약 80% 정도가 유럽, 북미, 호주 등에 거주하는 서구 기독교이었지만, 오늘날에는 세계 기독교 인구 중에 서구 기독교인이 차지하는 비율은 약 33%에 지나지 않고 나머지 대다수인 약 67%는 남반구(비서구)인 아시아, 아프리카 그리고 라틴 아메리카에 거주하고 있다. 이러한 추세는 더욱 가속화되어서 2050년에는 세계 기독교인 중에서 서구인의 비율은 23% 미만으로 떨지는 반면에, 비서구인의 비율은 77%를 초과할 것으로 보인다.[71] 이러한 추세에 비서구 선교 운동의 중심에 한국교회와 한인 리더십들이 있다.

한국의 국력 신장과 경제 발전에 힘입어 예전에는 꿈도 꿔볼 수 없는 현상이 벌어지고 있다. 많은 국제기구의 수장에 한인들이 선임되고 있다. 유엔(UN)의 전 반기문 사무총장, 국제 보건 기구(WHO) 이종욱 사무총장, 국제 해사 기구(IMO) 임기택 사무총장, 세계은행(WB) 김용 총재, 국제 형사 재판소(ICC) 송상현 소장 등등…. 열거하기 어려울 정도로 많은 한국인이 국제기구에서 리더십으로 섬겼고, 또한 섬기고 있다. 교회와 선교계 또한 예외는 아니다. 세계 침례교 연맹회장으로 섬겼던 김장환 목사, 국제복음주의연맹(WEA: World Evangelical Alliance)의 국제총재 김상복 목사, WEC(World- wide Evangelization for Christ) 국제총재 이영춘, WBT(Wycliffe Bible Translator) 국제 부총재 정민영 선교사 그리고 국제 로잔 운동의 총재로 선임되었던 마이클 오도 여기에 해당된다.

---

71) 2021년 국제 선교학술지IBMR가 발표한 통계 자료에 따른 근거함.

2016년 엘에이에서 열렸던 한인 세계 선교대회에서 마이클 오(1971년생)를 만났다. 마이클 오는 한인 2세로 41세의 나이에 세계 기독교 복음주의 교회에서 볼 때, 선교올림픽이라 할 수 있는 국제 로잔 운동의 이사장 겸 총재로 선임되었다. 그는 아시안 최초 국제 로잔 운동의 수장이 되었다. 국제 로잔 운동은 1974년 스위스 로잔에서 빌리 그레이엄(Billy Graham) 목사, 잭 데인(Jack Dain) 주교에 의해 세계선교를 위해 소집된 복음주의 지도자들의 국제 대회이다. 존 스토트(John Stott)가 입안한 주요 기독교 신앙을 기초로 한 '로잔 언약(Lausanne Covenant)이 채택되었다. 로잔 운동의 목적은 모든 이들을 위한 복음 전파와 복음주의 교회 설립을 비롯한 지역교회를 위한 지도자를 배양하여 사회의 전 영역에 하나님의 나라를 확장하는 것이다.

1974년 스위스 로잔 대회를 시작으로 1989년 제2차 필리핀 마닐라 대회, 2010년 제3차 남아프리카 공화국 케이프타운 대회로 대회가 점차 확장되어 가고 있다. 로잔 운동으로 영향을 받은 지도자들은 랄프 윈터, 레이트 포드, 세뮤얼 에스코바, 존 파이퍼, 루이스 부시 등 세계 각국의 교회 지도자들과 선교의 거장들이 셀 수도 없이 많이 있다. 현재 이 단체의 수장이 한국인 2세 마이클 오이다.

그의 외모는 '핵 동안'(?)으로 젊은 모습을 넘어 어려 보였다. 그러나 그의 강의는 열정으로 가득 찼으며 무언가 모르는 힘이 있었다. 아이비리그 대학인 하버드 대학을 비롯한 펜실베니아 대학교, 트리니티 신학교에서 교육학, 인류학, 과학, 신학 등 다양한 학문 분야의 다섯 개의 석,박사학위를 취득하였다. 그리고 그는 모든 것을 내려놓고 주님을 위하여 일본 나고야에 그리스도 성서 신학교를 설립하고 총장으로 섬기는 선교사의 삶을 살고 있었다. 물론 앞으로 그의 리더십을 많은 사람이 지켜보아야겠지만 제가 보기에는 참으로 겸손한 사람이다. 세계 복음주의 교회들과 선교를 이끌어 가는 수장에 걸맞지 않게 그에 관한 자료가 많지 않으며 그를 소개한 내용은 특히 한글로 된 내용은 거의 없다. 그가 쓴 책의 제목이 '나는 아무것도 아닙니다'(I'm nothing)이다.[72)]

내 눈으로 보기에는 국제 로잔 운동을 이끌어왔던 존 파이퍼를 비롯한 집행진이 차세대에게 리더십을 넘겨주는 도박(?)으로 비추어진다. 그러나 한 가지 분명한 사실은 정치, 경제, 사회, 문화분야의 국제기구의 수장이 한국인인 것처럼 기독교계에서 최고의 영향력을 발휘하는 국제 기구의 수장 또한 젊은 한인이다. 그간 서구 주도의 선교운동에서 제 3세계 주도의 선교운동으로 넘어가는 시점의 중심에 한국교회와 한인 디아스포라 교회가 있다는 것은 누구나 알고 있다. 그 핵심 리더 중에 한명이 마이클 오이다. 선교대회 강당 한쪽에 설치된 부스에서 그와 함께 사진을 찍고 그의 책을 구입하여 단숨에 읽었다. 그리고 막연히 21세기는 한국 주도의 선교가 되겠다고 생각을 했다. 각 분야마다 한국인을 사용하셔서 세계를 이끌어 가시는 하나님께 영광을 돌린다.

하나님은 지금도 하나님의 사역을 감당할 사람을 부르고 계신다. "내가 누구를 보내며 누가 우리를 위하여 갈꼬?" 할 때, "내가 여기

---

72) 마이클 오, 배응준 역, I'm nothing 나는 아무 것도 아닙니다: 규장출판사, 2014년.

있나이다 나를 보내소서!"라고 응답하기를 원한다. '내가 여기 있나이다'(Here am I)의 히브리 말이 'Hi-Ne-Ni'이다. 누가 나를 위해 선교사로 자원할까? 각자 처한 위치에서 'Hi-Ne-Ni'라고 응답하기를 소망한다. "내가 또 주의 목소리를 들으니 주께서 이르시되 내가 누구를 보내며 누가 우리를 위하여 갈 꼬하시니 그때에 내가 이르되 내가 여기 있나이다 나를 보내소서 하였더니"(사6:8).

토론과 성찰을 위한 질문

1) 비서구 교회 주도의 선교 중심에 한국교회가 있음을 설명하라.

2) 한국 교회 선교의 장점은 무엇이 있는가?

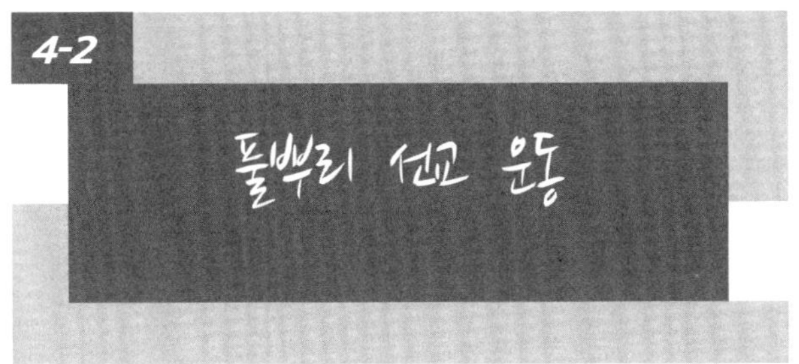

21세기 선교환경이 녹녹치 않다는 것은 누구나 다 알고 있다. 비서구 선교운동의 선두주자로 주목받고 있는 한국교회도 어느 순간에 정체기를 넘어 쇠락하는 경향을 보이고 있다(?). 그러나 하나님은 하나님의 방법으로 하나님의 선교를 계속해 나가실 것이다. 전반적으로 유럽을 비롯한 북미대륙의 기독교의 쇠퇴 현상과 더불어 선교의 주도권이 아프리카, 아시아, 남미 등의 남반구로 넘어가고 있다. 북반구의 기독교 인구의 감소와 동시에 남반구에 있는 교회들이 급속도로 성장하고 있다. 남반구에서 살고 있는 그리스도인이 약 22억으로 추정된다. 남반구(비서구) 그리스도인들의 특징은 비교적 북반구(서구) 그리스도인에 비해 가난하다. 이러한 남반구 선교에는 서구 교회가 주도하는 선교방식을 그대로 적용해서는 안 된다.

선교사의 숫자만 보더라도 확연하게 드러난다. 제8차 엔코위(2023

NCOWE)에서 발제한 KWMA 강대흥 사무총장에 의하면 1970년에 파송된 선교사 숫자는 258,000명이었다, 그중에 88%에 해당하는 227,000명이 북반구에 있는 기독교 국가에서 파송하였고, 남반구 기독교 국가에서는 파송한 선교사 숫자는 12%인 31,000명에 불과했다. 50여 년이 지난 2021년에는 430,000명이 선교사로 파송되었다. 북반구에서 파송된 숫자는 227,000명으로 1970년과 숫자는 동일하지만 전체 파송된 숫자의 53%을 점한다. 반면 남반구에서 파송한 선교사의 숫자는 203,000명으로 전체 파송된 숫자의 47%에 해당한다. 근 50년 사이에 증가 된 선교사들은 대부분 남반구에서 파송된 선교사들이다.

그간 주류를 이룬 서구 선교 운동의 패러다임은 다음과 같다.

첫째, 기독교 지역에서 비기독교 지역으로 나아간다.
둘째, 선교는 특별하게 훈련받은 소수의 선교사에 의해 수행된다.
셋째, 선교는 특별한 전문 선교기관을 통해 완수해야 하는 과업으로 생각한다.
마지막으로 선교는 회심자를 얻고 새로운 교회를 개척하는 것이다.

이러한 서구 중심의 선교를 기독교 왕국 즉 크리스텐덤(Christendom) 선교라고 칭하며, 지나간 특정한 기간에 수행되었던 선교운동이다.[73]

이제는 앞으로 주류가 될 남반구 교회가 주도되는 비서구 중심의 선교전략은 다음과 같이 진행될 것이다.

---

73) 제8차 엔코위(2023 NCOWE)에서 발제한 KWMA 강대흥사무총장의 발제 내용 정리

첫째, 돈이나 힘 혹은 프로젝트 중심의 선교는 지양할 수밖에 없다. 왜냐하면 남반구 대부분이 가난한 국가들이기 때문이다.

둘째, 소수의 전문 선교단체가 아닌 다양한 현지의 선교기관이 출현하며 이들에 의한 다양한 방법으로 선교가 수행될 것이다.

셋째, 외부인 중심의 선교보다는 내부인 중심의 선교의 중요성을 공감할 것이다.

마지막으로, 선교사의 파송은 네크웍을 중심으로 하며 기도의 능력을 사모해야 가능하다.

한국교회는 서구의 선교단체와 함께 선교도 해보았다. 그래서 다른 어떤 교회보다 서구 선교의 장단점을 다 알고 있다. 더불어 한국교회는 이제 비서구의 다양한 선교단체와 함께 동역하며 선교를 해야 할 선교 과제가 있다. 지피지기이면 백전백승이라고 했다. 이제는 한국교회도 선교사를 파송할 때 재정과 힘을 가진 소수 전문 목사선교사를 파송하기 보다는(물론 지역과 사역 특성에 따라 계속 파송해야 한다), 각계계층에서 각양각색으로 활동하고 있는 평신도 전문인 사역자들을 선교 동력화하는 것이 필요하다. 아직 복음을 들어보지 못한 지역이나 국가 혹은 인구 대비 기독교인의 비율이 현저하게 낮은 지역의 대부분이 선교사의 비자보다는 전문적인 기술이나 직업을 가진 자들을 더 선호하며 비자를 받기도 훨씬 용이하다. 쉽게 말하면 선교사라는 이름이 아닌 무명의 그리스도인들에 의한 선교운동, 즉 풀뿌리 선교운동이 일어나야 한다.

'풀뿌리'는 말 그대로 풀의 뿌리이며, 민초(民草)의 순수한 우리 말이다. 우리에게는 풀뿌리와 민주주의가 합해져 '풀뿌리 민주주의'라는 말이 많이 익숙하다. 나무 위키에 의하면 풀뿌리 민주주의(Grassroots democracy)는 국민 개개인에게 골고루 영향을 미치는 대중적인 민주주의를 말한다. '참여 민주주의'라고도 하며, 국민의 저변에 파고들어 국민의 지지를 얻는 대중적인 민주주의로, 기존의 엘리트 위주의 정치 행위 대신, 지역에서 평범한 시민들의 자발적인 참여를 통해 권력의 획득보다는 자신의 이익을 대변하는 참여 민주주의다. 참여 민주주주의는 각자의 역할이 중요하다. 풀뿌리 선교 운동 또한 세계 기독교 상황에 적합한 선교 모델이라고 할 수 있다.

급변하는 선교 상황에 심심찮게 회자(膾炙)되는 용어가 바로 [풀뿌리 선교운동]이다. 한국 OMF 손창남 선교사는 그가 쓴 책[74]에서 풀뿌리 선교를 "제도권 선교에 대한 대안이며, 시의적절하고, 지극히 성경적인 선교"라고 말하고 있다. 손 선교사는 "많은 사람이 사도행전에서 바울과 바나바의 선교를 주목하고 선교 역사에서도 족적을 남긴 굵직한 선교사들만 기억한다. 하지만 사도들과 전임 선교사 외에도 삶 속에서 복음을 전한 풀뿌리 선교사들이 있었다"고 말한다. "그 때에 스데반의 일로 일어난 환난으로 말미암아 흩어진 자들이 베니게와 구브로와 안디옥까지 이르러 유대인에게만 말씀을 전하는데"(행11:19), "환난으로 말미암아 흩어진 자들"이 바로 무명의 크리스천들이며, 이들이 곧 풀뿌리 선교의 모델이다.

74) 손창남, 풀뿌리 선교, 죠이스북, 2023.

성경을 자세히 보면 흩어진 초대 크리스천 중에 안디옥에 이른 자들이 안디옥 교회를 설립하였다. 그리고 설립된 안디옥 교회의 목양을 위해 바나바를 청빙하였으며, 바나바는 동사목회를 위해 사울(바울)를 부른다. 다른 각도로 보면 안디옥교회의 주체가 바울과 바나바를 비롯한 5명의 지도자(행13:1)라기 보다는 무명의 흩어진 무리들이라고 말할 수 있다. 이들이 풀뿌리 선교의 모델로 세계 기독교 시대에 가장 적합한 선교 모델 중에 하나라고 생각한다.

지난 기독교 역사 속에 풀뿌리 선교 모델은 수도 없이 많다. 신학자 브루스(F. F. Bruce)는 "영국에 기독교를 전파한 것은 평범한 사람들, 곧 고올(Gaul) 지방에서 온 상인들이었다"고 말한다.

초대교회에 등장하는 두 가지 선교 모델

풀뿌리 선교 모델	바-바 선교사 모델
핍박으로 흩어진 사람들에 의해 이루어짐	안디옥 교회에 의해 시작함
후원이나 파송교회를 전제로 하지 않음	교회의 파송을 전제로 함
직업을 가지고 자유롭게 다니며 복음을 전함	특별한 세속적인 직업을 가지지 않고 선교에만 전념함
선교를 위한 특별한 직위나 타이틀을 가지고 있지 않으며 잘 알려지 않음	일반적인 교인들에 비해서 많은 훈련을 받음
선교운동이 주체이나, 제도화 되지 않을 수 있음	선교사의 신분은 어떤 형태로든 드러남

출처: 손창남 선교사 2023년 제 8차 엔코위 발제 자료

〈표 18〉 : 초대교회에 등장하는 두 가지 선교 모델

모라비안 교도들에게 영향을 받은 바젤 선교회의 사역 역시 풀뿌리 선교운동의 대표적인 형태라고 할 수 있다. 이슬람 국가인 인도네시아에서 한국계 은행 직원으로 근무하며 관계를 맺는 사람들에게 복음을 전하고 있는 양동철 형제의 경우도 이에 해당된다.

필자가 한국에서 직장 생활을 할 때, 영광원자력(현재 한빛 원자력) 발전소의 설계 회사인 서젼 앤 런디(Sargent and Lundy)사의 소장이었던 오말 기메일(Omar Gimail)씨 또한 풀뿌리 선교 운동의 좋은 모델이다. 그는 선교사란 이름으로 파송되어 한국에 오지 않고 직장을 따라왔지만, 그는 기독교인으로 당시 원자력발전소 주변의 소외된 사람들을 위해 '사랑의 집'을 짓는 운동을 기쁨으로 시작하여 저자 또한 그와 함께 '사랑의 집 짓기' 사역을 하면서 전임 사역자로 헌신하게 되었다.

'풀뿌리 선교운동'은 아시아, 라틴아메리카, 아프리카 등 비서구권 국가들에게 모델을 제시할 수 있다는 점에서도 의의가 크다. 풍부한 자원과 영향력을 바탕으로 한 소위 '서구권 선교 모델'은 비서구권 국가들이 진행하기엔 무리가 있었던 것이 사실이다. 단지 그리스도인으로 헌신 된 평신도들에 의한 풀뿌리 선교는 비서구권 국가들이 지표로 삼을 만하다. 굳이 공식적인 전임 선교사의 신분으로 선교지에 파송될 필요는 없다. 자연스럽게 '기독교인'(행11:26)이라는 이름으로 직장이나 사업 혹은 다른 이유로 복음이 필요한 지역(선교지)에 도착하여 자연스럽게 세상의 빛과 소금으로 살아갈 때 자연스럽게 선교가 이루어진다.

풀뿌리 선교는 보다 간단하고 안전하며 효과적인 저비용 고효율 선교전략이다. 소수의 전문 선교사들을 선발하고 훈련하여 파송하는 것 또한 계속해서 필요하다. 그러나 직장과 여러가지 이유로 선교지를 비롯한 전 세계 각지로 움직이는 무명의 그리스도인들을 선교자원화(missionary resourceization)하는 풀뿌리 선교운동이 절실하다.

토론과 성찰을 위한 질문

1) 풀뿌리 선교 운동이 세계 기독교 시대에 선교의 대안이 되는 이유를 설명하라.

2) 왜 '뿔뿌리 선교운동'은 저비용고효율 선교전략인가?

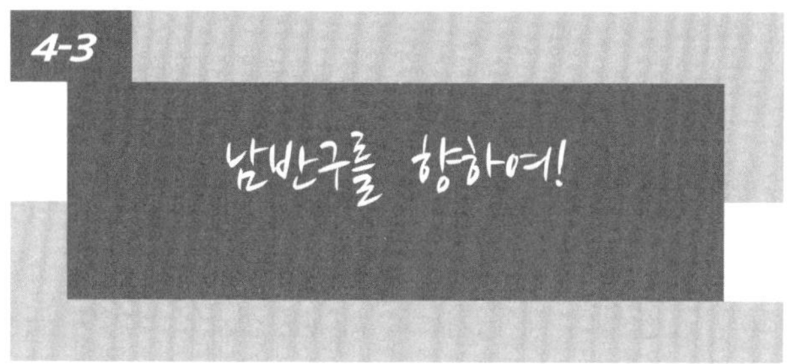

필립 젠킨스(Philip Jenkins)[75]는 지난 1세기 동안의 세계의 가장 큰 변화는 공산주의나 파시즘 혹은 여성운동이나 환경 운동 등의 등장이 아니라 기독교의 무게 중심이 북반구(the Global North)에서 남반구(the Global South)로 이동한 것이라 하였다. 그리고 2050년이 되면 유럽과 북미주 즉 북반구의 기독교인은 남반구의 1/5 정도가 겨우 될 것이라 하였다. 이러한 현상은 선교의 주도권이 북반구에서 남반구로 넘어갔으며, 남반구 선교 시대가 도래하였다는 것을 말해주고 있다.

교회 성장학과 현대 선교학의 권위자인 맥가브란에 의하면 선교는 예수 그리스도에게 전혀 충성을 바치지 않고 있는 사람들에게 문화의 장벽을 넘어 복음을 전하는 것이다. 더불어 그들을 일깨워 그리스도를

75) 필립 젠킨스, The Next Christendom: The Coming of Global Christianity(2002) Chapter 1.

그들의 주와 구주로 받아들여 그의 교회에 책임 있는 구성원이 되게 한다. 그리고 성령의 인도하심에 따라 복음 전도와 정의 실현을 위해 일하며, 하나님의 뜻이 하늘에서 이룬 것처럼 이 땅 위에서도 이루어지도록 사역하는 것이다.[76] 세계 기독교 시대의 남반구 선교에 있어서도 그가 말한 선교의 정의 또한 다르지 않다. 다만 선교의 구조나 방식에 있어서 서구 교회의 것이 아닌 남반구의 상황에 맞는 선교구조와 방식이 필요하다.

복음은 영원불변의 진리이지만 북반구 상황과 남반구 상황이 다르다. 북반구의 상황을 그대로 남반구의 상황에 적용하면 안 된다. 세계 기독교 시대에 남반구 상황에 맞는 선교구조가 되어야 남반구에 복음이 제대로 열매를 맺을 수 있으며 이들을 통해 또 다른 지역에 복음이 전파될 수 있다. 복음은 씨앗이고, 역사와 상황은 토양과 기후다. 씨앗이 좋은 토양과 기후를 만나야 건강한 싹이 나고 튼튼한 잎과 줄기가 자라며 좋은 열매를 맺을 수 있다.[77]

최정만은 선교역사와 교회사를 대비하면서 다음과 같이 말한다.[78]

> "선교 역사는 생명의 역사요, 운동의 역사다. 그러나 교회사는 교리의 역사요, 교회의 신조 및 신앙 고백의 역사다. 선교 역사는 하나님의 백성의 확장의 역사요, 교회사는 교회의 조직과 제도의 변천사이다. 선교 역사는 복음의 기쁜 소리가 메아리치는 생명 약동과 환희의 역사요, 교회사는 교세 확장과

---

76) 아서 글라서, 임윤택 역 ibid, p.26.
77) 최정만, 다시 써야 할 세계 선교 역사: 세계로 확산된 성령의 불길, 쿰란출판사: 2007, p.10.
78) Ibid p.12.

교회 분열과 교권 투쟁의 역사다. 교회사는 중요한 사람과 사건과 제도와 교권 중심의 역사요, 선교 역사는 보잘 것 없지만 살아 꿈틀대는 씨앗의 주변에 보잘것없이 시작되어 중심부로 확산되어 온 주변 갱신 운동 역사다."

세계 기독교 시대에 관념적이고 경직된 신학과 학문이 아닌 복음의 씨앗이 남반구 토양과 기후에 뿌려지고 생명이 잉태하고 살아 꿈틀거리는 선교 운동이 일어나야 한다. 그리고 남반구의 교회들이 남반구의 문화에 맞는 방식으로 선교하는 공동체가 되어야 한다. 2016년 엘에이 아주사퍼시픽대학에서 개최되었던 제15회 한인 선교사대회에서 발제했던 앤드류 김의 남반구 선교운동에 대한 내용[79)]을 참고하여 남반구 선교를 위해 선교사와 현지 지도자가 가져야 할 자세와 정신을 다음의 9가지로 정리하였다.

첫째, 선교사의 인격적인 성육신 자세가 필요하다.

서구 선교구조로는 비서구 선교를 수행할 수 없다. 비서구(남반구)에 속한 아시아, 아프리카, 중남미의 대부분의 국가들이 개발도상국이다. 쉽게 말하면 남반구 교회들은 북반구 교회와는 달리 가난하다. 남반구 선교는 서구 교회 방식의 힘과 물질 그리고 프로젝트를 사용하는 선교를 할 수 없다. 남반구에서 사역하는 선교사는 현지 교회를 일으키고, 현지교회가 스스로 자립하고, 현지교회가 스스로 선교할 수 있도록 돕는 역할을 해야 한다. 이를 위해 선교사는 물질이나 힘이 아

79) 2016년 6월3일-6일 엘에이 아주사 퍼시픽 대학에서 개최된 제 15회 한인 세계 선교 대회에서 앤드류 김 선교사가 "남반구 선교 운동"라는 주제로 발제하였으며, 그의 발제 내용을 담은 동영상 링크는 https://rfcdrfcd.tistory.com/15976303이다.

닌 인내를 가지고 온유와 겸손으로 무장된 성육신 선교, 인격적 선교, 창의적 선교를 해야 한다. 선교사가 할 수만 있으면 현지문화 안에서 그들과 함께 동화되어 전인적으로 삶으로 선교하는 것이 중요하다.

딘 길리 런드는 그의 대표적인 저서인 [바울 신학과 선교]에서 바울의 선교사로서의 인격 문제에 대해 언급하고 있다. 바울은 권위나 지배의식이 없었고 일보다는 인간관계를 중요시했다. 서구 선교사들이 아프리카나 동양 문화권의 선교에서 실패하는 요인 중의 하나는 지나치게 일에 집착하고 시간과 조직의 중요성을 강조하며 선교지 현지인과의 인간관계를 소홀히 하였다는 것이다.80)

둘째, 현지인 교회 지도자의 의식 전환이 필요하다.

선교사는 물론 남반구 현지인 교회의 지도자의 의식전환도 동시에 이루어져야 한다. 남반구 교회들의 연약함은 가난한 것이지만 이보다 더 큰 연약함은 현지 교회와 선교 지도자들이 외부의 도움에 의존하려는 의식이다. 현지 지도자들의 의식전환이 실제 가난이라는 환경보다 훨씬 중요하고 시급하다. 남반구에 파송된 선교사들과 현지인의 삶의 수준에 상당한 간격이 있는 것이 사실이다. 현지인들이 아프거나 어려움을 당할 때 하나님께 기도하기보다는 그들에 비해 생활에 여유가 있는 눈에 보이는 선교사를 의존하기 쉽다. 힘과 재정을 소유한 선교사와 가난한 현지 지도자들 사이에 재정으로 인해 건강한 현지 교

80) Dean S. Gilliland, Pauline Theology & Mission Practice (Grand Rapids: Baker, 1983), pp.284-286.

회를 세우는 데 장애요소로 작용될 수 있다.

셋째, 재정지원시 현지교회가 할 수 있는 마중물 지원을 고려하라.

현지 교회나 선교현장에 물질이 반드시 필요하지만 물질을 잘못 사용하면 선교에 역효과가 나타날 수 있다. 그리고 물질로 인하여 선교사와 현지 사역자의 관계가 쉽게 주종관계가 될 수 있다. 선교사가 현지 교회에 무엇을 주려고 하지 말고, 현지 교회 스스로 사역을 할 수 있도록 돕는 자세가 좋다. 재정을 사용하더라도 무조건적이고 장기적인 지원보다는 현지인들이 적극적이고 능동적으로 일할 수 있도록 마중물로서의 재정 지원을 고려하는 것이 좋다. 비록 현지인이 가난하게 살지만 부족한 가운데 풍성히 채우시는 하나님을 체험하며 어려움이 임할 때 선교사가 아닌 하나님을 더 신뢰할 수 있는 선교가 되어야 한다.

필자가 예전 중국에서 사역할 때[81] 현지 도시 성도들을 양육하여 한 달에 한 번 정도 환경이 열악한 산간벽지를 비롯한 시골 마을에 가서 복음을 전하였다. 그들의 생활 수준은 목이버섯 등을 재배하여 근근히 생활해 나가는 사람들이었다. 그들에게 집회 장소가 필요하다고 요청을 받았다. 그때 외부 지원이 아닌 그들로 하여금 먼저 어려운 가운데 건축헌금을 하게 하였다. 그리고 같이 갔던 도시 형제자매들이 부족한 부분을 보충하는 헌금을 하도록 하였다. 외부 지원에 의해 100% 세워진 예배당이 아니라 그들이 우선적으로 헌금하여 그들에

81) 3년(2003-2006) 중국 동북지역에서 선교 사역을 수행 할 때의 일이다.

의해 세워진 자신들의 예배당이 목적이었다. 비록 화려한 건축물은 아니지만 그들의 시골문화와 상황에 맞는 예배당이 마련되었다. 그들이 외부의 은과 금을 의지하기보다는 나사렛 예수 그리스도의 이름을 의지하며 신앙생활을 할 수 있도록 그들을 인도하는 것이 더 적절한 선교라고 생각한다.

때로는 선교사가 그들에게 물질을 지원하는 것 보다 어려운 가운데 말씀을 의지하며 살아가는 원리를 알려주는 것이 중요하다. 어떻게 현지교회와 성도들을 돕은 것이 더 건강할지를 고려하면서 도와야 한다. 현지 교회와 성도들에게 고기를 잡아 주는 것이 아니라 고기 잡는 법을 가르쳐 주는 선교를 해야 한다. 선교에 물질은 필수적이지만 남반구 선교에 있어서 무분별한 재정 지원이 나사렛 예수 그리스도의 능력을 방해하는 요소로도 작용할 수 있다. 초대 교회에 베드로와 요한이 은과 금은 없어도 나사렛 예수 그리스도 이름으로 선천적인 지체 장애인이 일으켰다(행3:6). 선교사는 사역이 더디 진행되더라고 인내하면서 현지 교회와 성도들이 주님을 의지하며 그들이 주인의식을 가지고 더 주도적으로 사역을 해가도록 도와야 한다.

넷째, 받는 교회가 아닌 주는 교회가 되도록 훈련하라.

선교사의 선교에 대한 발상전환이 현지 교회 지도자들의 의식을 전환시킬 수 있다. 가난하고 힘들지만 복음의 능력을 의지하며 더 어렵고 힘든 사람을 도와주는 방향으로 사역을 수행해야 한다. 쉽게 말하면 사역을 시작할 때부터 받는 교회가 아닌 주는 교회가 되도록 방향을 정해야 한다. 선교사 자신의 방식의 선교가 아닌, 현지인의 입장에서 현지 문화와 상황을 고려하여 어떻게 하는 것이 그들에게 도움이 되며 현지인 교회가 건강한 교회가 될가를 생각하면서 선교하는 것이 중요하다.

다섯째, 단기 선교사보다는 장기 선교사를 파송하라.

랄프 윈터가 지적한 서구 선교의 실수 중에 하나가 장기 선교사를 파송하기 보다는, 단기 선교사를 보냈다는 것이다. 윈터가 말하고자 하는 요지는 장기 선교사는 좋고, 단기 선교사가 나쁘다고 것이 아니다. 단기 선교사들의 비용이 장기 선교사의 선교비용의 5배를 능가한다는 것이다. 선교에 많은 물질이 투자되지만 그만큼 효과가 나타나지 않았다는 측면을 말하고 있다. 단기 선교여행은 교육적으로 탁월한 효과가 있지만 단기 선교선교사들은 그 짧은 기간에 선교지에서 성취할 수 있는 일이 그리 많지 않다. 그리고 단기 선교의 부작용으로 일부 젊은 청년들이 단기 선교 경험을 통하여 선교지에 대한 부정적인 생각과 공포심을 갖게 되므로 장기 선교사는 절대 되지 않겠다고 결정하는 계기가 되기도 한다.[82] 물론 단기 선교를 통해 장기 선교로 헌신한 경우도 없지는 않다.

저자가 남미에 있는 화인교회들을 몇 차례 방문한 적이 있었다. 북미에서 살고 있는 화인교회와 성도들이 남미 단기 선교를 많이 간다. 가난하고 힘들게 살아가는 현지인들의 긍휼 사역에 초점을 맞추어 물

82) 임윤택 편저, 랄프 윈터의 기독교 문명 운동사, pp.423-424.

질로 도우려 한다. 당연히 필요한 사역이다. 그러나 이러한 현상으로 인해 남미 현지인 교회(남미 화인 교회를 포함)들이 자립을 더 어렵게 생각하고 자연스럽게 북미 화인교회를 더 의지하게 된다.

여섯째, 현지 상황을 고려한 훈련을 하라.

서구 방식의 신학 훈련이 아닌 현지(내부자) 교회 상황을 고려하는 훈련이 필요하다. 물론 남반구에 잘 훈련되고 신학적으로 구비된 우수한 선교사를 발굴하여 보내는 것이 좋다. 그러나 이러한 노력이 반드시 좋은 선교의 성과를 내지 않는다. 준비가 조금 덜 된 선교사라도 해도 선교 현장에서 자신의 소명을 확인하고 자신의 사역 역량을 점검하면서 필요한 부분을 준비하게 하면 더 나을 수도 있다. 당연히 현지 상황에 맞는 지속적이고 일관성 있는 체계적인 훈련이 필요하다.

일곱째, 현지 교회가 선교사를 파송하도록 도우라.

현지 교회가 건강한 교회가 되면 그들의 선교는 저비용 고효율 선교(서구 선교에 비해)가 될 수 있다. 파송하는 선교지역과 국가마다 차이가 있지만, 남반구 교회에서 파송한 선교사의 한달 생활비는 서구 교회에서 파송한 선교사의 한 달 생활비의 1/5에서 1/10정도이다. 한국 교회에서 파송한 선교사들의 생활 수준은 중간 정도이다. 남반구에서 파송된 선교사의 한 달 생활비가 평균 미 달러 300불 정도로도 불평하지 않고 선교사역을 담당해 가는 경우도 있다. 로버트 스피어는 [인간 바울의 연구]라는 책에서 바울의 일곱 가지 선교전략의 특징 중

의 하나는 토착민(현지인)과 경제적으로 비슷한 생활을 유지하였다고 말한다.[83]

서구 기독교의 쇄락에 따라 세계 기독교 시대의 선교 대안은 남반구 교회의 선교이다. 남미지역의 브라질 교회의 선교, 서남아시아 지역의 인도 교회 선교, 동북 아시아의 중국 교회 선교, 아프리카 교회의 선교의 다음과 같은 실례는 서구 선교와 다르게 저비용 고효율 선교가 가능함을 보여준다.

남미 지역의 교회의 선교에 대한 실례는 브라질 교회가 동남 아시아에 위치한 동티모르에 선교사를 파송하여 선교한 경우이다. 앤드류 김에 의하면 동티모르[84]가 인도네시아로부터 독립하기 위해 투쟁하던 시기였던 2000년 브라질의 크리스천 비전팀(CV, Christian Vision Team)은 동티모르에 들어가 12년(완전히 철수하기 까지는 16년)사역을 하였다고 한다. 그들은 처음부터 그 지역에 대한 철저한 서치 작업을 통해 자신들의 사역에 대한 큰 그림(Big Picture)과 마스터 플랜(Master Plan)과 함께 출구 전략을 설정하고 사역을 시작하였다. 브라질의 선교팀이 동티모르에 가서 선교하는 중요한 연결고리는 두 국가 모두 포르투칼어를 사용하는 것이다. 이미 언어가 준비된 브라질의 교회가 동일한 언어를 사용하는 동티모르 선교는 다른 나라에서 파송한

83) Robert E, Speer, Studies of the Man Paul (New York: Fleming H. Revell Company, 1900). pp.292-299.

84) 동티모르의 인구는 2017년 어림잡아 132만 정도이며, 종교는 기독교가 99.3%(카톨릭 98.1%, 개신교 1.2%), 이슬람교 0.2%, 기타 0.5%이다. 공용어는 포르투칼어와 테툼어이다. 국민은 테툼족 (40%), 말레이족, 파푸아인, 중국인, 인도인, 아랍인, 포루투칼인, 하프카스트 (포르투갈인과 말레이인의 혼혈), 기타 32개 종족으로 구성되어 있다.

선교사에 비해서 훨씬 유리한 선교를 수행할 수 있는 원동력이 되었다.

2000년에 브라질 교회가 40가정을 동티모르에 선교사로 파송하였다. 그들은 티올리, 비오까오, 싸메 등 동티모르의 주요 도시에 교회를 세우고, 라디오 방송국을 설립하는 등 선교사역을 수행하였다. 2002년에 동티모르가 인도네시아로부터 독립했다. 2012년 40가정 중에 37가정이 철수했으며, 2015년에 2가정이 철수했다. 2016년 7월에는 리더십을 완전히 현지인에게 이양하고 최후로 남은 한 가정마저 철수하였다. 그들의 16년간의 동티모르 사역은 남반구 교회가 남반구 지역에 선교사를 파송하여 출구전략을 가지고 건강하고 성공적으로 선교를 수행한 좋은 실례이다.

동북아시아 중국 교회의 선교는 보안 등의 이유로 정확한 통계를 내기가 어렵다. 중어권에서 30년 이상 선교한 P 선교사에 의하면 중국교회에서 파송한 숫자는 어림잡아 1,000여 명이라고 한다. 대만, 홍콩, 말레이시아, 싱가폴 교회를 포함한 해외 화인 교회에서 파송한 선교사 숫자까지 더하면 2,000명 정도라고 말하고 있다.

태국에서 중국인 선교사 훈련원을 운영하고 있는 W 선교사에 의하면 대만 교회에서 파송한 선교사 숫자는 중화복음신학교 졸업생 중심으로 600여 명 이상이 타문화권 선교사로 나가 있다고 말한다. 중국교회에서 파송한 선교사 숫자는 이 수치보다 높은데 현재 선교지에서 사역을 하는 숫자는 300명 이하이다. 중국 5대 가정교회 선교부

책임자들과 교제하면서 상황을 들어보면 가장 역동적으로 선교하는 한 선교단체는 500여 명을 아프리카, 중앙아시아, 중동으로 나누어 보냈다. 그중에 10%인 50명 정도만 남아 있고 지금도 계속 중국으로 들어오고 있다.

현재 가장 많이 중국 선교사가 나가 있는 나라는 동남아시아의 캄보디아, 서남아시아의 파키스탄이고 요즘은 동남아시아의 미얀마, 라오스, 태국 등지로 보내고 있는 추세이다. 이처럼 파송받은 숫자는 갈수록 많아지고 있는데 선교사 멤버 케어나 선교사 수준 문제, 교회에 대한 선교 인식 부재 등으로 선교지에서 돌아오는 자들도 많이 있다.[85] 중국교회가 선교사 파송에 시행착오를 하면서 더 많은 선교사를 파송하고 있다.

미주 종교신문 기독일보에 칼럼을 기고한 브라이트 리(Bright Lee) 선교사에 의하면 서남아시아 지역이 속한 인도 교회의 선교적 역량에 대해서 다음과 같이 말하고 있다.[86] 인도교회의 역사가 2000년이 넘었고, 이미 인도 기독교의 양대 산맥이라고 할 수 있는 깨랄라주와 타밀나 두주에서는 8만 명이 넘는 자국민 선교사들을 북인도로 파송해서 선교사역을 감당하도록 하고 있다. 두 지역 출신의 선교사들이 이미 북인도의 깊은 산골지역까지 들어가서 교회에서도 사역을 감당하고 있는 모습은 낯선 모습이 아니다.

85) 태국에서 중국인 선교사 훈련원을 운영하는 왕선교사와 인터뷰 결과를 정리한 내용.
86) 2018년 12월11일 기독일보, 오피니언 칼럼: [인도를 알자 23] 인도교회의 선교적 역량.

이들이 파송받은 선교사로 살면서 필요로 하는 비용은 한국 선교사들의 10분의 1 정도의 비용이다. 그렇다고 이들의 사역의 열매가 한국 선교사들의 10분의 1인 것은 아니다. 오히려 더 나은 열매가 나타나고 있는 경향도 있다. 그런 면에서 투자 대비 결과로 나타나는 가치는 10배 이상일 수 있다. 인도교회는 재정적인 능력에서 아직까지 해외로 선교사들을 파송하는 일에는 부족한 부분이 있다. 그렇지만 그 외 선교사로서의 자질과 역량 면에서 뛰어난 점은 인정해주고 협력할 수 있는 부분을 적극적으로 발굴하여 협력의 기회를 모색하는 것이 필요하다.

아프리카 교회도 성장추세에 있으며, 선교의 잠재력이 크다. 선교학자 데이비드 바렛(David Barrett)은 지난 1970년 아프리카 전체의 교회 수를 24만7천 개로 추정했다. 그 후 25년 뒤의 아프리카 교회 수는 1만2천5백 교단의 55만2천 개로 늘어났다. 그런데 아프리카 교단의 대다수는 서양 교회에 알려지지 않은 교단이다. 아프리카 교단의 신학과 골격은 유럽이나 북미 기독교의 영향을 받지 않고 부상했다. 그리고 이들 교단 대부분은 은사주의 또는 오순절주의 성향을 보이고 있지만 서구의 은사주의와 오순절주의 신앙과 반드시 동일하지 않다. 천주교회를 포함하여 아프리카 대륙의 교회들은 일반적으로 복음주의적인 경향을 띠고 있다. 아프리카 교회들은 회심을 강조하고, 성경의 가르침에 신앙의 기본을 두며, 아주 활동적이다. 서구의 기독교는 그리스도 중심적인 것에 반해 아프리카 기독교는 성령 중심적이다.[87]

---

87) 한국선교연구원(KRIM), 아프리카 교회의 성향과 부흥(https://krim.org/아프리카-교회의-성향과- 부흥-2/), 2007.

여덟째, 현지인 지도자를 멘토링하는 비거주 순회선교도 고려하라.

당연히 단기 선교 뿐만 아니라 장기 거주 선교사를 파송하는 것이 필요하다. 이와 더불어 현지 목회자나 지도자를 멘토링할 수 있는 비거주 순회 선교사가 필요하다. 비거주 선교사 개념은 1990년에 구체화 되었다. 폴 피어슨(Paul Pierson)에 의하면 비거주 선교사의 정의는 다음과 같다.[88] "비거주 선교사는 전임 해외 선교사로서 복음화되지 않는 특정 인간 집단을 위해 사역하며 다른 선교 단체들과 중복되지 않게 현지인과 가깝게 접근하여 복음화 기초작업을 수행하는 선교사이다." 세계 기독교 시대에 남반구 선교에 전문직, 비거주 선교사들이 더 많이 필요하다.

아홉째, 교회 개척 사역을 너머 선교회 설립 사역을 하라.

2010년 엔코위에서 신성주가 발제한 내용에 의하면 선교전략을 교회 개척 선교에서 선교회 설립 선교로 전환하라고 말한다.[89] 랄프 윈터는 선교지에서 선교사들이 교회 개척에 주력했으나 이제는 그에 더하여 현지인들과 함께 그 민족 복음화를 위한 선교회나 선교 단체(Mission)을 설립하는 운동을 벌여야 한다고 강조하였다. '교회 개척'(church planting) 선교를 넘어 '선교회 설립'(Mission planting) 선교가 필요한다.

88) 폴 피어슨, 임윤택 역, ibid p.688.
89) 신성주, 2010년 엔코위 제 5회 발제, 선교 동향(http://kcm.kr/dic_view.php?nid=40954).

결론적으로 말하면 세계 기독교 시대는 남반구 선교시대이다.

이러한 시대에 한인 선교사는 이미 서구 교회 및 선교단체와 함께 선교한 경험이 있는 비서구 교회의 선교사이다. 그리하여 한인 선교사는 서구와 비서구를 연결이 가능한 중요한 위치에 있다. 한인 선교사들은 많은 단점이 있음에도 불구하고 가난과 거친 삶을 이미 경험하였고, 교회 성장을 몸소 체험하였다. 더불어 국가 발전과 문화적 수준에 대한 이해가 있다. 그리고 기도와 선교영성을 가진 생존과 돌파력에 능한 DNA를 소유하고 있다. 남반구 교회들과 협력을 통하여 남반구 선교에 돌파가 일어나며 남반구 교회들이 선교하는 교회가 되기를 기도한다.

토론과 성찰을 위한 질문

1) 내가 수행해 온 선교에 대해 성찰할 부분은?

2) 그리고 앞으로 수행해야 할 나의 선교사역을 어떻게 개선할 것인가?

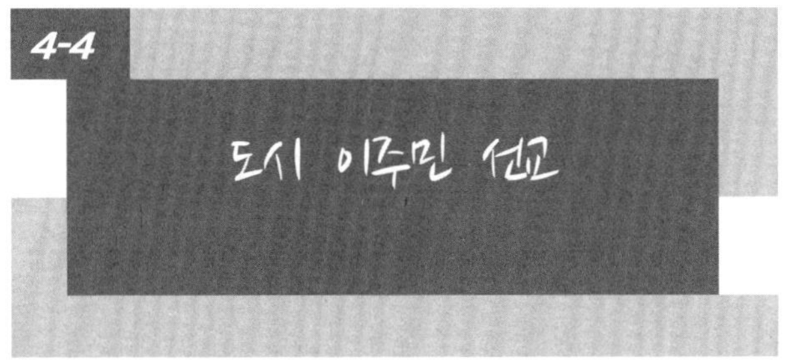

최근 한국에 외국인 이주민의 수적 증가와 더불어 국적, 민족별 집중 거주지들이 성장하고 있다. 시대마다 상황마다 그 시대와 상황에 적합한 선교전략이 필요하다. 선교역사 학자인 폴피어슨은 기독교 역사에 반복되는 두 가지 실수가 있다고 말한다.[90] 하나는 변하는 상황이 새로운 패턴을 요구하고 있는데도 불구하고 옛날 방식을 고수하고 반복하는 것이며, 또 다른 하나는 선교 운동의 핵심가치를 저버리는 변화를 수용하는 것이다. 세계 기독교 시대에 선교는 쉽지 않는 도전이다. 이 도전에 어떻게 응전(應戰)하느냐에 따라 선교는 위기가 될 수도 있고 오히려 기회가 되기도 한다. 선교 운동의 핵심 가치(Core Value)를 알고, 현 상황 (Context)을 잘 파악하여 이에 걸 맞는 선교 전략을 수립해야 한다. 세계 기독교 시대의 선교에 간과할 수 없는 선교 대상은 도시 이주민이다. 이들에 대한 선교의 중요성을 인식하고

90) 폴 피어슨, 임윤택 역, 선교학적 관점으로 본 기독교 선교운동사, CLC, 2009, p.13.

이들을 향한 선교 전략을 수립해야 한다.

초대교회의 선교사인 바울은 당시의 상황 속에 다음과 같은 선교 전략을 수립하였다.

첫째, 성령과 말씀중심의 선교이다.

무엇보다도 기본에 충실하였다. 성령에 민감하면서도 말씀에 절대적 순종하는 선교를 수행하였다. 그는 성령과 말씀의 균형을 통하여 교회를 설립하였으며, 설립한 교회에 발생한 문제에 대해 명쾌한 신학적인 답을 주었다. 현지인 교회가 든든히 세워지고, 현지인 지도자들이 건강하게 목회하도록 13권의 서신서를 썼다.

둘째, 저비용 고효율의 자비량 선교이다.

자비량(행18:3)으로 현지인과 비슷한 생활을 하면서 현지교회에 부담을 주지 않으려고 애썼다. 그는 교회를 개척하고 현지인 리더십을 배양하여 그들로 하여금 교회를 이끌어 가도록 하였다.

셋째, 상황에 따라 유연성이 있는 선교전략을 구사하였다.

유대인 디아스포라들이 많이 있는 곳에서는 회당으로 나아가 선교 사역을 하였다. 회당이 없는 곳에서는 성령을 의지하며 기도하기 위해 강가에 나가면서 사역의 길이 열리기도 하였다.[91]

넷째, 거점 도시 선교전략이다. 먼저 사람들이 많이 살고있는 대도시에 교회를 설립하였다.

그리고 대도시에 설립된 교회를 통하여 주위의 도시에 교회를 개척하는 전략을 수립하였다.

다섯째, 동역(팀) 선교이다. 바울은 혼자 사역을 하지 않고 선교팀을 구성하여 팀사역을 하였다.

그리고 많은 동역자를 배양하였다. 바울에게는 기도 동역자, 후원 동역자, 사역 동역자 등 다양한 동역자 그룹이 있었다.[92] 그리스도를 머리로 하는 상호유기적으로 동역자들의 은사를 활용하여 선교를 하였다.

마지막으로 교회 중심 선교를 수행하였다.

가장 효과적인 선교전략 중에 하나가 선교적 교회 설립이다. 바울은 목회자이며 신학자이기도 하지만, 그는 탁월한 교회개척가이다. 교회를 설립하고 현지 교회 지도자를 배양하고 그들에게 리더십을 이양하며 지속적으로 그들을 멘토링하였다.

---

91) 바울이 선교단이 제2차 선교 여행 중 마게도니아 첫 성인 빌립보에 도착하여 기도하기 위해 강가에 나갔다. 마침 거기에 있는 여인들에게 복음을 전하다. 복음을 받아드린 루디아의 집에서 빌립보 교회가 시작되었다(행16:12-15).

92) 롬16장에 보면 다양한 동역자 명단이 나온다.

세계 기독교 시대는 모든 곳에서 모든 곳으로(From everywhere to everywhere) 복음을 전하는 시대이다. 더불어 다양한 사람들에 의해 다양한 방법으로 선교하는 시대이다. 복음의 주도권이 지구촌의 북쪽에서 남쪽으로, 서쪽에서 동쪽으로, 서구에서 비서구로 이동하였다.

이러한 현상과 함께 농촌 등에서 도시로 이동하면서 도시 인구가 증가하여 전 세계 인구의 76%가 도시에 집중해서 살고 있다.[93] 이러한 시대에 연구해야 할 선교 문제 중에 하나는 도시의 급속한 성장이다. 오늘날 아시아, 아프리카, 라틴 아메리카의 미전도 종족은 대부분 거대 도시에서 살고 있으며, 그곳의 언어는 최고 100개에서 150개나 된다.[94] 급속도로 도시화 된 국가로는 아시아의 일본, 한국, 홍콩 및 싱가포르뿐만 아니라 아프리카의 이집트, 에리트레아, 중동의 쿠웨이트 및 아랍 에미리트가 포함된다. 유럽에서는 몰타가 도시화가 가장 큰 국가이며, 영국은 85%, 네덜란드는 82%이다. 국가와 민족의 경계를 넘어 수많은 사람이 도시에 몰려들고 있는 추세이다. 이러한 상황이 도시 이주민 선교의 중요성을 말해준다.

전통적인 북미주 교회들은 대도시 중심부에서 역량을 발휘하지 못한다. 왜냐하면 문화가 다르기 때문이다. 그러나 다른 도시 국가로 가면 사정이 달라진다. 싱가포르, 서울, 라오스 등 대도시 교회들, 그리고 뉴욕시에 있는 소수민족 교회들은 효과적으로 사역을 하고 있다. 자발적 혹은 비자발적으로 고향이나 고국을 떠난 사람들은 복음에 대

93) https://thescienceplus.com/news/newsview.php?

94) 랄프 윈터, 임윤택 역, 랄프 윈터의 비서구 선교 운동사: 세계 선교의 흐름을 바꾼 격동의 25년, 예수전도단 출판사, 2012, p.8.

한 수용성이 높다. 역사는 집을 떠나 이국 타향살이를 하던 사람들이 복음을 열린 마음으로 수용하였음을 보여준다. 고향을 떠나야만 하는 현실은 비극이다. 그것은 하나님께서 의도하신 것은 아니지만, 하나님은 비극을 즐겨 사용하신다. 인간의 증오심을 바꾸어 하나님을 향한 찬송이 되게 하신다.[95)]

어떤 의미로 보면 우리 그리스도인의 인생 자체가 여행이고 잠시 이 땅에 이주민으로 살고 있다. 우리는 본향을 향해 여행하는 나그네이다. 나그네는 자기 고향을 떠나 다른 곳에 임시로 머무르고 있거나 여행 중에 있는 사람을 말한다. 성경에 보면 우리 그리스도인들을 '흩어져 살아가는 나그네'(벧전1:1,17), '나그네와 행인'(벧전2:11), "외국인과 본향 찾는 나그네"(히11:13-16) 등으로 표현하고 있다. 나그네는 떠날 것을 안다. 그래서 항상 짐을 가볍게 해야 한다.

> "이 사람들은 다 믿음을 따라 죽었으며 약속을 받지 못하였으되, 그것들을 멀리서 보고 환영하며 또 땅에서는 외국인과 나그네임을 증언하였으니, 그들이 이같이 말하는 것은 자기들이 본향 찾는 자임을 나타냄이라 그들이 나온 바 본향을 생각하였더라면 돌아갈 기회가 있었으려니와, 그들이 이제는 더 나은 본향을 사모하니 곧 하늘에 있는 것이라. 이러므로 하나님이 그들의 하나님이라 일컬음 받으심을 부끄러워하지 아니하시고 그들을 위하여 한성을 예비하셨느니라"(히11:13-16).

성경은 나그네를 잘 대접하라고 말씀하고 있으며(딤전3:2), 나그네와 외국인을 잘 돌보고 긍휼히 여길 것을 권면하고 있다. 나그네를 환

---

95) 폴 피어슨, 임윤택 역, ilbid. 35.

대하는 것이 좋은 문화이고 전통이다. 이 땅에 나그네로 살아가는 우리에게 누군가의 긍휼과 보살핌이 없으면 참으로 힘든 인생길을 걸어갈 수밖에 없다. 그런데 주님이 나그네 된 우리들의 친구가 되어주셨다. 주님은 이 세상을 나그네로 살아가는 우리를 본향에 도착할 때까지 돌보아주실 것이다. 그래서 인생 여정이 즐겁다. 도시 이주민을 대하는 우리들의 마음가짐, 하나님의 긍휼의 마음이 전제되어야 한다.

여행을 많이 하거나 고향을 떠나 이국 타향에서 사는 사람은 대체적으로 수용성이 크다. 왜냐하면 전혀 낯선 곳을 방문할 때 그곳의 문화와 상황을 받아들이지 못하면 적응을 할 수 없으며, 적응되지 않으면 유쾌한 여행이나 생활을 할 수 없기 때문이다. 수용성이 넓어지면 대체적으로 사람들과의 관계도 원만하며, 소통 또한 비교적 잘 된다.

하늘에서 이 땅으로 이주하여 잠시 사셨던 분이 바로 성자 예수님이다. 예수님은 말씀이 육신이 되어 이 땅에 오신 분이다. 유대인의 가정에 태어나 유대문화 속에서 청소년기를 보내며 유대인과 소통을 하셨다. 유대인의 문화에 따라 나이 30이 되었을 때 하나님의 의를 이루기 위해 세례 요한으로부터 세례를 받고 공생애의 삶을 시작하셨다. 예수님은 성부 하나님이 하늘에서 이 땅에 파송한 선교사이다. 그리고 그의 사역을 완성하고 그의 리더십을 성령께 이양(?)하고 본향(하늘)으로 돌아가셨다. 예수님은 누구보다도 도시 이주민의 마음과 상황을 잘 알고 계신다.

선교는 하늘에서 마치 이 땅에 오신 성자 예수님이 하셨던 사역처럼 불편함과 고난 속에 문화와 언어가 다른 현지인과 소통하며 그들을 섬기는 사역이다. 그리고 때가 되면 여행을 마치고 본향으로 돌아가듯 하나님이 허용한 범위까지 선교사역을 하고 하나님의 때가 되었을 때 고국을 돌아가는 것이다. 선교지에 뼈를 묻겠다는 각오로 선교사역을 하지만 이 또한 하나님의 영역이다. 여행지에서 머물게 한 분도 하나님이요, 고국으로 돌아가게 한분 또한 하나님이기 때문이다. 여행은 소통을 낳고 소통은 네트워크를 낳고 네트워크는 선교를 낳는다.

성경에 보면 고국을 떠난 장기 여행자(이주민 혹은 이민자)를 하나님이 쓰신 경우가 많다. 갈대아 우르를 떠난 아브라함, 가족을 떠난 애굽으로 팔려 간 요셉, 포로지에서 신앙으로 살아간 다니엘과 그의 세 친구, 길리기아 다소에서 태어나고 자란 로마의 시민권을 가진 유대인 바울 등 많은 사람들이 장기 여행자(이주민 혹은 이민자)들이다. 저자 또한 한국교회와 중국교회를 경험하고 북미 화인교회를 목회하면서 많은 것들을 배우고 경험하고 있다.

랄프 윈터[96]에 의하면 네 가지 선교 메카니즘이 있다. 자발적인

---

96) Dr. 랄프윈터 : 20세기 세계 선교계를 이끌며 선교사, 선교학 교수, 선교 전략가로 이 땅의 복음화를 위해 헌신했다. 미전도 종족 선교 이론'으로 세계적으로 널리 알려진 현대 선교의 거장이자, 프론티어 선교회(Frontier Mission fellowship) 대표였고, 《퍼스펙티브스》의 공동편집자였다. 풍부한 현장 경험과 이론을 밑바탕으로 세워진 그의 선교 전략들은 지금도 수많은 선교지에서 사용되고 있다.
미국장로교 목사로 과테말라에 파송되어 10년 동안 마야 인디언을 섬기다가 풀러 신학교(Fuller Theological Seminary)에 세계선교대학원 선교학 교수로 부임했다. 이때부터 신학연장교육(Theological Education by Extension) 운동과 미국 선교학회(American Society of Missiology), 하계 선교학 연구소(Summer Institute of International Studies), 윌리엄 캐리 라이브러리 출판사 등 다양한 선교 운동과 기관의 개발과 설립, 운영에 주도적인 역할을 감당했다. 특히 미전도 종족(Unreached People, 외부의 도움 없이는 복음을 접할 수 없는 종족)에게 선교 역량을 집중해야 함을 역설한 세계 복음화 국제대회(1974년 스위스 로잔)에서의 강연은, 미전도 종족 선교에 대한 관심을 불러일으킨 결정적인 사건으로 평가받고 있다. 10년 동안의 풀러 선교대학원 사역을 마친 후에 아내 로베르타와 함께 프론티어 선교회를 설립했으며, 이후 미국 세계 선교 센터(U.S. Center for World Mission)와 윌리엄 캐리 대학으로 발전시켰다. 여러 권의 책을 저술하고 여러 편의 소논문을 유명

원심적 선교, 비자발적인 원심적 선교, 자발적인 구심적 선교, 비자발적인 구심적 선교이다.

네 가지 메카니즘을 정리하면 다음의 표와 같다. 도시 이주민은 자발적/비자발적인 구심적 선교에 해당한다.

1. 자발적 Going 원심적

메카니즘 1	구약	신약	초대교회에서 1800년까지	현대 선교시대
자발적 Going 원심적	1) 아브라함이 가나 안으로 2) 소선지자들이 이스라엘 부근의 다른 나라들에 전파함 3) 바리새인들이 바다와 육지를 건너감	1) 사마리아에서의 예수님 2) 베드로가 고넬료에게 감 3) 바울과 바나바의 선교여행들 4) 바벨론, 로마, 구브로 등에 거주하는 다른 그리스도인들의 증거	1) 성 패트릭(St. Patrick)이 아일랜드로 감 2) 켈트족 유랑민 (Peregrine)이 영국과 유럽으로 감 3) 아우구스티누스회 수사들이 중국, 일본, 미국으로 감 4) 모라비안 교도들이 미국으로 감	1) 윌리암 캐리와 제 1세대 선교사들 2) 허드슨 테일러와 제2세대 선교사들 3) 제3세대부터 현재까지

2. 비자발적 Going 원심적

메카니즘 2	구약	신약	초대교회에서 1800년까지	현대 선교시대
비자발적 Going 원심적	1) 애굽에 종으로 팔린요셉이 바로에게 증거함 2) 나오미가 기근 때무에 룻에게 증거함 3) 요나-내키지 않아 하는 선교사 4) 히브리 소녀가 나아만의 집에 잡혀 감 5) 바벨론에 포로로 간 히브리인들이 자기들을 잡아간 사람들에게 증거함	1) 그리스도인들이 핍박을 받아 거룩한 땅에서 나와 로마 제국 전역과 그 너머까지 가지 않을 수 없게 됨	1) 울리파스(Ulifas)가 고토족에게 종으로 팔림 2) 추방된 아리아족 감독들이 고투 지역으로 감 3) 바이킹들에게 잡혀 간 그리스도인들이 바이킹들을 개종시킴 미국으로 감 4) 이주자들과 청교도들이 미대륙으로 추방되어 인디언들에게 선교함	1) 제2차 세계대전 때 전세계에 파병되었던 그리스도인들 병사들이 돌아와서 150개의 새로운 선교단체를 시작함 2) 우간다 그리스도인들이 아프리카의 다른 지역으로 도피함 3) 한국 그리스도인들이 북쪽보다 덜 기독교화된 남쪽으로 피난하고 후에 사우디 아라비아, 이란 등에 근로자로 나감

잡지에 기고하며 왕성하게 활동하던 그는, 골수암으로 투병하던 2009년 5월 20일 밤 9시경 캘리포니아 패서디나의 자택에서 향년 84세로 하나님의 부르심을 받았다. 저서로는 『미션 퍼스펙티브』,『랄프 윈터의 비서구 선교운동사』가 있으며 편저로는『퍼스펙티브스1,2』가 있다.

3. 자발적 Going 구심적

메카니즘 3	구약	신약	초대교회에서 1800년까지	현대 선교시대
자발적 Coming 구심적	1) 수리아 사람 나아만이 엘리사에게 옴 2) 스바 여왕이 솔로몬의 궁정으로 찾아옴 3) 룻이 모압에서 유다로 가기로 선택함	1) 헬라인들이 예수님을 찾음 고넬료에게 감 2) 고넬료가 베드로를 부르러 보냄 3) 마게도냐 사람이 바울에게 도움을 청함	1) 고토족이 기독교화된 로마를 침략하여 기독교 신앙에 대해 알게 됨 2) 바이킹이 기독교화된 유럽에 침략하여 그 접촉을 통해 궁극적으로 신앙을 갖게 됨	1) 기독교화된 서구에 세계 각국의 방문객들, 유학생들, 사업가들이 유입됨

4. 비자발적 Going 구심적

메카니즘 4	구약	신약	초대교회에서 1800년까지	현대 선교시대
비자발적 Coming 구심적	1) 이방인들이 고레스 대제에 의해 이스라엘에 정착함 (왕하17장)	1) 로마 군대가 이방인들의 갈릴리 지역을 점령하고 침투함	1) 아프리카에서 미국으로 노예들을 데려옴	1) 공산주의에서 피해 나온 난민들 2) 보트 피플, 쿠바인들이 강제로 추방됨 등

출처: The Kingdom Strikes Back: Ten Epochs of Redemptive History by Ralph D. Winter

〈표 19〉 : 네 가지 선교 모델

구약에서의 요셉, 모세, 룻, 에스더, 다니엘과 세 친구 등 수많은 사람이 이중문화의 교량 역할을 하면서 선교적으로 쓰임 받았다. 신약에서는 하나님을 경외하는 자로서의 고넬료(행10:2), 하나님을 공경하는 자로서의 루디아(행16:14) 등이다. 실라는 로마 시민권자이며, 디모데의 모친은 유대인이며 부친은 헬라인이다. 하나님의 선교에 쓰임 받은 사람 중에 이주민과 이민자들이 적지 않다.

바울은 유대에 머물던 기독교를 이방인에게 전파하는데 삼중문화의 교량 사역자로 쓰임 받았다. 그는 유대민족으로 로마 시민권자이며, 헬라어를 할 수 있었다. 그는 이방인 선교를 위해 하나님이 택한 그릇이다. 하나님은 바울의 이방인 선교를 위해 많은 부분을 예비해 놓으셨다.

첫째, 하나님은 그를 이방인 선교의 길을 열기 위해 유대인 디아스포라로 태어나게 하셨다.

둘째, 이방인 선교를 위해 각 지역 마다 배이스 캠프(Base Camp) 역할을 할 수 있도록 유대인 회당을 준비하셨다.

셋째, 당시 국제 공용어인 헬라어로 된 구약 성경인 칠십인역 성경(셉터진트)이 준비되었다.

넷째, 바울은 이방인에게 복음을 전하기 위해 국제 공용어인 헬라어 코이네를 유창하게 구사할 수 있었다.

다섯째, 로마의 안전한 치안과 넓은 도로망은 복음 전파에 유용하게 사용될 수 있었다.

도시 이주민들이 복음을 받아드리고 영적으로 성숙되면 선교수행자로서의 이중문화 사이의 교량(Bi-Cultural Bridge Persons) 역할을 할 수 있다. 선교사역에 있어 소통과 네트워크가 중요하다. 소통이 잘 되지 않으므로 사역을 원활하게 수행하지 못하는 경우가 종종 발생한다. 특히 언어와 문화가 다른 배경에서 수행하는 타문화 혹은 교차문화(Cross Culture) 선교사역인 경우는 더욱 그렇다. 도시 이주민 사역이 힘이 든 만큼 이들이 영적으로 성숙할 때 선교적인 잠재력이 크다. 경우에 따라서 선교사들이 쉽게 접근할 수 없는 이주민들의 나라와 고향에 살고있는 사람들과 쉽게 소통하며 그들이 가지고 있는 네트워크를 활용할 수 있다.

선교를 수행하는데 네크워크가 중요하다. 네트워크는 사람들과 사귐과 소통 속에서 이루어진다. 선교사역은 복음의 본질 부분이 아니라면 이주민의 의견과 생각을 수용하고 양보하며, 인내하면서 수행해야 한다. 도시 이주민들과 선교 동역이 이루어지면 선교사가 접근하기 어려운 그들의 고국과 고향에 대한 선교가 훨씬 효과적으로 수행할 수 있다.

아프리카의 유명한 속담이 있다. "빨리 가려면 혼자 가고, 멀리 가려면 함께 가라"(If you want to go fast, go alone. If you want to go far, go together) 아프리카의 지역 특성상 사막과 정글을 지나야 할 때도 있고, 험악한 산을 넘어야 할 때도 있을 것이다. 그때 길동무(동행인)가 있으면 뜨거운 사막도, 위험한 야생동물이나 해충이 가득한 정글도 혼자서 가는 것보다 나을 것이다. 도시 이주민 선교에도 이 속담의 원리가 적용된다.

독불장군처럼 혼자 사역을 하면 빨리할 수 있겠지만, 선교사역에 예기치 못한 상황이 발생하고, 생각지 못한 어려움이 임할 때 쉽게 무너지고 쓰러진다. 반면에 이러한 도시 이주민들의 고통과 어려움에 참여하며 그들과 함께 약함과 가난에 함께하면 그만큼 사역의 폭은 넓어진다. 그리고 그들과 동역을 하며 그들이 가지고 있는 네트웍을 활용하여 선교하면 시간이 걸리겠지만 세계 기독교 시대에 하나님이 예비하신 선교의 대로를 활용할 수 있게 된다.

토론과 성찰을 위한 질문

1) 도시 이주민 선교의 중요성을 설명하라.

2) 현재 내가 하고 있는 사역(선교)는 네 가지 선교 모델 중에 어느 모델에 해당되는가?

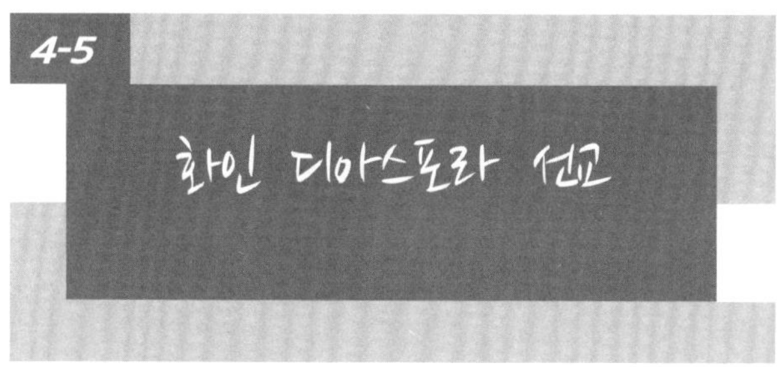

4-5 화인 디아스포라 선교

1895년부터 1903년까지 중국 선교사로 활동했던 롤랜드 앨런은 그가 쓴 저서 [선교사의 방법: 사도 바울의 것 혹은 우리의 것]에서 질의응답 방식으로 선교에 전략이 있는가[97]에 이어 선교의 특정 대상이 있는가를 언급하고 있다. 바울은 회당 중심의 선교를 하며 특히 하나님을 경외하는 복음에 수용성이 있는 자들을 향하여 전략적으로 접근하였다.[98] 선교사역을 수행하는데 있어 적합한 전략과 더불어 동역자와 함께 사역 대상을 섬기는 팀사역이 중요하다. 바울은 수 많은 동역자들과 함께 하는 팀 선교를 하였다. 바울의 주요 동역자들은 다음과 같다.

현재에도 세계 기독교 시대 상황에 적합한 선교 전략과 함께 공동

97) Roland Allen, Missionary Methods: St. Paul's or Ours? (Grand Rapids: Eerdmans, 1962), pp. 18-25.

98) ibid, pp.18-25.

목표를 향해 상호협력할 수 있는 동역자들이 필요하다. 세계 선교의 주도권이 서구 교회에서 비서구 교회로 넘어가고 있다. 이때에 비서구 교회 중에 한국교회와 중어권 교회(중국 대륙교회와 해외 화인교회)의 동역자들이 협력하여 전 세계에 네트워크를 이미 형성하고 있는 화인

사도 바울의 주요 동역자 명단

번호	동역자 이름	성경적 근거	번호	동역자 이름	성경적 근거
1	실라	행15:22;40-41; 18:5; 벧전5:12	15	아리스다고	골4:10; 몬24
2	누가	행15:10-11; 골4:14	16	드로비모	행21:29; 딤후4:20
3	디모데	행16:1-3, 14; 18:5	17	뵈뵈	롬16:1
4	디도	갈2:1-3; 딛1:4 ; 3:12; 고후2:13	18	가이오	롬16:23
5	바나바	행4:36-37; 11:24-26; 13:1-4	19	데마	딤후4:10
6	아나니아	행9:1-19	20	오네시모	몬10
7	브리스길라부부	행18:1-3;11, 18-28; 롬16:3	21	오네시보로	딤후4:19
8	에바브라	골1:7	22	에라스도	딤후4:20
9	루디아	행16:14	23	가이사 가족	빌4:22
10	에바브라 디도	빌2:25	24	마가	행15:36-41; 몬24; 딤후4:11
11	두기고	행20:4; 골4:7; 엡 6:21; 딛3:12	25	유스도 (예수)	골4:11
12	아볼라	행19:1	26	눔바	골4:15
13	더디오	행16:22	27	압비아	몬2
14	빌레몬	빌레몬서	28	아깁보	골4:17; 몬2

〈표 20〉 : 사도 바울의 주요 동역자 명단

디아스포라 선교사역을 시작으로 남반구 선교를 이끌어 가는 것이 선교를 극대화할 수 있는 중요한 선교전략 중에 하나이다. 이러한 사역의 중심에 중어권 한인 선교사가 있다.

중어권 한인 선교사의 상황은 다음과 같다. 한국교회와 한인(디아스포라)교회에 의해 파송된 선교사 27,000여 명이다. 그중에 선교사가 가장 많이 파송되었던 국가는 중국으로 4,000-5,000명 정도이다. 최

근 중국의 정치적인 이유 등으로 중국에 파송되었던 한인 선교사들이 자발적/비자발적으로 2300-3300명 정도가 철수했다. 그리고 약 1400여 명이 중국에 잔류하고 있으나 철수하는 인원은 갈수록 많아지는 추세이다. 이미 철수한 중어권 한인 선교사 중에 일부인 300여 명은 한국으로, 일부는 동남아 등 해외로 나가 중국인(화인)사역을 하고 있고 일부는 다른 사역을 하고 있다.[99]

하나님의 시간이 되어 자발적/비자발적으로 철수한 중어권 한인 선교사들 중에 세계로 흩어져 화인 디아스포라(해외 화인) 사역을 하고 있는 자들이 갈수록 많아지고 있다. 선교 대상이 같은 중화민족이지만 중국 내지에 살고 있는 자들을 향한 선교와 해외에 살고있는 화인(디아스포라)사역은 많이 다르다. 중국 내지사역과 해외 화인사역을 비교하면 다음과 같다.

중국 내지사역과 해외 화인사역의 비교

번호	중국 내지 사역	해외 화인 사역
1	비공개적, 보안 유지	공개적 사역 가능(일부는 보안유지 필요)
2	독립적(교단 및 선교단체별)사역	해외 화인교회와의 협력이 필수적
3	한인 선교사가 사역지를 정함	현지 사역의 필요성으로 인해 요청시 한인 선교사 사역 가능
4	중국을 중심으로 사역을 펼침	전세계 화인과 디아스포라 화인 중심의 사역 가능
5	다양한 중국 선교 사역 경험 보유	앞으로 해외 화인 목회와 사역을 해 나갈 동역자들이 갈수록 많아질 것으로 추정

〈표 21〉 : 중국 내지사역과 해외 화인사역의 비교

99) KRIM의 통계이나 중국선교 관련 통계는 보안등의 이유로 정확하게 산출하는데 어려움이 있다.

중어권을 사역하고 있는 그룹을 크게 아래의 3부류로 나눌 수 있다. '중국 대륙교회'와 '해외 화인교회' 그리고 '중어권 한인 선교사' 그룹이다. 3가지 공동체의 통계와 특징은 아래의 표와 같다.

중어권 사역의 3대 공동체

	공동체	통계	특징(장점)
1	중국 대륙 교회	약 1억명의 성도	세계 최대 기독교인 보유 경제적 자립 선교 중국(해외 선교사 파송)
2	해외 화인 교회	약 10,000개	전세계 화인 네트웍 지역(국가)마다 존재
3	중어권 한인 선교사	약 4000-5000명	한국교회의 기도영성 풍부한 중국 선교경험 다수의 헌신된 동역자 돌파 영성의 한인DNA

〈표 22〉 : 중어권 사역의 3대 공동체

이제 한국교회는 중어권교회(중국교회와 화인교회)와 함께 복음을 가지고 세계로 나아갈 때이다. 중국을 출발점으로 말하면 중국 선교에서 선교 중국으로 전환되어야 한다는 의미이다. 중국교회에서 복음을 가지고 세계로 나아가면, 이미 세계에 흩어져 네트워크가 형성된 화인 디아스포라 교회를 만난다. 이들 사이에 중국에서 십 수년을 사역하다가 자발적/비자발적으로 철수한 중어권 한인 선교사들이 있다. 중어권 한인 선교사들은 이미 중국에서 선교한 풍부한 사역 경험을 소유하고 있다. 그리하여 중국교회에서 파송할 선교사에 대한 훈련과 중국 교회에서 해외로 파송한 중국인 선교사들의 멘토링이 가능하다. 그리고 이미 중국어를 할 수 있고 중국 문화에 적응이 되어 디아스포라 화인 사역을 할 수 있다.

디아스포라 화인(해외) 선교는 다음의 세 단계로 사역을 해야 한다. 첫 번째 단계는 화인 디아스포라 그룹에게 복음을 전하며, 교회를 설립 혹은 이미 설립된 화인교회의 협력 사역을 한다. 두 번째 단계는 설립된 화인교회 혹은 협력하는 교회가 선교적 교회가 되도록 돕는다. 세 번째 단계는 그 화인 디아스포라 교회가 위치한 지역의 현지인 선교를 수행한다.

디아스포라 화인 선교의 3단계

1단계 전 파	mission TO diaspora 화인 디아스포라 그룹에게 복음 전파
2단계 운 동	mission THROUGH diaspora 화인 디아스포라 그룹을 통한 선교 운동
3단계 확 장	mission BY/BEYOND diaspora 화인 디아스포라 그룹을 넘어 열방을 향해 나아가는 선교

[출처] : Enoch Wan, 홍콩

〈표 23〉 : 디아스포라 화인 선교의 3단계

중어권 한인 선교사의 해외 화인 사역은 다음의 다섯 단계에 걸쳐 이루어진다.

첫 번째 단계는 먼저 재배치를 받는다.

두 번째 단계는 재배치받은 국가(혹은 지역)의 화인 디아스포라 교회의 목회사역 혹은 선교사역을 한다.

세 번째 단계는 그 국가(혹은 지역)에서 사역하고 있는 중국인 선교사를 멘토링하며 그들의 사역을 돕는다.

네 번째 단계는 해당 지역의 화인교회와 화인교회에서 파송한 선교사들과 협력한다.

다섯 번째 단계는 설립한 교회(혹은 섬기는 교회)가 선교적 교회가 되도록하며, 그 지역의 현지인 선교를 한다.

중어권 한인 선교사의 해외 화인 사역

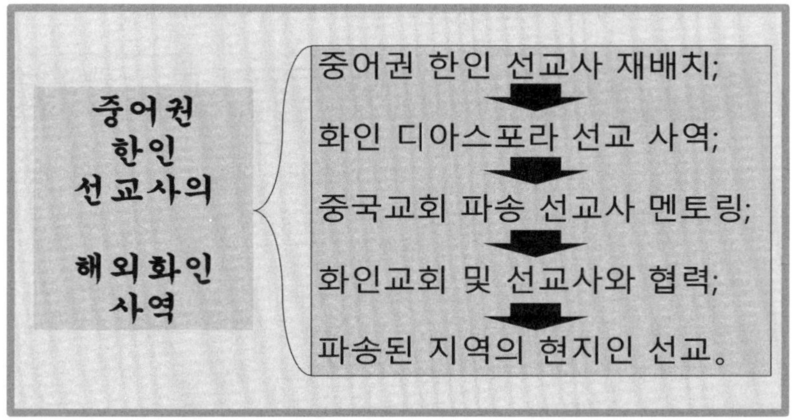

〈표 24〉 : 중어권 한인 선교사의 해외 화인 사역

이러한 사역을 위해 중국에서 철수하여 재배치받아 세계에 흩어져 화인 사역을 하고 있는 한인 동역자들의 모임이 있다. 그 모임의 이름은 씽치파광 모임(兴起发光团契)이다. 씽치파광 모임은 중국선교 경험을 바탕으로 해외에서 화인목회와 선교(디아스포라 화인 사역)를 수행하는 한인 선교사들의 모임이다.

씽치파광은 兴起发光(흥기발광)은 중국어로 "씽치파광"으로 발음된다. "일어나 빛을 발하라"(Arise and Shine!)는 뜻이다. 성경 이사야서 60장 1절에 나오는 말씀이다. 이 모임에 소속되어 있는 한인 선교 동역자들을 중심으로 매년 고난주간 전 세계화인연합기도회를 개최하고 있으며, 중어권 선교사 재배치를 위한 가이드북을 만들고 있다. 또한 같은 목표와 방향을 가지고 사역을 하는 중어권 한인 동역자들이 정기적으로 줌미팅을 통하여 각국의 화인 사역과 삶을 나누며 친교를 하고 있다. 이 모임의 동역자 현황은 다음과 같다.

씽치파광 모임 동역자 현황: 13국(8권역) 19명

	권역	국가	사역
1	북미	미국(1)	화인 교회 목회(1)
2		캐나다(4)	화인 교회 목회(3), 화인 신학교 사역(1)
3	중남미	페루(1)	화인 선교 사역(1)
4		수리남(1)	화인 교회 목회(1)
5	동남아	인도네시아(1)	화인 교회 목회(1)
6		대만(2)	화인 교회 목회와 기도사역(1), 안식년(1)
7	동북아	한국(2)	화인 교회 목회와 신학교 사역(1), 훈련 사역(1)
8		일본(2)	화인 교회 목회(2)
9	중앙아시아	카자흐스탄(1)	화인 교회 협력 사역(1)
10	남아시아	네팔(1)	선교 중국 및 현지인 지도자 배양 사역(1)
11	중동	아랍 에미트 공화국(1)	화인 교회 협력 및 선교 중국 사역(1)
12		카타르(1)	화인 교회 목회
13	유럽	체코(1)	화인 교회 목회

〈표 25〉 : 씽치파광 모임 동역자 현황(2023년 12월 31일)

중어권 한인 선교사들이 중국에서 사역을 할 때는 보안 상의 이유 등으로 선교 단체 혹은 교단만의 배타적인 사역 혹은 독립사역을 할 수밖에 없었다. 그러나 해외 화인 사역은 일부 지역을 제외하고는 공개적인 사역이 가능하며, 단독사역이 아닌 화인교회 및 중국인 선교사와 협력사역이 가능하다. 세계적으로 흩어져 살아가는 화인 디아스포라 복음화율이 2%미만인 국가나 지역이 많다. 이러한 상황이 선교학적인 관점으로 볼 때 디아스포라 화인은 미전도 종족이다. 화인 디아스포라 선교 사역을 수행해야 할 이유가 여기에 있다.

중어권 한인 선교사가 화인 디아스포라 사역을 할 때 초대 교회 선교 특히 바울의 선교 전략을 유심히 살펴볼 필요가 있다. 바울은 단독이 아닌 팀(동역) 선교를 하였으며, 지역교회를 세운 후 반드시 현지인 지도자를 세웠다. 그리고 유연성이 있게 복음을 전하고 교회 설립 이후에는 미복음화 지역으로 옮겨갔다. 바울은 전략적으로 대도시에 교회를 설립하여 시골로 향하는 방향으로 선교를 하였으며, 말씀선포 사역에 최우선을 두었다. 또한 그는 자비량으로 선교하며 현지인과 경제적으로 비슷한 생활을 하였다.[100)]

한국교회와 중어권 한인 선교사들은 기도와 선교의 영성을 담은 돌파력의 DNA를 가지고 있다. 서구 교회의 선교 시스템은 재정의 투명성과 합리적인 의사 결정 구조를 가지고 있다. 중국 대륙 교회와 해외 화인 교회는 남반구(아프리카, 중남미, 중동 등) 선교에 적합한 만만디의 민족성, 최다 기독교 인구의 보유와 함께 세계적인 네트워크를 가지고 있다. 시간과 인내 속에 공동의 목표인 하나님 나라 확장을 위하여 각 민족 교회의 장점이 융합한 하이브리드 선교가 될 때 선교는 극대화 된다.

100) Robert E. Spper, ibid, pp.292-299.

토론과 성찰을 위한 질문

1) 현재 위치에서 나의 선교 전략과 선교 대상은?

2) 한국교회과 중어권 교회 그리고 서구교회의 장점은 무엇이며, 하이브리드 미션(융합 선교)을 수행하는 데 어려운 점(극복해야 할 사항)들은 어떤 것들이 있을까?

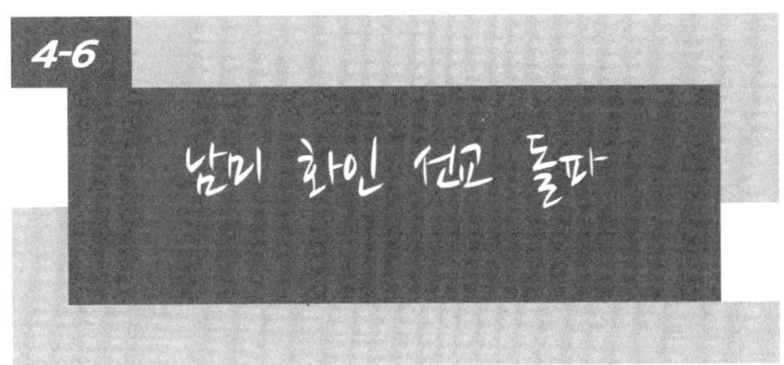

선교를 수행하는데 있어 협력 관계가 매우 중요하다. 필립 버틀러에 의하면 협력과 동역의 중요성을 다음과 같이 말하고 있다.[101)]

첫째, 성경은 협력과 하나 됨을 가르치고 있다.[102)]

둘째, 협력 사역이 지역 사회 혹은 현지인들에게 좋은 본보기가 된다.

셋째, 협력 사역이 교회 발전의 가장 효과적인 방법이다.

넷째, 변화무쌍한 세상에서 협력 관계는 필수적이다.

다섯째, 협력 사역을 통하여 각자 가지고 있는 자원과 은사를 최대한 발휘할 수 있다.

---

101) Philip Butler, 普世宣教运动面面观 (Perspectives on the World Christian Movement) 口伴的力量 (the Power of Partnership) "汪莘翻 , Hongkong: 大使命中心 (Great Commission Center International) , 2006, pp.633-635.

102) 예수님의 대제사장 기도(요17:20-23)를 비롯해 요13:35; 17:11; 고전12:4-17; 엡4:1-15; 빌1:27 등 많은 성경 구절이 하나되어 사역하는 협력 관계의 중요성을 언급하고 있다.

북미 캐나다에서 화인목회를 하는 가운데 선교적 교회를 지향하며 남미 화인선교에 대한 거룩한 부담이 생겼다. 그리하여 작년에 이어 올해도 남미의 3개국의 화인교회와 선교 상황을 알아보기 위해 비전 트립을 가게 되었다. 남미 비전트립 가운데 성령의 감동과 인도가 있기를 기대하였다. 그리하여 교회 성도들을 비롯한 지인들에게 기도를 부탁하고 2주간(2023년 5월 31일-6월 12일)여행을 떠났다. 모든 일정을 마치고 페루 리마를 출발하여 미국의 두 곳을 경유하여 캐나다 집으로 돌아오는데 하루가 넘은 27시간이 걸렸다. 피곤하지만 의미 있는 여행이었다.

감동이 사라지기 전에 이번 '여행의 의미'를 정리해보니 언어의 유희(word play)이지만, 이번 여행은 'C'로 가득 찼다.
Christ! Chinese Church! Crazy for Christ! Cross Culture! Chinese Community Center! Coffee time in Chile! Conference for Chinese Church Co-workers in South America! Compassion! Charity! Challenge! Choice! Change! Commandment! Commission!

하나님이 Creation(창조)한 Cosmos(우주)의 한 지역인 남미 서부의 태평양 Coast(해안)로 길게 펼쳐진 Chile(칠레)를 하늘에서 내려다보았을 때 장관 그 자체였다. Chile(칠레)에 살고 있는 Chinese(화인들)가 그리스도께 돌아오기를 바라는 간절한 마음과 함께 Chile의 수도 산티아고에 도착했다. 이번 선교여행에 방문할 칠레 산티아고, 볼리비아 산타크루즈, 페루 리마(3개국 3개 도시)에 하나님의 긍휼과 은혜가 함께 하기를 기도하면서 일정을 시작하였다.

선교를 한마디로 정의하면 하나님의 절대 Compassion(긍휼)의 표현이다. 하나님의 긍휼, 즉 Charity(사랑, 자비)가 없으면 절대로 수행

남미 3개국 단기 선교 여행

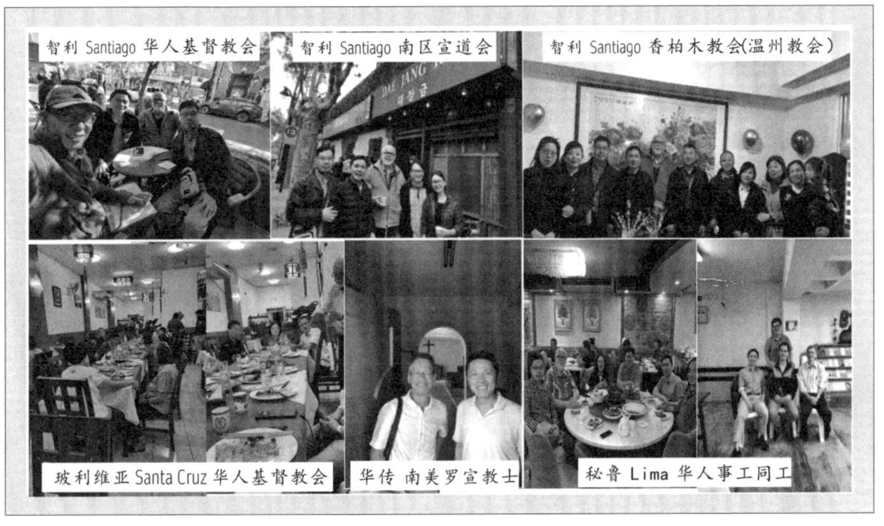

〈그림 10〉 : 남미 3개국 단기 선교 여행(2023년 5월31-6월12일)

할 수 없는 것이 Cross Culture(타문화권) 선교사역이다. 우리가 이 세상을 살아가면서 수많은 'C'-Challenge, Choice, Change etc.들을 직면하지만, 우리 인생의 시작과 끝, 다시 말하면 우리 인생의 해답은 오직 하나의 'C'인 'Christ'(그리스도)이다.

우리 인생은 누구를 만나느냐?, 어느 동역자를 만나느냐? 에 따라 인생과 사역의 향방이 결정된다. 우리 인생에 많은 만남이 있다. 남미

화인선교를 시작하면서 나에게 특별한 만남이 있다. 한 사람은 월드팀의 캐나다 화인 교회(Chinese Church in Canada) 선교동원자인 炬平(Juping)전도사이다. 그를 통해 남미 화인선교사역에 눈을 뜨게 되었다. 그리고 또 한 사람은 마르코(Marco)이다. 그는 네덜란드인으로 아내와 함께 남미 수리남 정글에서 원주민을 섬기면서 월드팀 선교단체의 남미 권역 미전도 종족 사역을 총괄하는 책임자이다. 작년(2022) 11월 페루 리마에서 처음 그를 만났을 때 대화를 나누면서 그는 자신을 'CC'라고 소개했다. CC는 'Crazy for Christ'이다. 이번(2023년 6월)에 칠레 산티아고에서 두 번째 만났는데, 그는 진정한 CC였다. 그에 이어 나 또한 남미 'CC'(Chinese Churches)를 위한 'CC'(Crazy for Christ)가 되기를 바란다.

저자는 대학생 때 'CCC'(Campus Crusade for Christ)를 통해 예수를 만났다. CCC를 통해 인생의 진정한 목적을 발견했다. 예수님을 통해 새로운 인생이 시작되었다. CCC Man을 약칭하여 'C-맨'이라고 부르기도 한다. 또 다른 'CCC'(Coca Cola Company)의 회장을 역임한 로버트 W. 우드는 "내 몸 속에 흐르는 것은 피가 아니라 코카콜라입니다. 전 세계 60억의 사람들 혈관에 코카콜라가 흐르게 만듭시다."라는 표어로 사람들을 놀라게 했다. 그는 모든 사람의 몸에 피가 흐르는 것처럼 코가콜라가 흐르게 하자는 슬로우건으로 전 세계 음료사업을 제패하였다. 내가 만났던 대부분의 'C-맨'은 온몸에 예수의 붉은 피가 흐르듯 순수함과 열정으로 가득 차 있었다.

이번 선교여행의 마지막 목적지인 페루 리마에 최근 도착하여 사역을 시작한 K 선생 부부와의 대화 중에 K는 대학생 때 'CCC-맨'이었으며, 공교롭게도 동일한 멘토 Y 목사로부터 신앙을 지도받았음을 알게 되었다. 그와의 대화 중에 지금도 여전히 'C-맨임을 느낄 수 있었다. 이**엘에서 새롭게 이곳으로 사역지를 옮긴 K 선생 부부를 통

마르코와 쥐핑과 함께하는 남미 3개국

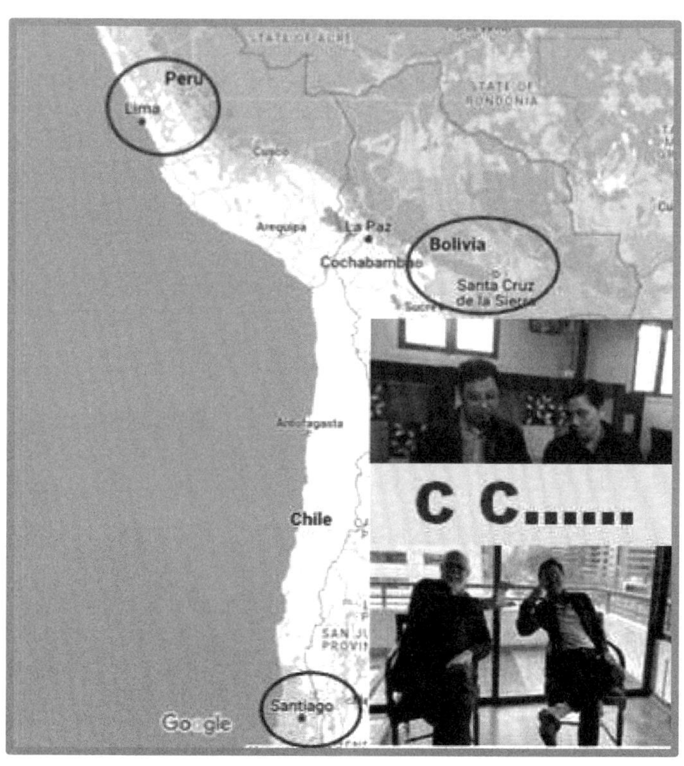

〈지도 3〉 : 마르코와 쥐핑과 함께하는 남미 3개국

해 먼저 페루 리마 화인들이 주께 돌아오며, 이들을 통해 남미에 하나님의 나라가 더 거침없이 확장되기를 기도한다.

선교사역에는 전략이 중요하다. 때로는 외부자에 의해 창조적인 아이디어가 제공되기도 한다. 마르코와 대화를 하면서 그는 남미 화인선교의 돌파를 위해 4C(Conference for Chinese Church Co-workers in South America)를 제안하였다. 페루 리마를 거점으로 주변 5개국(칠레, 볼리비아, 페루, 콜롬비아, 에콰도르) 화인교회들의 선교사와 동역자를 위한 스몰 컨퍼런스가 필요하다는 것이다. Marco의 제안이 저에게는 마치 성령께서 그를 통해 다음 단계의 방향을 말씀하신 것 같았다. 이론적이고 추상적인 대형 선교대회가 아닌 실제적이고 효과적인 남미 화인선교와 그곳에서 사역하는 자들의 네크웍과 기도가 무엇보다 절실히 필요하기 때문이다.

언제 이 일을 하나님께서 이루실지는 모르겠지만 하나님의 때에 이루실 것이다. 이 제안에 볼리비아 산타크루즈에 머물고 있었던 화인교회 선교단체인 화촨(华传)소속의 루오(罗) 목사(Missionary John Loh, 35년 동안 남미 화인선교를 함)도 이 제안에 흔쾌히 동의하면서 5개국 화인교회의 형제자매들이 많이 참석하면 좋겠다고 덧붙였다. 페루 리마에서 화인교회를 섬기고 있는 마이(麦) 목사님도 스몰 컨퍼런스의 필요성에 동의하였다. 이제는 언제, 어떻게, 누가 이 일을 구체적으로 준비하느냐가 관건이다. 공감대는 이미 형성되었다. 지난 3년간의 코로나 팬더믹 기간에 개최하였던 전 세계화인교회고난주간연합기도회의 열매로 권역별 기도회와 사역이 활성화되기를 바라는 상황에 이곳 남미 화인사역의 돌파구가 되는 컨퍼런스가 열리기를 간절히 소망한다.

한국에서 신앙생활을 하지 않았던 사람들도 해외에 나오면 한인교회에 나오는 경우가 많다. 해외 한인교회는 자연스럽게 이민생활하는 한인 디아스포라의 커뮤니티 센터 기능을 한다. 그러나 해외 화인교회는 이민생활하는 화인들의 커뮤니티의 센터(CCC, Chinese Community Center)의 기능을 감당하기가 쉽지 않다. 무신론 혹은 불교의 배경과 경제 공동체가 주류(主流)가 된 화인에게 화인교회들이 '5C' 즉 Chinese Church as a Chinese Community Center가 되어 남미 화인 선교사역의 베이스 캠프가 되기를 기도한다.

쾌활하고 창조적인 비젼너리(Vision+Missionary)인 네덜란드인 마르코와 과묵하면서도 성실한 화인 쥐핑(炬平)과 함께 여행을 2주간 하면서 참으로 많은 대화를 나누었다. 예수에게 미친 사람들이 중국인교회 컨퍼런스를 위한 대화가 칠레에서 가진 커피타임(Crazy for Christ! for Chinese Conference! Coffee time in Chile)에서부터 잉태되었다. 비전이 없는 민족은 망한다(잠29:18). 비전이 단지 일장춘몽(一場春夢)으로만 끝나기도 하지만 우리가 품은 비전이 하나님께로부터 왔다면, 하나님의 시간에 반드시 실현될 것이다. '천리 길도 한 걸음부터'라는 속담처럼 하나님께서 남미의 화인 선교사역을 돌파를 위해 우리들을 한 걸음 한 걸음 인도하실 것을 믿는다.

얼라이언스 교회의 창시자인 엘버트 밴자민 심슨의 생애와 얼라이언스 교회의 역사를 담은 한국어 버전 책의 제목이 'All for Jesus'다. 우리 인생의 목적은 바로 'All for Christ'이다. 오직 그리스도를 위해(for Christ), 하나님의 긍휼의 마음으로(with Compassion), 주님이 부탁하고 명령하신 사명(Commission)과 계명(Commandment)을 수행하고 실천하기 위해, 남미에 살고 있는 화인 성도들(Chinese Christian)

남미 5개국 지도

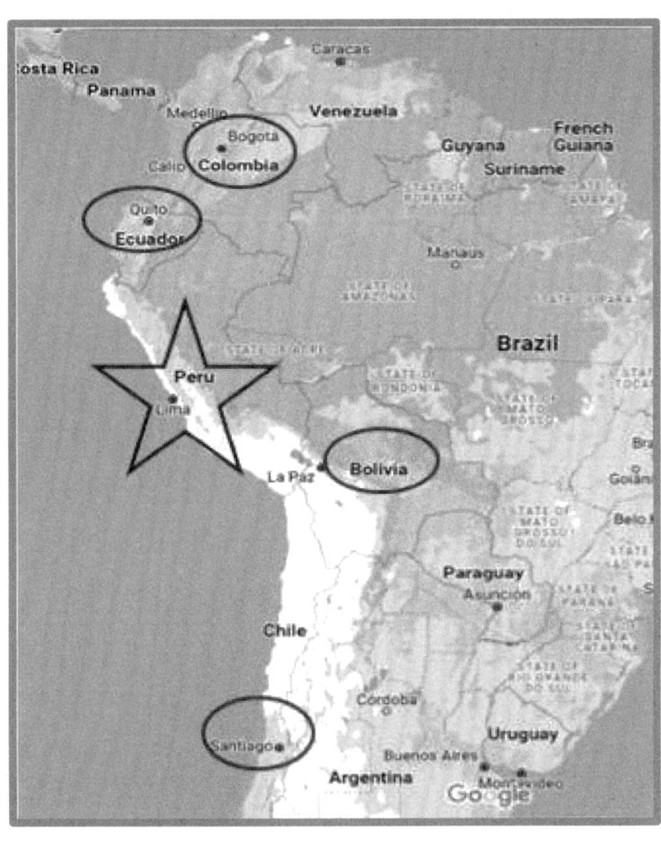

<지도 4> : 남미 5개국 지도

에게 교회(Church)는 반드시 선교적이어야 함을 일깨우고 도전하는 것이 바로 이번 남미 선교여행의 목적이었으며 앞으로 하나님이 이 일을 어떻게 펼치실까 기대가 된다. 기쁨으로 기도하면서 기대하고 기다린다.

미주 화인 교회 및 선교 통계 (2019)

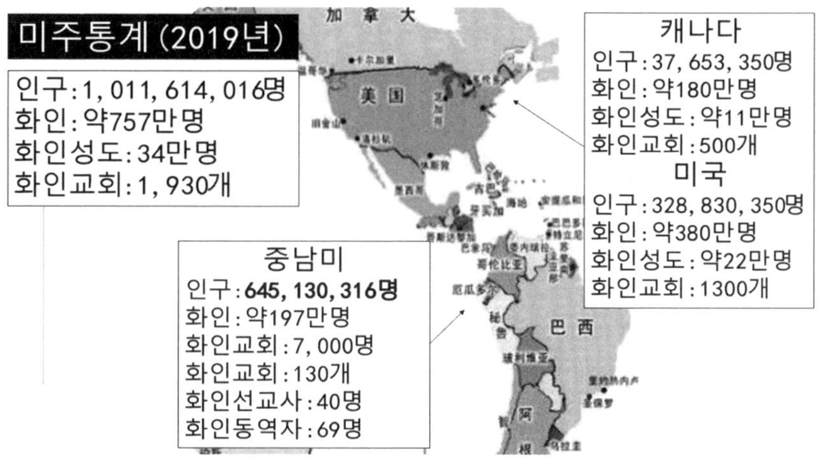

〈표 26〉 : 미주 화인 교회 및 선교 통계 (2019)

토론과 성찰을 위한 질문

1) 선교 사역을 하는데 협력 사역이 중요함을 설명하라.

2) 남미 화인 선교에 내가 참여 할 수 있는 부분
(기도, 후원, 단기 선교 등)은?

선교를 한마디로 정의하면 하나님의 절대 Compassion(긍휼)의 표현이다.
하나님의 긍휼, 즉 Charity(사랑, 자비)가 없으면 절대로 수행할 수 없는 것이
Cross Culture(타문화권) 선교사역이다. 우리가 이 세상을 살아가면서
수많은 'C'-Challenge, Choice, Change etc.들을 직면하지만,
우리 인생의 시작과 끝, 다시 말하면 우리 인생의 해답은
오직 하나의 'C'인 'Christ'(그리스도)이다
〈261면, 4-6 남미 화인선교 돌파 중에서〉

나가면서

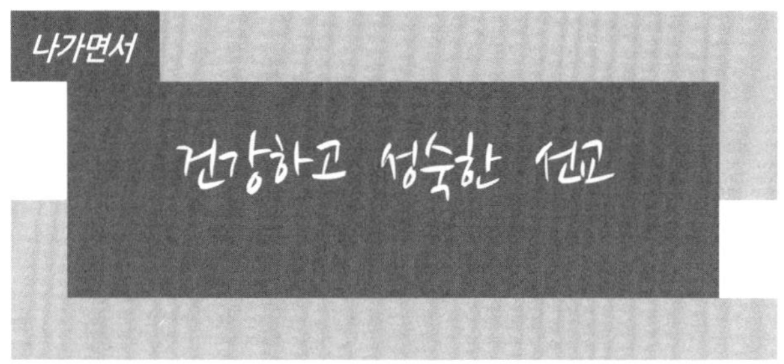

'약함의 자세와 정신'을 소유한 선교는 성육신하신 예수님의 모습이다. '약자를 사용하신 선교'는 하나님께만 영광을 돌릴 수밖에 없는 선교이다. '희생과 사명의 선교'는 고통과 함께 대가로 지불되는 갖가지 함수관계를 치룸과 동시에 상처와 연약함이 그대로 노출되면서 사명감을 가진 상처입은 치유 선교가 이루어진다. '약자를 향한 선교'는 하나님 아버지의 긍휼과 자비 속에 세계 기독교 시대의 남반구를 비롯한 하나님의 복음이 필요한 지역에 선교가 이루어진다. 결론적으로 이러한 약함과 선교의 조합은 건강하고 성숙한 선교가 되게 한다.

한국세계선교협의회(사무총장:강대흥 선교사·KWMA)는 2023년 6월 13일부터6월 16일까지 3박4일 동안 평창 알펜시아 컨벤션센터에서 제8차 세계선교전략회의(NCOWE VIII)를 진행하고 '2023 평창선언문'을 발표하였다. 한국의 대표적인 선교관련 전략회의로 지난 선교에 대한 성찰과 앞으로 선교에 대한 방향이 제시되었다.

그리고 이에 대한 후속조치로 한국세계선교협의회(KWMA)와 한국교단선교실무대표협의회(이하 한교선)는 한국 선교 출구전략과 이양정책을 위한 KWMA-한교선 공동 결의서를 작성하였다.[103] 결의서 3가지 항목 중에 특히 눈에 띄는 것은 첫 번째 항목으로 “우리는 지난 한국교회의 선교가 많은 부분 돈과 프로젝트가 중심이 되는 힘에 의한 선교에 있었음을 회개하며 앞으로 이를 지양하고 선교지 중심의 건강한 선교로 나아가기를 결의한다”이다.

보통 파송하는 교단과 교회(모달리티)가 회개하고 갱신될 때 선교단체와 현장 선교사(소달리티)의 선교현장이 새로워진다. 역으로 선교사와 선교현장이 회개하고 갱신되면 파송하는 교단과 교회에도 영향을 미친다. 한국세계선교협회(KWMA)와 한교선이 엔코위 후에 다음과 같은 결의는 하는 것은 매우 바람직스러운 일이다. 결의로만 끝나지 않고 한국교회의 주류 교단과 한인 선교사가 소속되고 연관된 모든 단체와 선교지에서 결의한 내용이 실제 행동으로 열매 맺기 바란다.

[세계 기독교 시대의 약함과 선교]라는 내용의 원고와 올해 진행되었던 선교전략회의와 공동결의서의 내용이 공교롭게도 흡사한 부분이 많음을 발견했다. 그리하여 자연스럽게 이 원고를 책으로 출판한 때가

---

103) 한국교회와 선교를 섬기는 한국세계선교협의회(KWMA)와 한국교회 9개 교단 선교실무대표협의회(이하 한교선, 기감, 기성, 기침, 고신, 대신, 백석, 통합, 합동, 합신 교단 선교부)는 선교사 은퇴와 재산권 이양, 선교현장의 출구전략과 관련하여 제기되는 문제들을 예방하기 위해 합의된 가이드 라인의 필요성을 인지하여 2023년 8월21일 작성한 공동 결의서이다.

이르렀다고 생각되었으며, 개인적으로 많은 격려가 되었다. 그래서 제8차 선교전략회의에서 발제되었던 전반적인 내용과 그간 개인적으로 고민하고 생각했던 선교방향에 대한 내용을 "지난 선교에 대한 성찰과 앞으로의 선교 방향"이라는 제목으로 아래의 같이 정리하였다.

첫째, 그간 서구 주도의 선교가 이루어졌다.

서구 주도라 함은 북반구(유럽과 북미) 교회 중심의 선교를 의미한다. 그런데 앞으로의 선교는 비서구 교회가 주도할 것이다. 비서구는 주로 남반구에 위치한 제3세계를 말한다. 남반구는 북반구에 비해 가난하며, 이들이 주도하는 선교 방법과 전략 또한 서구 중심의 선교와는 다르게 진행되어야 한다.

둘째, 선교의 방향은 선진국에서 개발도상국으로 가는 것이다.

그간 진행되었던 선교의 방향은 선진국에서 개발도상국으로 가는 것이며, 당연히 복음을 전하며, 교회 개척을 포함하여, 긍휼과 의료, 교육, 국제 개발 사역으로 이해되었다. 그러나 이후로 진행되는 선교는 남반구의 교회들이 부흥되면서 이제 전 세계 모든 곳에 교회가 존재하는 세계 기독교 시대가 되었다. 그래서 앞으로의 진행될 선교는 모든 곳(everywhere)에서 모든 곳(everywhere)으로 진행되어야 할 것이다.

셋째, 그동안 물질과 힘에 의한 선교가 주를 이루었다.

이러한 선교에 대해 성찰의 움직임은 매우 바람직스러운 현상이다. 그리고 이후 진행되어야 할 선교는 이러한 성찰을 넘어서 물질이 선교 현지에 과도하게 투입되는 힘의 선교보다 현지 교회가 함께 하며 현지인 중심의 건강한 선교가 되어야 한다.

넷째, 그간 국가와 지역을 향하여 나아갔던 선교 즉 속지주의 선교가 주류였다.

이제는 전 세계적으로 이동하는 사람들이 많아지고 이민자(다이스포라)와 이주민들이 많아지고 있다. 이러한 상황에서는 지역이나 국가 개념보다는 사람과 종족을 중심으로 선교하는 속인주의 선교로 전환되어야 할 것이다.

다섯째, 선교의 획기적인 변화 중에 하나는 온라인 선교에 대한 중요성이다.

코로나 팬더믹 이전에는 주로 오프라인 중심으로 선교가 이루어졌다. 코로나 엔더믹의 시대는 코로나 팬더믹 이전의 시대로 돌아가지 않고 뉴노멀의 시대가 열렸다. 이러한 시대의 특성에 따라 재택 근무자들이 많아졌으며, 온라인을 이용한 사업과 소통 그리고 사역이 늘어났다. 그래서 이후로 진행되는 선교는 온라인과 오프라인이 조합된 하이브리드 선교 방식으로 진행되어야 할 것이다.

여섯째, 그간 진행되었던 선교가 파송을 받아 다른 나라나 지역을 향해 가는 사역이었다.

본토, 친척 아비집을 떠나 타문화 혹은 교차문화로 나아가는 선교였다. 그러나 이제는 많은 이주민과 디아스포라들로 인해 그들이 내가 있는 곳으로 오기도 한다. 이후 진행되어야 할 선교는 이러한 상황을 고려하여 가고 오는 선교를 동시에 진행하여야 할 것이다.

일곱째, 그간에 진행된 선교는 한 마디로 물질과 힘에 의한 강한 선교였다.

그러나 이제는 서구 교회 인구의 현격한 감소로 인해 크리스텐덤 선교 패러다임의 환경이 없어졌다. 이후로 진행되어야 할 선교는 약한 위치로부터의 겸손과 섬김의 성육신의 자세를 가진 성숙한 선교가 되어야 한다.

여덟째, 그간 진행되었던 선교는 선교사 중심의 일방적인 프로젝트 중심의 선교였다.

그러나 이후로 진행되어야 할 선교는 진정한 동반자 정신이 필요하다. 그동안 선교를 주도했던 유럽의 기독교 국가들이 도리어 복음이 필요한 선교지로 변했다. 이후로의 선교는 현지 교회와 상호 협력과 네크웍을 중시하는 선교가 되어야 한다.

아홉째, 그간 진행되었던 선교는 외부자인 선교사가 주도적으로 현지교회가 현지사역을 이끌어 갔다.

그러나 이후로는 내부자인 현지 지도자들에 의해 현지 교회가 스스로 성장하도록 하며, 현지 선교 사역 또한 현지 교회가 주도적 혹은 현지 교회와 협력하여 수행하는 방향으로 나아가야 한다.

지난 선교의 성찰과 앞으로의 선교 방향 1

	지난 선교의 성찰	앞으로의 선교 방향
1	서구(북반구) 주도 선교	비서구(남반구, 제3세계) 주도 선교
2	선진국에서 개발도상국으로	모든 곳에서 모든 곳으로(세계 기독교)
3	물질과 힘에 의한 선교	현지인 중심의 건강한 선교
4	속지주의 선교	속인주의 선교
5	오프라인 선교	하이브리드(오프라인+온라인) 선교
6	가는 선교	가고 오는(이주민 포함) 선교
7	강함의 선교	약함의 선교, 성숙한 선교
8	일방적 프로젝트 중심 선교	상호협력과 네트웍을 중시하는 선교
9	외부자 중심: 선교사가 주도적으로 이끌어 가는 현지교회	내부자 중심: 현지인 지도자들에 의해 현지인 교회가 스스로 성장하는 방향

〈표 27〉 : 지난 선교의 성찰과 앞으로의 선교 방향 1

열 번째, 그간 진행되었던 선교는 자기 중심적 선교로 진행되었다.

이러한 선교 방식을 성찰하며, 겸손과 회개가 필요하다. 그리고 이후로 진행되는 선교는 경청과 인내가 필요하고, 우정과 교제 그리고 환대와 나눔이 필수적이다. 더불어 현지 지도자들을 존중하며, 현지 교회와 하나가 되어 함께하는 사역을 진행해야 한다.

열한 번째, 그간 남성(기성 세대) 선교사가 중심이 되는 선교였다.

그러나 이후로 진행되는 선교는 기성세대를 포함하여 여성사역자와 다음 세대 사역자가 함께하는 선교가 되어야 한다. 특히 여성 사역자들이 적극적으로 사역에 참여하며, 가정사역과 사역자 자녀들의 케어 문제에 더 세심한 배려가 필요하다. 더불어 다음 세대의 사역자들의 양성과 함께 그들과 함께하는 가운데 자연스럽게 리더십을 배양하고 때가 되었을 때 그들에게 사역을 위임하고 리더십을 이양해야 한다.

열두 번째, 그동안 무엇을 할 것인가(What)에 초점을 맞추어
사역을 중시하였다.

그러나 이후로 진행되는 선교는 어떻게(How) 사역을 할 것을 중시해야 한다. 더불어 그간 메시지를 중시하는 선교에서 메시지와 메신저의 성숙된 인격도 중시해야 한다.

열세 번째, 그간 선교는 전문적으로 훈련받은 선교사만이
수행할 수 있다는 생각이 강했다.

그러나 이후로 진행되어야 할 선교는 전문적으로 훈련받은 선교사와 함께 교회와 함께 진행해야 하며, 모든 성도들이 선교적인 삶을 통한 전인적인 선교도 병행해야 한다.

열네 번째, 그동안 파송 선교사의 숫자를 포함한 외적인 통계를
중요시하였다.

그러나 이후로 진행되는 선교는 당연히 더 많은 선교사를 파송해야 하지만 파송되는 선교사의 훈련과 인격 등의 질을 더 중요시 해야 한다.

마지막으로, 그간 진행되었던 선교는 개인 구원과 교회 개척 중심의 선교가 주를 이루었다.

그러나 이후로 진행되어야 할 선교는 문화, 종교, 사상, 남녀, 빈부, 생태계, 과학 기술 등 삶의 모든 영역에서 만물이 그리스도께 복종하게 되는 일임을 인식하도록 해야 한다. 그리하여 복음이 선교 최전방 지역과 영역에 확장되는 선교로 나아가야 할 것을 찾게 되었다.

지난 선교의 성찰과 앞으로의 선교 방향 2

	지난 선교의 성찰	앞으로의 선교 방향
10	자기 중심적 태도	경청과 인내, 우정과 교제, 환대와 나눔, 하나 됨과 존중의 태도
11	남성(기성 세대) 선교사가 중심이 되는 선교	모두(기성세대+다음세대+여성)가 함께 하는 선교
12	무엇을 할 것인가(What)을 중시하는 선교: 메시지 중시	어떻게 할 것인가(How)를 중시하는 선교: 메시지와 함께 메신저 중시
13	전문 선교사만이 선교할 수 있다는 특권의식	선교사와 함께 교회(모든 성도)가 있는 자리에서 "선교적 삶"을 통한 선교 수행
14	파송 선교사의 숫자를 중시	파송 숫자보다 선교사의 질(質)을 중시
15	개인구원과 교회개척 중심	모든 영역(문화, 종교, 사상, 남녀, 빈부, 생태계, 과학기술 등)에서 만물이 그리스도께 복종하게 되는 일임을 인식해 복음이 선교 최전방 지역과 영역에 확장되도록 하는 선교

〈표 28〉 : 지난 선교의 성찰과 앞으로의 선교 방향 2

이상 15가지로 지난 시대의 선교의 성찰과 함께 세계 기독교 시대에 우리가 앞으로 수행해 나아가야 할 선교방향을 제시하였다. 이 책을 마무리 지으면서 이 책을 읽는 독자들로부터 시작하여 생생하게 그리고 천천히 인내하면서 각자의 '선교적 인생'을 위한 영적 성숙이 이루어지기를 기도해야 할 것이다. 더불어 자신이 위치한 곳으로부터 시작하여 예수 복음의 생명의 역사가 거침없이 일어나는 사도행전 29장이 곳곳에 쓰여지기를 소망해 본다.

참 고 문 헌

참고문헌

〈외국 서적〉

David, Bosch, 연약함의 선교(The Vulnerability of Mission): St. Andrew University, Birmingham England, 대학 25주년 기념 발제 자료, 1991).

Dean S. Gilliland, Pauline Theology & Mission Practice, Grand Rapids: Baker, 1983.

Gord Martin, Understanding Our Times: Canada in 1893 and in 2023, 130 years later.

Immigration Pastors Meeting in Waterloo @ VMC office(23,6,24).

IBMR(International Bulletin of Mission Research) (2022. 1월호).

Center for the Study of Global Christianity (Gordon-Conwell Theological Seminary), Status of Global Christianity, 2022.

Philip Butler, 普世宣教运动面面观(Perspectives on the World Christian Movement), "口伴的力量(the Power of Partnership)" 汪莘翻, Hongkong: 大使命中心(Great Commission Center International), 2006.

Robert E, Speer, Studies of the Man Paul, New York: Fleming H. Revell Company, 1900.

Timothy B. Savage, Power through Weakness: Paul's Understanding of the Christian Ministry in 2 Corinthians Cambridge: Cambridge University Press, 1996.

Van Gelder, Craig, 2013. "The Future of the discipline of Missiology: Framing current realities and future possibilities," Missiology: An International Review, 42(1), 39-56.

〈번역 서적〉

랄프 윈터, 임윤택 역, 랄프 윈터의 비서구 선교 운동사: 세계 선교의 흐름을 바꾼 격동의 25년, 예수전도단출판사, 2012.

F.F 부르스, 박문재 역, 바울, 크리스천다이제스트

아서 글라서, 임윤택 역, 성경에 나타난 하나님의 선교, 생명의 말씀사, 2006.

오스왈드 스미스, 박광철 역, 구령의 열정(원제: Passion for Souls), 생명의 말씀사, 2013.

폴 피어슨, 임윤택 역, 선교학적 관점에서 본 기독교 선교운동사, CLC, 2009.

필립 젠킨스, The Next Christendom: The Coming of Global Christianity(Chapter 1, 2002).

헨리 나우웬, 최종훈 역, 탕자의 귀향"(원제: The Return of the Prodigal Son), 포이에마, 2009.

헨리 나우웬, 윤종석 역, 영성 수업(Spiritual Direction), 두란노서원, 2007.

헨리 나우웬, 윤종석 역, 두려움에서 사랑으로(헨리 나우웬의 7가지 영성훈련, 원제: Spiritual Formation), 두란노서원, 2011.

헨리 나우웬, 김명희 역, 이는 내 사랑하는 자요(Life of the beloved: Spiritual Living in a Secular World), IVP, 2020.

헨리 나우웬, 김명희 역, 영성에의 길, IVP, 2008.

헨리 나우웬, 두란노출판부 역, 예수님의 이름으로"(In the Name of Jesus), 두란노, 2008.

헨리 나우웬, 최원준 역, 상처 입은 치유자"(원제: The Wounded Healer), 두란노서원, 1999.

<국내서적>

김태훈, 깨어진 그릇, “네 깨어짐 때문에 내가 너를 택했단다!” 규장출판사, 2021.

마이클 오, 배응준 역, I'm nothing 나는 아무것도 아닙니다: 규장출판사, 2014.

배수영, 하나님의 구속사, 도서출판러빙터치, 2003.

손창남, 풀뿌리 선교, 죠이스북, 2023.

양홍엽, 큰 아픔 깊은 사랑: 사와사람사, 1997.

양홍엽, 하이브리드 미션, CLC, 2022.

양홍엽, 홀리스틱 라이프, 도서출판러빙터치, 2023.

이채, 마음이 아름다우니 세상이 아름다워라, 행복에너지, 2014.

임윤택 편저, 랄프 윈터의 기독교 문명 운동사: 세계 기독교 문명사를 보는 거시적 퍼스펙티브스, 예수전도단출판사, 2013.

임태순, 세계 기독교와 한국교회 선교: KMAC(중어권 한인 선교사 협회) 정기모임 발제 자료(2023년 6월 14일).

장경철, 이름보다 오래 기억되는 성품 : 두란노출판사, 2015.

정용갑, 약한 위치로부터의 선교와 한국교회의 선교(논문요약본, Paul Yonggap Jeong, “Mission from a Position of Weakness and Its Implications for the Korean Church” (Ph.D. dissertation, Fuller Theological Seminary, 2004).

최정만, 다시 써야 할 세계 선교 역사: 세계로 확산된 성령의 불길, 쿰란출판사, 2007.

〈사전 및 Site〉

김태훈 선교사 You Tube
https://www.youtube.com/watch?v=0Ot7dfaNww4
김선영의 노벨상 이야기,
https://www.joongang.co.kr/article/20134120#home, 2026
남은 자, 렘넌트(remnant)
https://m.blog.naver.com/jun77291/222248681138, 2021
로잔 운동 웹싸이트(ttps://lausanne.org/ko/updates-ko/세계-선교에서-가정의-중요성)
브라이츠 리, 기독일보(2018.12.11) 오피니언 칼럼: [인도를 알자 23] 인도교회의 선교적 역량
신성주, 2010년 제 5회 엔코위 발제 자료, 선교 동향
http://kcm.kr/dic_view.php?nid=40954, 2010년
앤드류 김, "남반구 선교 운동" 동영상
https://rfcdrfcd.tistory.com/15976303
한국선교연구원(KRIM), 아프리카 교회의 성향과 부흥
https://krim.org/아프리카-교회의-성향과-부흥, 2007
한국 선교 출구전략과 이양 정책을 위한 KWMA-한교선 공동 결의서(2023. 8. 21)
후앙 리, 선교자료,이슈, 연구/ 현대 선교 이슈
https://juanlee.tistory.com/1037: 약함의 선교, 2019

세계 기독교 시대의

약함과 선교

World_Christianity_Era_Weakness_and_Mission

2024. 01. 25 초판 1쇄 인쇄
2024. 01. 31 초판 1쇄 발행

지은이 양홍엽
펴낸이 배수영

발행처 도서출판 러빙터치
출판등록 제25100-000073(2014.2.25)
서울 도봉구 덕릉로66길 17, #1709-203
02-745-0190/ 010-3088-0191
E-mail : pjesson02@naver.com

양홍엽 Th.M., M.P.A., D.Min.-G.M., Ph.D.
캐나다 워털루 새생명교회(화인교회-중국인)
E-mail: yang0807@gmail.com

세계 기독교 시대의 약함과 선교

저자 양홍엽

_경 력

1982년 한국대학생선교회(KCCC)를 통하여 예수님을 인격적으로 만났다. 대학 졸업 후 영광원자력(현 한빛원자력)에 11년 동안 근무하면서 직장 선교를 했다. 직장 선교의 열매로 무의탁 노인과 불우 청소년을 위한 사랑의 집을 건립하였다. 그 후 직장을 사임하고 사랑의 집을 섬기며 사랑의 교회를 개척하여 담임목회를 하였다. 전문적인 사역을 수행하기 위해 사랑의 집(무의탁 노인), 새생명마을(불우 청소년), 기쁨 홈스쿨(장애우)를 설립했다. 2002년 섬기던 사랑의교회를 사임하고 중국 선교사로 파송되었다. 중국에서 4년의 사역을 하고 나서 2006년 도미하여 선교학을 연구하면서 중국인 교회 선교 목사로 섬겼다. 2018년 부터 현재까지 캐나다 워털루새생명교회(중국인 교회) 담임목회를 하고 있다.

_학 력

울산과학대에서 원자력, 광주대학교에서 전자공학, 개혁신학연구원(현 개혁신학대학원 대학교)에서 목회학 석사(M.Div), 광주개혁신학대학원(현 광신대학교)에서 신학석사(Th.M), 서울 한양대학교에서 사회사업정책(M.P.A)를 공부했다. 그리고 미국 풀러신학교 선교대학원에서 선교목회학박사 과정(DMin.GM), 미국 윌리암케리 국제대학교에서 선교학(Ph.D)을 연구했다.

_저 서

[큰 아픔 깊은 사랑] : (시와 사람사,1997)

[하이브리드 미션] : 한국 교회의 영성을 북미 시스템에 담은 중국인 교회의 융합 선교 (CLC, 2022)

[홀리스틱 라이프] : 생명, 삶 그리고 인생 (러빙 터치, 2023)

[약함과 선교] : 세계 기독교 시대의 (러빙 터치, 2024)

▲ 저자가 미,'윌리암캐리선교대학원'에서 선교학 Ph.D.를 취득한 학위논문집

▲ 저자가 미,'풀러선교대학원'에서 선교목회학 D.Min.GM 취득한 학위논문집

▲ 저자가 집필한 한국교회의 영성을 담은 중국인교회 융합선교를 위한 영성서

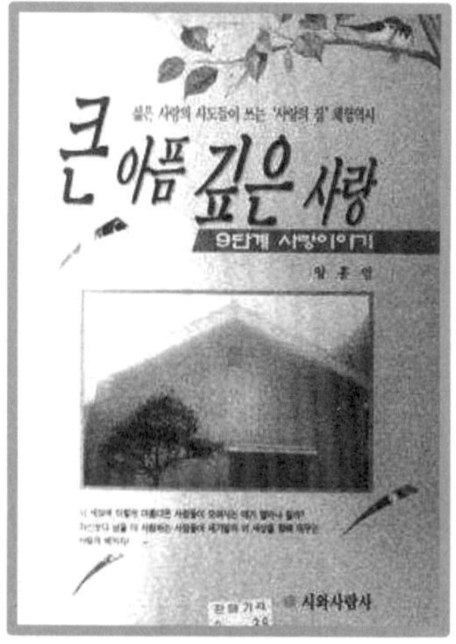

▲ 저자가 집필한 영성을 깨우는 신앙컬럼집, '큰 아픔 깊은 사랑'

최근 저자 양홍엽 저작물

홀리스틱 라이프

-생명, 삶 그리고 인생

본서는 개인적으로는 예수님을 만나고 그 안에서 생존하려는 저자 자신의 몸부림을 담고 있는 글로 채워져 있다. 저자는 일찍이 한국과 중국, 미국과 캐나다 그리고 남미를 넘나들며 선교적인 목회를 감당했다. 신앙이 '생활화'되고 그 신앙이 '선교적 사명'으로 자연스럽게 연결되었다. 모든 것이 하나님이 함께 하신 발자취라고 고백하면서 더불어 이 시대를 살아가는 영혼들을 향한 외침이다.

*양홍엽 지음/20,000원/310쪽

약함과 선교

-세계 기독교 시대의

본서의 저자는 40여 년의 신앙생활과 20여년 선교사의 삶 속에서 많은 실수와 시행착오에도 불구하고 영혼을 섬기도록 특권을 주시고 본서를 저술하게 하신 하나님께 감사드린다. 지금까지 목회, 선교사역, 신학, 그리고 선교학 연구를 통해 체득한 본서를 통해 '비신자'보다 '안티 크리스천'이 많은 시대에 목회, 선교사역을 하는 동역자들의 결과가 승리로 나타나길 기원한다.

*양홍엽 지음/19,000원/290쪽